법과 성서와 역사
연구시리즈 제3권

韓國土地投機史

鄭愚衡 著

법과 성서와 역사 연구소 / PNC publishing and culture 피앤씨미디어

머리말

지난 50여년의 세월을 거치면서 토지와 주택은 모든 국민의 관심사가 되었고, 거의 매일 접하는 부동산 뉴스에 대해서 국민 대부분은 저마다 한마디씩의 평가와 전망을 내릴 수 있을 만큼 전문가가 되었다. 2016년 현재, 토지는 '상위 1%(8만1천명)가 여의도 면적(2.9㎢)의 1,161배에 달하는 총 3천368㎢'를 갖고 있으며, 주택은 '상위 1%(13만9천명)가 총 90만6천채'를 가지고 있다고 한다.

톨스토이는 「사람에게는 얼마나 많은 땅이 필요한가」에서 "머리끝에서 발끝까지 그가 차지할 수 있었던 땅은 정확히 213㎝ 밖에 되지 않았다"고 인간의 탐욕을 경계하였다. 또한 비어스는 「악마의 사전」에서 집을 '인간, 들쥐, 생쥐, 바퀴벌레, 파리, 모기, 벼룩, 간균, 세균 따위가 살도록 만들어진 속이 빈 주거물'로 정의해 놓고 있다. 그런데 우리는 왜 부동산에 집착하는 국민들이 된 것일까?

1960년대부터 급속한 도시화와 산업화를 통해 압축성장을 하면서 지가상승과 이익추구는 당연하였지만 법과 제도는 항상 그것에 미치지 못하였다. 아울러 사회에서 만연해 가는 투기에 의한 불로소득을 비난하면서도 정작 자신의 투기는 투자라고 강변하고 정당화하였기 때문이었을 것으로 생각된다.

정년 후에도 끊임없이 연구를 하시는 김상용 교수님으로부터 "토지투기사를 정리할 필요가 있다"는 말씀을 듣고도 몇 년이 흘렀다. 게으르기만 제자에 대해 몇 차례 다시 말씀이 있으셔서 이 책을 서두르게 되었다. 교수님의 기대와 바램에는 많이 못 미치지만 그 결실이 이 책이 되었다. 무엇이 투기고 투자인지 지난 50여 년간의 토지투기사를 살펴보니 이제 조금은 알 것 같다.

2016년부터 본격적으로 준비를 시작하면서 처음의 고민은 시간적인 범위였다. 때마침 한국은행에서 발간한 '우리나라의 토지자산 장기시계열 추정 보고서'에서 통계가 발표되었다. 보고서에서는 1960년부터 2013년까지를 다루고 있었다. 그런 우연으로 시간적 범위가 정해졌다. 그리고 방법론으로는 객관적 역사자료를 신문기사에서 찾기로 하여, 일간신문을 일일이 살펴보면서 정리하는 것이 가장 정확한 방법이라고 생각하였다. 그러나 국회도서관, 국립중앙도서관 등에서 제본화 놓은 신문을 볼 수 없었고, 신문사에서도 마이크로필름으로만 볼 수 있었기 때문에 결과적으로 인터넷 포털사이트를 이용할 수밖에 없었다. 그렇게 해서 검색한 토지투기자료를 일일이 출력하거나 보면서 입력했다. 힘들었지만 한 글자 한 글자 입력하는 동안 나름대로 체계도 만들어졌고, 정리되면서 의문도 조금씩 풀려 갔다.

나는 토지투기는 한 번도 못해봤지만, 토지투기의 시대를 살아왔다. "토지투기를 한 번도 해보지 못한 사람이 토지투기사를 정리해 보는 것이 의미가 있을까? 토지투기를 한 사람이 토지투기사를 정리했더라면 어땠을까? 역사에는 가정이 없고, 반복된다고 하지만 토지투기는 다시 일어날 것인가? …" 토지투기사를 정리하면서 내내 이런 저런 생각으로 빠져 나갈 때가 적지 않았지만, 향후에 이런 토지투기는 다시 없어야 한다고 하는 생각만큼은 분명해졌다.

토지투기를 방지하려면 불로소득을 환수하고 적정한 과세가 이루어져야 한다. 주택투기도 또한 마찬가지이다. 2채 이상 가진 사람 198여만 명이 임대소득에 대해 세금을 납부하도록 유도해야 한다. 그렇게 되면 개인의 노력에 의해 이룩한 '부(富)'가 다른 나라와 마찬가지로 존경받을 수 있을 것이다. 만일 앞으로도 불로소득이 방치되고 적정한 과세가 없으면, 지난 50여년처럼 언제든 토지투기는 일어날 수 있으며, 주택투기 또한 마찬가지일 수밖에 없다.

우리나라 경제성장은 어느 정도는 부동산투기에 의해 뒷받침되었다고 할 수 있다. 부동산투기를 어느 정도 허용하는 것이 일종의 상술처럼 여겨져 부동산경기 활성화정책과 투기억제정책은 경기조절용으로 때로는 완화되기도 했고 때로는 강화되기도 했다. 주택건설은 무시할 수 없는 전후방효과로 인해 일정한 수준으로 안정적으로 지속되어야 하고, 부동산경기 또한 안정되어야 한다. 그러나 투기만큼은 여러 가지 폐해를 초래하기 때문에 이에 대한 인식의 재정립은 반드시 필요한 과제이다. 새치기와 암표 그리고 끼어들기까지 처벌하는 정의로운 사회에 살면서 투기를 투자와 구별하기 어렵다고 하여 눈을 감고 살 수는 없다.

「한국토지투기사」로 이름을 붙인 이 책은 여러모로 부족한 점이 적지 않다. 무엇보다 저자의 부족한 능력과 주관적으로 정한 연구범위와 방법 때문이다. 또한 지난 50여년의 토지투기사를 정리하면서 중요한 문헌과 자료 중에서 본의 아니게 빠트린 것도 적지 않을 것으로 생각한다. 앞으로 부족하고 미진한 부분에 대한 보완이 요구된다.

끝으로 이 토지투기사가 세상에 나오기까지 한국토지투기사 집필의 가치를 깊이 인식하시고, 이에 관한 저서를 “법과 성서와 역사 연구소”의 연구시리즈 제3권으로 집필하여 출판하도록 격려와 용기를 주신 김상용 소장님께 마음으로부터 감사드리며, 어려운 출판계의 사정 속에서도 “법과 성서와 역사 연구소”의 연구시리즈를 지속적으로 출판해 주시는 피앤씨미디어의 박노일 사장님과 까다로운 편집으로 수고하신 피앤씨미디어 여러분들께 깊이 감사를 드린다.

2018년 3월 1일

저자 씀

차 례

제 3 장 토지투기의 원인과 폐해

제 4 장 토지투기의 주체와 투기이익

제 5 장 토지시장의 변화와 토지투기

제 1 장

서 론

제1장 서 론

우리나라 토지자산 가격 총액은 1964년 1조 9,300억원에서 2013년 5,848조원으로 50년 동안 3,030배 증가되었다. 그동안 지가상승은 토지투기로 이어져 사회적 문제로 되었고, 수많은 투기억제대책을 양산해 내었고 법제도의 변화를 가져왔다.

저성장시대에서 토지는 더 이상 매력적인 투기 또는 투자수단이 되지 못할 것이다. 왜냐하면 과거와 같이 도시화·산업화가 급속하게 진행될 수도 없을 뿐만 아니라 토지가격이 연평균 15% 이상 지속적으로 상승하는 경우는 거의 불가능하기 때문이다. 그러나 국지적이고 일시적인 지가상승의 가능성은 언제라도 있을 수 있다. 또한 단기적인 경기부양 또는 부동산 거품붕괴의 위험을 막기 위한 활성화 정책으로 투기억제를 포기하거나 불로소득을 공공연하게 인정하는 일관성없는 정책이 다시 재연될 가능성도 여전히 남아 있다.

이러한 배경하에서 본 연구는 1964년부터 2013년까지 50년간의 토지투기현상과 토지투기에 대한 법제도적·정책적 수단을 분석함으로써 토지투기에 대한 정책적 시사점을 도출하고 향후 토지정책방향을 제시하는데 목적을 두었다.

연구의 시간적 범위는 1964년부터 2013년까지 약 50년으로 정하였다. 이같이 연구의 시간적 범위를 한정한 이유는 한국은행에서 발표한 '우리나라의 토지자산 장기시계열 추정' 보고서의 통계를 중심으로 토지시장의 변화, 시기별 토지투기현상과 정부의 투기억제대책 및 법제도적 수단의 검토가 가능하다고 생각하였기 때문이다. 그리고 연구의 시간적 범위 이전의 상황을 살펴보기 위해 1960년까지로 확대하였다.[1) 연구의 공간적 범위는 국내의 토지투기와 억제로 한정하였다. 토지투기의 억제방안을 도출하기 위해서는 외국의 사례를 살펴보는 것이 필요하지만, 외국토지투기의 발생원인과 이에 따른 정책은 우리와는 많이 다르고 개별적인 투기억제방안을 도출하는 것을 목적으로 하지 않았기 때문이었다. 또한 국지적인 토지시장의 변화나 일시적인 토지투기 억제방안에 관한 것은 필요한 최소의 범위로 한정하였다.

연구의 내용적 범위는 토지투기로 한정하였다. 부동산투기와 주택투기로 하는 경우 연구의 범위가 지나치게 넓어지게 될 가능성이 있기 때문이었다. 다만 필요하다고 인정하는 경우에는 함께 살펴보고자 하였다. 또한 지난 50년간의 토지투기의 역사를 정리하는데 목적을 두었기 때문에 토지시장, 토지정책, 토지법제, 토지관련 판결 등 개별분야에 관한 깊이 있는 연구는 피하고자 하였다.

연구방법은 문헌자료를 통한 기초이론연구와 신문기사자료를 검색하여 만든 기본자료에 대한 분석연구를 선택하였다. 전자의 연구방법은 토지투기사를 다루고 있는 문헌자료를 살펴보는 최소한에 그쳤다. 토지투기, 부동산투기, 토지공개념, 토지정책 등에 대하여는 수 백 건의 연구자료가 있기 때문이다. 국회전자도서관[2)에서 '토지투기'로 95건, '부동산투기'로 430건, '토지공개념'으로 490건의 학위논문과 학술기사가 나타난다. 연구자료 중 구득가능하고 필요하다고 생각하는 자료는 가능한 살펴보고자 하였다. 이를 대상으로 본 연구의 연구목적과 방법에 적합한 선행연구를 검토하였으나 찾지 못하

1) 1960년 이전에도 토지투기는 있었지만 전국적으로 퍼져나간 시기는 도시화, 산업화가 본격적으로 시작된 1960년 이후부터라고 보는 것이 타당하기 때문이다.

2) 국회도서관(http://www.nanet.go.kr/main.jsp).

였다.[3)]

다른 연구에서 쉽게 볼 수 없는 후자의 연구방법을 취한 이유는 일간신문에 보도된 자료를 인용하는 것이 토지투기의 역사를 가장 객관적이라고 볼 수 있다고 생각하였기 때문이다. 신문기사자료는 네이버 뉴스라이브러리에서 1960년 1월 1일부터 1999년 12월 31일까지의 경향신문, 동아일보, 한겨레신문, 매일경제신문 등의 기사를 검색해 정리하였고, 2000년 1월 1일부터 2013년 12월 31일까지의 신문기사는 각 신문사의 인터넷 포털에서 기사를 검색해 경향신문, 동아일보, 한겨레신문, 매일경제신문, 조선일보, 중앙일보, 한국경제신문 등의 기사를 살펴보았다. 그중에서 동아일보의 기사를 기본자료의 중심으로 한 이유는 과거에 스크랩해 놓은 기사가 적지 않게 있었기 때문이었다.

검색방법은 일간신문을 하나하나 일일이 살펴보면서 목록화하는 것이 가장 정확한 방법이라고 생각하였다. 그러나 결과적으로 검색어를 통해 자료를 찾는 방법을 취할 수밖에 없었다. 왜냐하면 국회도서관, 국립중앙도서관 등에서 제본화 놓은 신문을 볼 수 없었고, 신문사에서도 마이크로필름으로만 볼 수 있었기 때문이었다. 검색어로는 토지투기와 직·간접으로 관련이 있다고 판단한 '토지투기', '부동산투기', '투기꾼 또는 투깃군', '부동산 부움 또는 부동산붐', '불로소득', '복부인'등의 검색어로 처음에 전체 4,000여건의 기사를 검색하여 정리하였다. 그리고 그 후 검색어로는 볼 수 없었으나, 다른 문헌에서 보여지는 토지투기 관련기사는 별도로 찾아서 추가하였다.

토지투기사에 관한 본 연구는 연구범위에 있어서 시간적, 공간적, 내용적 범위를 주관적으로 정하였고, 연구방법도 신문기사검색이라는 불충분한 방법을 취하였기 때문에 그 결과에 있어서 한계가 있을

3) 토지투기와 관련된 토지정책 선행연구는 김상용(저), 정우형(증보), 토지법, 법원사, 2004, 17-61면을 참고하여 일부를 본 연구에서 다루었다.

수밖에 없다. 그리고 경제학적 연구기반이 없는 상태에서 토지시장과 투기이익에 관한 이해에는 한계가 있어서 전문가들의 도움을 받기는 하였으나 오해가 있을 수도 있다.

연구내용으로는 제2장부터 제4장까지는 토지투기에 대한 이론적 고찰로서 토지투기의 개념과 유형, 토지투기의 원인과 폐해, 토지투기의 주체와 투기이익을 검토하였다. 제5장에서는 시기별 토지시장의 변화와 토지투기를 투기점화기, 투기확산기, 투기광풍기, 투기진정기, 투기전이기로 크게 5기로 나누고 각 시기별로 시장의 변화, 주요 정책, 주요 판결, 주요 사건을 정리하였다. 제6장은 결론으로서 토지투기에 대한 재조명이 필요함을 강조하고, 토지투기를 억제하기 위한 정책은 경기조절용의 단기적 대책이 아닌 토지의 공공성·사회성을 인식한 근본적인 대책이 되어야 할 것을 강조하고 있다. <부록 1> 시기별 주요 토지대책과 <부록 2> 토지투기관련 주요 일지는 본문에서 미처 다루지 못한 내용을 정리하였다.

제 2 장

토지투기의 개념과 유형

제2장 토지투기의 개념과 유형

Ⅰ. 토지투기의 개념

1. 토지투기의 의의

(1) 투자와 투기

일반적으로 투자는 '이익을 얻기 위하여 어떤 일이나 사업에 자본을 대거나 시간이나 정성을 쏟음'으로, 투기는 '기회를 틈타 큰 이익을 보려고 함 또는 그 일'이라고 정의한다.[1] 광의로 보면 투기는 투자의 개념에 포함한다고 볼 수 있다. 그러나 투기에 대한 제재를 할 때 흔히 나오는 근본적인 질문으로, '왜 투기를 억제해야 하는가?', '투자(investment)와 투기(speculation)의 차이가 무엇인가?'에 대하여 구체적으로 개념을 구분한다는 것은 그리 용이하지 않다. 투자와 투기의 개념을 정상적인 투자와 비도덕적인 투기로 무자르듯 구별하기도 쉽지 않지만, 또한 구별을 해도 의미는 없다고도 한다. 이러한 구별의 어려움으로 인해 투자와 투기의 개념구분을 편의 또는 자기합리화에 따라 자기중심적으로 해석하는 경우도 적지 않다.

지금까지 논의되고 있는 억제해야 하는 투기는 재화의 가격변동

---

1) 국립국어연구원 표준국어대사전(http://stdweb2.korean.go.kr/search/List_dic.jsp).

에 의한 차익획득을 목적으로 하는 거래행위라고 보는 것이 일반적이다. 즉, 투기는 재화를 일정한 용도로 이용하려는 효용 목적이 아니라, 자본이득(capital gain)만을 목적으로 매입·매각하는 경제행위이다.[2] 우리나라보다 일찍 투기를 경험한 외국에서의 투기개념이 주로 여기에 해당한다. 칼도(Kaldor)는 '현행 가격에 비해서 장래 예상되는 가격이 다르다고 예측하여 팔기 위해서 상품을 사는 행위',[3] 보타(Botha)는 '상대적으로 위험도는 낮지만 수익률은 비현실적으로 높은 자산에 단기간에 하는 투자',[4] 해리슨(Fred Harrison)은 토지투기를 직접 정의하지는 않았지만 토지투기는 공간적인 영역과 시간적인 영역으로 나누어서 보는데, 시간적인 영역에서 '현재 토지를 사는 자는 장래의 매매에서 이득을 얻을 계산을 한다'[5]고 정의하였고, 바로우(Barlowe)는 '생산에서의 수익적 사용보다는 매각으로 인한 자본이득에 중점을 둔 토지소유'[6]라고 정의하고 있다. 한편 우리나라에서는 자본이득만을 목적으로 보는 견해,[7] 여기에 불로소득, 도박, 도덕적 개념을 추가한 견해,[8] 단계적으로 구분하는 견해,[9] 투자와 투

2) 투기라는 말은 불교에서 유래한 말이라고 한다. 불가에서는 '철저하게 크게 깨달아 불조(佛祖)의 심기에 서로 합한다'는 의미라고 한다(조기영, 태경, 알기쉬운 불교용어 산책, 도서출판 양사재, 2011, 1057면).

3) Nicholas Kaldor, "Speculation and Economic Stability", Oxford University Press, *The Reviews of Economic Studies*, Vol. 7, No. 1(Oct, 1939), p.1.

4) Daniel Jaconus Joubert Botha, *Urban Taxation Land Use*, Report of a one-man Commission appointed by the City Council of Port Elizabeth, South Africa, 1970, p.22.

5) Fred Harrison, *The Power in the Land, An Inquiry into Unemployment, the Profits Crisis and Land Speculation*, Shepheard-Walwyn(Publishers) Ltd, 1983, p.66.

6) Raleigh Barlowe, *Land resource economics*, Prentice-Hall, 1986, p.164.

7) 국토개발연구원, 주택투기에 관한 연구, 1981, 15-17면; 김태훈, 부동산학개론, 범론사, 1996, 124-125면; 이창석, 부동산컨설팅, 형설출판사, 2016, 320-321면; 정상철, 오준석, 김영곤, 부동산경제론, 2005, 160-168면. 송순근, 정영수, 부동산 재테크 용어사전, 매경출판, 2014, 511면; 장희순, 김성진, 부동산용어사전, 부연사, 2016, 579면.

8) 방경식, 부동산학개론, 범론사, 2000, 598면; 이창석, 부동산학개론, 형설출판사, 2001, 288-292면; 이원준, 부동산학원론, 박영사, 2000, 190면; 김형선, 공민달, 박명주, 한준규, 부동산용어집, 부연사, 2004, 439면.

9) 부동산의 취득, 운영, 처분을 부동산투자의 3단계라고 하는데, 이중 운영의 단계

기를 구분할 수 없다는 견해[10] 등[11]이 있다. 투기는 불확실한 장래의 가격변동을 예상하고 거래한다는 점에서 투자와 같지만 도박과는 다르다. 한편, 투기는 상품의 사용가치 그 자체의 획득을 목적으로 하는 실수요거래와는 달리 일시적인 이득만을 목적으로 하는 가수요이다.[12]

(2) 토지투자와 토지투기

토지투기는 '땅을 사두었다가 훗날 그 값이 오르면 매각하는 행위'라고 한다.[13] 토지투기는 토지를 직접 이용·개발할 목적이 아니라, 장래 지가상승에 의해 발생할 자본이득을 획득할 목적으로 매입·매각하는 행위로 정의할 수 있다. 따라서 어떤 토지거래행위가 투기에 해당하는지의 여부는 먼저 거래의 목적 또는 성격을 보고 판별할 수 있다.[14][15]

가 없거나 있다고 하더라도 거의 형식적인 투자활동을 특히 투기라 한다. 어느 나라를 막론하고 부동산투자는 적극적으로 장려하지만 투기는 강력히 억제하고 있다. 왜냐하면, 부동산투기는 운영의 단계가 없기 때문에 국가경제에 아무런 부가가치를 창출하지 않기 때문이다(안정근, 현대부동산학, 법문사, 2000, 32면).

10) 자본차익을 노린 투자는 위험한 투자이지 사회적으로 비난을 받아야 할 투기는 아니며, 부가가치를 증가시키지 않는 행위는 조세적 장치의 문제며, 불로소득이라는 것은 없으며 위험도가 높은 자산에 대한 투자는 시장에서 금전적 손실로 벌을 받을 것이기 때문이다. 과거 부동산에 대한 투자가 투기로 매도되어 사회적 지탄을 받은 것은 과도한 토지규제와 그로 인한 공급 부족, 그리고 지가상승의 악순환, 불완전한 조세체계와 금융체계 때문이지 개발의 시기를 기다리는 투기행위 그 자체는 아니라는 점을 명확히 이해할 필요가 있다(조주현, 부동산학원론, 건국대학교 출판부, 2002, 100－101면).

11) 그밖에 다음과 같은 점에서 조금씩 차이를 보이고 있다. '필요이상의 부동산을 과다보유'(이창석, 강해규, 김용민, 이승태, 부동산학용어사전, 형설출판사, 2006, 722면). '미국 많은 주에서 토지투기를 방지하는 법률을 제정해 왔다'(David Choi, 미국부동산용어사전, Paul & Grace, 2007, 396면).

12) 조진하, "투기와 가수요", 고시계사, 고시계 제29권 제8호, 1984. 7, 105면.

13) 손정목, 서울 도시계획 이야기 3, 한울, 2003, 150면.

14) 거래대상 토지에 대한 수요가 직접적인 토지이용을 목적으로 하는 실수요인지의 여부를 기준으로 투기 여부를 구별하는 것이다(최혁재, 강미나, 김승종, 농지규제

토지투기는 다음과 같은 관점에서 토지투자와 비교하여 개념을 정의하는 것이 일반적이다. 첫째 토지투자는 토지자원을 생산활동에 이용함으로써 소득이득을 얻으려는 것이 목적인 반면, 토지투기는 지가변동에 따른 양도차익, 즉 자산이득만을 획득함을 목적으로 하기 때문에 토지를 이용, 개발, 가공할 의사가 없이 토지를 매입하는 행위를 말한다. 1960년 이후 투기에 대한 최초의 법률이라고 할 수 있는 「부동산투기억제에 관한 특별조치세법」[16]에서는 제1조 법의 목적에서 '토지의 양도로 인하여 생기는 차익에 대하여 과세함으로써 투기적인 부동산투자를 억제함을 목적으로 한다'고 규정하고 있다.

둘째, 토지를 생산요소로 이용함이 아니라 최적 규모 이상의 토지자원을 보유하여 유휴지로 방치하거나 차후 타용도로 전환이 용이하도록 매각시까지만 단순한 용도로 이용하는 등 토지의 관리적 측면에 치중하는 행위가 토지투기라고 한다. 토지의 이용여부로 판단하는 견해[17][18]도 같은 관점에서 보고 있는 것이라고 생각한다.

셋째, 시간적으로 비교적 단기간내에 전매함으로써 구입액보다 훨씬 많은 양도차익을 획득하는 행위[19][20]가 토지투기라고 한다.

완화에 따른 투기방지 방안 연구, 국토연구원, 2004, 37－39면).

15) 투기는 손해를 볼 위험성을 무릅쓰고 돈이나 다른 형태의 자산을 투입하여 경제활동을 함으로써 수익의 극대화를 지칭하는 행위이다. 우리나라에서 부동산을 사서 전매하는 행위는 손해볼 위험이 거의 없는 것이므로, 위험자체가 존재하지 않으니까 투기라고 부를 수 없다(김태동, 이근식, 땅 투기의 대상인가 삶의 터전인가, 비봉출판사, 1989, 54면).

16) 제정 1967. 11. 29, 법률 제1972호; 시행 1968. 1. 1; 폐지 1974. 12. 21.

17) 손재영, 토지문제의 경제적 해석과 정책대안의 검토, 한국개발연구원, 1990, 21－22면.

18) 2000년 5월부터 도입이 논의되어 2001년 4월 7일부터 제정·시행되고 있는 「부동산투자회사법」은 '다수의 투자자로부터 모은 자금을 부동산에 투자한 후 그 수익을 투자자에게 배분함으로써 소액투자자가 부동산에 간접적으로 투자할 수 있는 기회를 확대하고 건전한 부동산투자를 활성화'하기 위한 법이다. 부동산투자회사는 부동산을 취득한 후 5년안에 처분할 수 없도록 하고, 건축물이나 그 밖의 공작물이 없는 토지는 해당 토지에 부동산개발사업을 시행한 후가 아니면 토지의 처분을 금지하고 있다(동법 제24조 제1항, 제2항).

19) 이태교, 한국의 토지투기에 관한 연구, 한양대학교 대학원 박사학위논문, 1985, 16면.

20) 그밖에 토지투자는 시장가격으로 충분한 기간동안 거래하는 반면에 토지투기는

넷째, 토지투자는 합법적으로 이루어지지만 토지투기는 위법적·탈법적 거래를 통해 이익을 극대화하고자 하는 행위라고 한다. 즉 토지투기는 우리의 법질서 전체에 비추어보아 부정적 평가가 내려지는 행위로써 비난가능성[21]이 있는 행위이다.[22][23]

위의 비교는 토지투자와 토지투기를 어느 관점에서 보았느냐의 문제이지 토지투기를 개념정의할 때 어느 한 가지 관점만으로는 판단할 수 없다고 본다. 따라서 토지투기는 위의 관점을 종합하여 판단하여 정의하는 것이 타당하다고 생각한다. 본 연구에서는 토지투기를 특히 법률적인 관점에서 보아, 정상적인 거래질서의 유지 및 적정한 조세부과 등을 위반하는 위법적·탈법적 거래와 실수요를 목적으로 하지 않는 거래(전매를 위한 개발예정지 선취매수, 소유권이전등기 완료후의 단기전매)를 모두 포함하여 토지투기로 정의하고자 한다.

(3) 토지개발과 토지투기

1970년대 강남개발이나 2000년대 행정중심도시건설 등 무수히 많

투기가격으로 거래하는 것을 차이로 보기도 한다(박규남, 이것이 진짜 토지투자다, 매일경제신문사, 2016, 97면).

21) 오영근, 형법총론, 박영사, 2014, 176면. 평가의 척도는 사회적 위험성에 대한 법공동체의 판단이며, 이러한 판단은 법공동체를 대신하는 법관에 의해 행해진다. 평가는 공동체내에서 사회문화적인 평가과정이다(박상기, 형법총론, 박영사, 2004, 221면).

22) 이와 같은 관점에서 미국 경제학자 갈브레이드는 '(기업의 투기로 인한) 인플레 이득과 간통은 아무리 사적으로 즐기더라도 공식적으로는 자랑할 수 없다'라고 말한바 있다(John Kenneth Galbraith, *American Capitalism -The Concept of Countervailing Power*-, Houghton Mifflin Company Boston, 1962, p.195).

23) 국민의 안녕질서의 유지와 치안확보를 위하여 경미한 범죄사범을 처벌할 수 있도록 제정한 법률인 경범죄처벌법(제정 1954. 4. 1 법률 제316호, 시행 1954. 4. 21; 일부개정 2017. 10. 24 법률 제14908호, 시행 2017. 10. 24)에서 '새치기(행렬방해)'와 '암표매매'를 처벌하는 것도 이와 유사하다고 볼 수 있다. 경범죄처벌법에서 새치기(행렬방해)는 10만원 이하의 벌금, 구류 또는 과료(科料)의 형으로 처벌한다(동법 제3조 제1항 제36호). 암표매매는 20만원 이하의 벌금, 구류 또는 과료의 형으로 처벌한다(동법 제3조 제2항 제4호). 한편 도로교통법 끼어들기금지를 위반한 경우에는 20만원 이하의 과태료를 부과한다(동법 제23조, 제160조 제2항).

은 개발사업에서 보는 바와 같이 토지개발은 그 자체로 지가상승을 가져오기 때문에 토지투기로 이어지는 것이 대부분이다. 우리 사회에서 부동산이 투기의 그 주대상이 되고 있는 데에는 개발이익을 횡령하는 권력의 존재도 그 원인이 있다.[24] 국회의원, 지방의회의원, 공무원, 정부투자회사직원 등과 같은 소수의 사람이 토지개발과정에서 정보를 독점적이고 배타적으로 이용, 오직 시세차익을 통한 재산증식만 목적으로 한다면 이것은 범죄일 뿐만 아니라 투기라는 비난을 면키 어렵다. 개발계획이 공식적으로 발표되기도 전에 해당 지역은 이미 재벌기업과 토지투기꾼에 의해 토지투기장이 되어 버리고 그 다음에야 개발계획이 발표되는 경우가 적지 않다. 이같은 정보의 비대칭성을 이용하여 토지를 개발하여 그 과정 중 개발이익을 독점한다면 그것은 좁은 의미의 토지투기는 아니지만 넓은 의미의 토지투기에 해당한다고 볼 수 있다. 1984년 7월의 '대지종합기술공사' 사건은 토지개발이 토지투기의 수단으로 이어진 대표적인 사건으로 볼 수 있으며,[25] 그밖에도 토지개발이 토지투기의 수단으로 이어진 사례는 시대를 막론하고 무수히 많이 나타난다.

(4) 토지사기와 토지투기

토지투기는 실수요자에 의해 토지를 거래하는 것이 아니라 지가상승에 의한 자본이득만을 목적으로 하므로, 토지개발 관련정보 또

---

24) 조진하, 전게논문, 108면. 1993년 국회의원 등 공직자재산공개를 지켜본 부동산전문가들은 공직자들이 공직수행과정에서 입수한 정보를 이용, 부동산투기를 해 온 것으로 보고 있다(동아일보 1993. 3. 24). 자신이 입수한 정보를 이용해 국회의원들이 부동산투기를 할 때는 가까운 인척을 통해 토지브로커를 3~4중으로 동원, 중간단계에 있는 인척을 제외하고는 원구매자를 알 수 없도록 하는 수법을 썼다고 한다(동아일보 1993. 3. 25).

25) 대지종합기술공사 사건은 국내 최고의 도시계획용역회사의 대표가 제주도 도시기본계획에 참여하면서 제주도 토지 10만여평을 사들인 사건이다(동아일보 1984. 7. 4). 이와 유사하게 도시개발계획을 유출하여 투기로 이어진 사건도 적지 않다.

는 소문 등에 의지하는 것이 일반적이다. 경우에 따라서는 이러한 토지투기의 속성을 이용하여 토지사기를 하는 경우도 적지 않게 나타난다. 토지투기를 하는 입장에서는 높은 수익만을 목적으로 하므로 그것이 정확한 개발정보에 의한 것이건 거짓 또는 불확실한 정보에 의한 것이건 결과적으로 차이가 없다. 따라서 토지사기와 토지투기는 불가분의 관계를 갖는다고 할 수 있다.

토지사기는 1970년 3월 7일 '검찰은 서울시의 남서울개발계획에 따른 강남지역의 부동산투기붐을 틈타 갖가지 부동산사기단이 날뛰고 있다는 정보에 따라 전면수사에 나선 결과 … 부동산전문사기단 3개파에서 8만여평(시가 10억원 이상)을 사기했다는 혐의사실을 밝혀냈다'라는 기사에서 처음 나타나고 있다. 토지사기는 피해자가 주로 다수의 토지투기자들이고, 피해금액도 고액이라는 특성을 갖는다. 또한 정확하지 않은 소문에 의해 토지투기가 성행하게 되면 선의의 피해자를 막기 위해 당국에서도 이를 공식적으로 부인하는 경우도 적지 않게 나타나고 있다.

2. 토지투기와 주택투기

토지와 건물을 별개의 부동산으로 보는 우리의 법제하에서 토지투기와 주택투기는 별개로 다루어질 수밖에 없으나, 본래 주택은 토지를 전제로 하는 부동산이므로 주택투기는 토지투기를 수반한다고 볼 수 있다. 특히 재건축아파트 분양권의 투기는 대지지분에 대한 토지투기라고도 할 수 있다. 따라서 토지투기와 주택투기는 일반적으로 부동산투기로 함께 다루어진다.

그러나 토지투기와 주택투기는 투기원인, 투기수법, 투기유형 및 투기로 인한 폐해 및 대책 등에서 조금씩 차이가 있다. 토지투기는

1960년대 도시화·산업화에서 시작되어 1970년대 후반 아파트의 대량공급이 이루어지면서 주택투기와 함께 성행하다가 1990년대에는 주택투기로 중심이 옮겨가는 모습[26]을 보이고 있다. 1990년대 이후 주로 토지개발이 공영개발로 이루어지자, 주택투기는 주로 신도시건설을 중심으로 아파트분양권을 대상으로 행해졌고, 2000년대 이후에는 재건축아파트 분양권을 대상으로 하였다.

국민소득이 늘어나게 되면 주택수요가 급증하고, 국민소득이 3천달러 시대에 들어서면 질적인 개선과 함께 1가구 2주택의 시대가 들어선다는 것이 선진국의 예이다.[27] 주택투기는 주거문화를 순전히 개인의 책임으로 돌리는 정책관행에서 비롯되었다.[28] 과거 금융제도가 빈약했던 시기에 금융기관들은 가계대출에 매우 인색했다. 수출 중심의 경제개발을 위해 국가의 모든 자원은 기업투자에 집중되었으며, 은행대출 중에서 가계대출의 비중은 10% 미만이었다.[29] 개인들은 내 집 갖기에 필사적으로 집착하였고, 부족한 자금은 우리 고유의 제도인 전세제도[30]를 적극적으로 활용하였다. 내 집 마련에 성공한 개인들은 거기에 만족하지 않고 보다 좋은 환경으로, 보다 넓은 집으로, 보다 높은 수익을 늘리고자 하였다. 왜곡된 '소유 중심의 주거문화'는 1가구 1주택에 만족하지 못하는 주택투기꾼들로 하

---

26) 정확한 시기를 밝히기는 어렵지만 1993년 8월 12일 금융실명제 실시와 함께 토지투기에서 주택, 상가투기로 옮겨갈 것이라는 여론조사 결과가 있다. 부동산전문지 부동산뱅크가 부동산중개업소 3백개 대상으로 「금융실명제 이후 부동산변화」를 조사한 결과, 주택, 상가로 자금이 몰릴 가능성을 47.6%의 업체가 지적하였다(동아일보 1993. 8. 13).

27) 우리나라는 1986년 2,742달러에서 1987년 3,467달러로 국민소득이 증가하였다(한국은행 경제통계시스템: http://ecos.bok.or.kr).

28) 국정브리핑 특별기획팀, 대한민국 부동산 40년, 한스미디어, 2007, 35면, 345면.

29) 하승주, 대한민국 부동산 7가지 질문, 스마트북스, 2017, 195면.

30) 전세제도는 1876년 병자수호조약(강화도조약) 뒤 서울 인구가 크게 늘 무렵 등장하였다고 한다(142년 전). 1900년 무렵 조선을 방문한 한 일본학자는 "전세는 조선에서 행해지는 가옥임대차의 방법으로, 주로 경성 내에서 행해지는 관습이다"고 하였다고 한다. 2011년 2월 현재, 서울시 10가구 중 3가구는 전세이다(중앙일보 조인스랜드 2011. 2. 22).

여금 아파트분양에 뛰어들게 하였다. 주택투기꾼들은 아파트를 분양받은 다음에는 전매하거나 투기자금화된 전세금[31] 또는 금융기관의 대출[32][33]을 이용해 다주택자[34]가 되어 갔다. 주택투기꾼들은 다주택자가 된 다음에도 주택투기를 재테크라는 이름으로 여전히 하였고, 한편으로는 주택임대사업자로 등록하지 않은 채 투기주택을 임대소득화[35]하여 불로소득을 끊임없이 축적하고 있다. 토지와 주택 투기꾼들은 토지, 주택, 아파트, 상가 등 부동산 뿐만 아니라 주식, 외국환, 귀금속 등 환금성있는 상품이면 가리지 않고 모두 투기대상으로 하였다. 그 밖의 투기대상으로는 고추, 마늘, 배추, 양파, 왕파, 당근, 귤 등 농산물과 한약재, 지렁이, 그림 등이 있었다.[36] 이렇게 대상을 가리지 않는 투기는 토지 또는 주택투기에 대한 대책이 강화되거나 인플레 조짐이 있으면 여지없이 나타나고 있다.

31) 최근에는 이를 갭투자(gap 投資)라고 하고 있다. 저금리와 정부의 주택경기부양정책을 기반으로 하고 있다.

32) 2005년 현재, 은행에서 1억원을 빌려 3억짜리 강남아파트를 샀을 때 연간 은행에 내는 이자는 573만원(대출금리 5.73%)인 반면, 3억원짜리 집값은 16% 올랐다. 1년 동안 대출이자보다 9배 많은 4,500만원의 차익이 생긴 셈이다(국정브리핑 특별기획팀, 전게서, 42면).

33) 2005년 한국은행과 금융감독원이 주택담보대출 실태조사에 나서 현장을 확인한 결과 강남, 송파, 서초와 분당, 용인 지역에서 2건 이상의 주택담보대출을 받은 사람 중 배우자 또는 자녀명의로 추가대출을 받은 건수가 7개 은행에서 2,116건, 총 1,881억원에 달했다(상게서, 50면).

34) 1991년 기준으로 서울 등 6대 도시와 경기도 일원에 대한 주택전산화결과 총 44만 9천9백명이 집을 두 채 이상 갖고 있는 것으로 나타났으며(동아일보 1991. 4. 6), 2005년 기준으로 다주택자가 전체의 71.3%에 달하는 것으로 나타났다(중앙일보 2006. 11. 27). 2015년 통계청 주택소유통계기준으로 2주택자 이상은 272만5,000명, 3주택자 이상은 71만1,000명에 이른다(동아일보 2017. 6. 27). 2016년 주택소유통계 결과에 의하면 2주택이상은 293만가구로 전체(1천936만8천가구)중 26.9%에 이른다. 지역별로는 서울 강남구(21.3%), 서초구(20.1%) 순이다. 자가소유율은 55.5%로 무주택 가구는 862만4천 가구(44.5%)로 나타나고 있다(통계청, 2017. 11. 17).

35) 임대소득가구는 총 750만가구(전세 377만, 월세 385만)인데, 이중에서 임대소득을 자진 신고한 사람은 주택임대사업 등록자 7만7천여명을 포함해 겨우 8만3천여명에 불과하다. 주택임대차시장에서 발생하는 연간 44조원의 소득에 대해서는 거의 세금이 없는 상태로 방치되고 있는 것이다(하승주, 전게서, 213면).

36) 그밖에 골프장회원권, 헬스클럽회원권, 콘도미니엄회원권, 한시택시 등에 대한 투기도 있었다(동아일보 1983. 4. 13).

공급측면에서 토지의 특성 중 부증성이 주택의 경우에서는 시차[37]가 있기는 하지만 어느 정도 인위적으로 공급이 가능한 일반 상품과 비슷한 특성을 가진다. 한편, 수요측면에서 토지는 개인, 기업, 국가 등 구분되지 않으나, 주택은 주로 개인인 점에서 차이가 있다. 이는 투기주체와 투기폐해에 있어서도 비슷하게 나타난다.

투기의 유형에 있어서 토지투기는 계약체결 이전단계에서 개발예정지 선취매수, 단기매매를 미등기전매하는 방법에 의하거나 계약체결 단계에서 명의신탁 또는 미성년자 등의 명의에 의한 차명거래하는 방법, 토지거래허가, 소유권등기, 토지이용등의 단계에서 이중계약서 작성, 위장전입, 위장증여, 가장이용에 의한 보상투기, 실제이용의무 위반등 허위거래하는 방법으로 구분된다. 주택투기의 유형은 계약체결 이전단계에서 부정청약,[38] 분양권의 매집, 단기매매를 미등기전매하는 방법에 의하거나 계약체결 단계에서 명의신탁 또는 미성년자 등의 명의에 의한 차명거래하는 방법, 소유권등기의 단계에서 이중계약서 작성, 위장전입, 위장증여등 허위거래하는 방법으로 구분된다. 또한 토지투기대상은 거의 구분이 없으나, 주택투기대상은 주로 아파트를 대상으로 하는 점에서 차이가 있다.

---

37) 1990년대 초 분당·일산 5개 신도시의 경우 계획발표에서 분양, 입주까지 2년 만에 초고속으로 진행되었지만 일반적으로는 택지확보에서 실제 입주까지는 적어도 5~6년간의 시간이 걸린다(국정브리핑 특별기획팀, 전게서, 35면, 55면).

38) 주택청약제도는 1977년 8월에 도입된 이래 많은 변화를 거쳐(상게서, 35면, 201-217면), 지난 2016년 8월 30일 1순위자가 1천만명을 넘어섰다(동아일보 2016. 8. 31).

Ⅱ. 토지투기의 유형과 수법

1. 토지투기의 유형

(1) 미등기전매

미등기전매는 토지투기에서 가장 많이 나타나는 유형으로 토지를 구입한 후, 소유자로 등기를 하지 않고 제3자에게 매각하는 방법이다. 미등기전매는 부동산투기꾼들이 가장 선호하는 행위이다. 적발된 부동산투기행위의 거의 전부가 미등기전매수법을 동원하였다고 해도 과언이 아니다. 등기를 하지 않은채 계약서 한 장과 계약금만으로 토지나 아파트를 매매하고, 근거를 남기지 않음으로써 세금 한 푼 안내고 매매차익을 고스란히 챙길 수 있기 때문이다. 그러한 이익으로 인해 투기꾼들은 부동산업자가 신청인들의 계약금만 받고 도주하더라도 구제를 받을 수 없는 경우가 종종 발생함에도 부동산 투기방편으로 널리 활용하였다. 미등기전매는 매매근거가 없기 때문에 좀처럼 적발하기가 어렵다.[39] 길어야 1주일에서 보름, 물론 계약금만 걸어놓은 상태에서 보통 당사자들 사이의 담합 또는 묵인하에 이루어진다. 미등기전매사실을 감추기 위해 토지투기자들이 거래가 이루어진 뒤에 계약서를 태워버리는 방법, 가족명의를 활용하는 것은 물론 중간전매자에 해외동포를 끼워넣어 미등기전매하는 방법도 쓰여졌다.

수많은 투기단속에서 1980년대 중반까지 미등기전매자를 적발한 방법은 다음과 같았다. 미등기전매자를 가려내기 위해서 거래금액이

39) 일선 세무원들이 인정하듯 '포착률이 1%도 안되는' 이 미등기전매는 과세사각지대에서 매년 수백억~수천억원 규모의 세금을 빼돌리고 있다(동아일보 1989. 10. 24).

시가표준액보다 10배 이상 높은 지역에 대해 등기소를 통해 지번별 지적도를 일일이 대조해서, 소유자를 확인한 후 전매여부를 가려내는 작업을 하였다. 또는 모든 부동산의 취득자를 단계적으로 소급하여 추적조사하며 중개업소를 수시확인하여 매매사실을 포착하는 방법을 취하기도 하였다. 아파트투기의 경우에는 중개업자의 거래보고와 아파트분양명단을 토대로 한 추적조사와 투기지역에서의 탐문조사하는 방법에 의하였다. 그러나 적발한다 해도 1985년 토지거래허가·신고제가 실시되기 이전에는 사후에 세금을 물리는 길뿐이기 때문에 세무행정력을 동원한 투기규제는 사후약방문식이고 따라서 그 효과는 세금을 거둔다는 것 이외에는 기대할 것이 없었다.

미등기전매는 매수인의 토지취득·처분에 따른 취득세·등록세·양도소득세 등의 탈루를 가져올 뿐만 아니라, 법령에 의한 취득자격을 갖추지 못한 자까지 토지를 취득하여 전매하는 결과를 초래하는 투기행위라 하지 않을 수 없다.[40] 부동산투기꾼들이 미등기전매를 선호하는 것은 처벌규정의 미흡뿐만 아니라 전매차익에서 세금을 한 푼도 내지 않겠다는 것에서도 이유를 찾을 수 있다.[41] 탈세심리를 촉발하기 십상인 무리한 세율이라고 하면서도 정부는 경제상황에 따라서 투기성행기에는 양도소득세의 세율을 강화하고, 경기침체기에는 완화하는 이중적인 태도를 거듭 반복했다.

미등기전매는 주로 단기거래[42]나 빈번한 거래[43]에서 이용되었으나, 대량거래[44]나 기업간 거래에 있어서도 가리지 않고 쓰여졌다.

---

40) 최혁재, 강미나, 김승종, 농지규제 완화에 따른 투기방지 방안 연구, 국토연구원, 2004, 59면.

41) 1980년 당시, 2년 후에 되팔면 양도세와 방위세, 주민세를 합쳐 양도차익의 63%를, 2년 이내에 팔면 82%를 물었어야 했다고 한다.

42) 단기거래 중 최단기는 충남 당진군 송산면 금암리 임야를 미등기전매하여 2시간 만에 1,250만원 차익을 거둔 사례도 있다(동아일보 1988. 2. 12).

43) 5년 동안 40회 이상 미등기전매로 거래한 사례도 있다(동아일보 1988. 4. 2).

44) 1983년 이후에 37차례에 걸쳐 1백27만평의 땅을 사들인 뒤 이를 36차례에 걸쳐 처분하면서 미등기전매의 방법으로 양도소득세 등 3억8천만원을 탈세한 사례도

〈표 1〉 미등기전매와 전매차익 (단위: 원, %)

소재지	매입가격	매도가격	전매차익	연간수익률	보유기간	보유시기
응암동	160,000,000	750,000,000	590,000,000	184.4	2년	1980년
금암리	102,000,000	114,500,000	12,500,000	52,941.2	2시간	1988년
안면도	495,000,000	610,500,000	115,500,000	70.0	4개월	1988년
안면도	610,500,000	742,500,000	132,000,000	129.7	2개월	1988년
일산리	140,000,000	160,000,000	20,000,000	5,142.9	당일	1989년
미상	42,000,000	220,000,000	178,000,000	21,795.9	7일	1990년
호원동	3,150,000,000	3,450,000,000	300,000,000	114.3	1개월	1990년
수월암리	420,000,000	560,000,000	140,000,000	66.7	6개월	1990년
상계동	4,972,000,000	6,808,000,000	1,836,000,000	147.7	3개월	1990년
연기군	30,000,000	40,000,000	10,000,000	72,000.0	4시간	2005년
역삼동	210,000,000	280,000,000	70,000,000	1,200.0	10일	2005년

자료: 동아일보 1980. 2. 26, 1988. 2. 12, 1988. 8. 3, 1989. 7. 6, 1990. 6. 14, 1990. 8. 31, 1990. 10. 10, 2005. 6. 28, 매일경제신문 2005. 9. 6의 기사를 토대로 재구성함.

미등기전매는 <표 1>에서 보는 바와 같이 엄청난 전매차익을 올리는 방편이 되기 때문에 토지투기 뿐만 아니라 주택투기에서도 끊임없이 이어졌다.

(2) 차명거래

차명거래는 투기에 의한 거래가 이루어지고 등기를 하더라도 등기명의인은 실제 소유자가 아니라 다른 사람 명의로 등기하는 것을 말한다. 명의신탁과 부녀자나 미성년자 명의로 등기하는 대표적인 투기유형이다.

명의신탁은 1995년 3월 부동산실명제가 실시되기 전까지 부동산투기에서 미등기전매와 함께 가장 많이 활용되었다. 명의신탁은 실

있다(동아일보 1988. 4. 2).

정법의 근거없이 일제시대부터 판례를 통해 형성되어 그 동안 실제 거래계에서 빈번히 이용되어 왔다. 그러나 명의신탁이 적법하고 정당하게 이용되는 경우는 드물고, 흔히 세금포탈 또는 재산도피, 불법자금 은닉 등의 목적이나 각종 공법적 규제를 회피하기 위한 수단으로 악용되어 왔다. 이에 명의신탁의 사법적 유효성에 대한 학계의 비판과 함께 이를 금지해야 한다는 사회적 요구가 끊이지 않았다.[45]

경제적 능력이 없는 부녀자[46]나 미성년자의 명의로 토지투기를 하는 것도 적지 않은 유형이다. 일반적으로 미성년자는 경제력이 없다고 보아야 할 것이므로, 그의 토지매입에 있어서는 특히 매입자금의 출처가 문제가 된다. 따라서 미성년자의 토지매입 과정에는 매입자금의 수증에 따른 증여세를 포탈하는 것[47]도 투기꾼들은 목적으로 두었다.[48] 미성년자 명의에 의한 투기는 편법증여 또는 투기의 상속으로 우리 사회에 만연되어[49] 증가되고 있는데도 이에 대한 단속과 대책에 소극적이었다.

(3) 허위거래

허위거래는 투기에 의한 거래가 이루어지고 토지거래허가를 받거나 소유권이전등기를 하더라도 그 내용은 실제와 다른 것을 말한다. 당사자가 담합 또는 묵인하에 이중계약서를 작성하거나 위장증여,

---

45) 최혁재, 강미나, 김승종, 전게서, 60면.

46) 경북 달성군 현풍면의 중개업자는 중개대상물인 대지 1백31평과 임야 1천3백80평을 본인이 1천8백만원에 취득하고서 부인명의로 등기했다가 1천1백만원의 차익을 남기고 단기전매, 양도소득세(8백만원)와 증여세(9백만원)를 추징당했다(동아일보 1989. 4. 18).

47) 최혁재, 강미나, 김승종, 전게서, 55면.

48) 국세청의 투기단속 중 560명의 투기꾼을 적발한 결과, 부녀자와 미성년자명의 거래가 전체의 38% 차지한 경우도 있다(동아일보 1988. 3. 24, 1988. 4. 2).

49) 미성년자 자녀이름으로 투기를 한 적지 않은 사례 중에는 2세부터 19세까지의 나이의 구분이 없었고 토지나 건물의 구분도 없이 행해졌다. 공직자재산공개와 인사청문회에서도 미성년자 자녀이름으로 투기한 사례가 적지 않았다.

위장전입을 통해 세금포탈이나 종전의 국토이용관리법, 농지법 등의 투기억제관련 규제를 회피하는 수단이다.

이중계약서의 작성은 거래대금 중 잔금과 등기이전에 필요한 서류를 주고받을 시점이 되면, 거래가격을 실제보다 낮게 기재한 별도의 계약서를 하나 더 작성하여 시·군·구청에 검인을 신청하는 것이 거래관행처럼 널리 퍼져 있었다. 이처럼 취득가격을 실제보다 낮게 기재한 이중계약서를 작성하는 동기는 취득세·등록세를 적게 내려는 목적이다.[50)]

위장증여는 토지거래허가를 회피하기 위한 토지투기유형이다. 토지거래허가구역 안에서 체결되는 토지거래계약 중 허가를 받아야 하는 것은 소유권 등의 이전을 목적으로 하는 유상계약이다. 따라서 매매계약과 달리 증여·상속·경매·수용 등으로 인한 거래계약은 허가를 받지 않아도 되므로, 계약의 내용이 매매임에도 불구하고, 소유권 이전등기 신청시 등기원인을 증여로 기재하는 것이다.[51)] 이렇게 등기부상의 기재내용과 실제 등기원인이 불일치하는 경우에도, 법원은 실체적 권리관계를 중심으로 등기의 효력을 인정하고 있다. 즉, 매매를 원인으로 이전등기를 해야 함에도 불구하고 증여를 원인으로 기재하는 경우에도 그 등기는 유효하다고 한다. 증여나 대물변제로 인한 소유권 이전등기를 함에 있어서 매매를 등기원인으로 기재한 경우라 하더라도 그러한 등기는 유효하다.[52)] 그러나 사법상의 권리이전의 법률효과와는 별도로, 토지거래허가구역 안에서 부담부 증여행위를 하는 경우에는 토지거래허가를 받아야 한다. 또 「부동산등기특별조치법」에서는 등기원인을 허위로 기재하는 경우에 대해서는 처벌하고 있다(동법 제8조 제2호).

---

50) 정연식, "부동산매매 거래시 이중계약서 작성실태에 관한 연구", 한국세무회계학회, 세무회계연구, 제1권, 1994, 154면.

51) 최혁재, 강미나, 김승종, 전게서, 57-58면.

52) 대판 1955. 1. 20, 4287다200; 대판 1955. 4. 27, 4287민상336; 대판 1980. 7. 22, 80다791; 대판 1980. 10. 14, 79다232.

위장전입은 토지취득자격을 주민등록 여부를 기준으로 하여 제한하는 것을 피하기 위한 투기유형이다.[53] 현재 토지거래허가제는 허가구역 안에서의 토지거래 허가기준의 하나로 비농업인이 영농목적으로 농지를 취득하기 위한 요건 중의 하나로, 세대원 전원이 토지소재지 시·군에 주민등록이 되어 있고 실제로 당해 지역에 거주할 것을 요구하고 있다. 2010년 현재, 최근 10년간 위장전입으로 처벌받은 국민은 5,000여명[54]에 이른다.

이에 따라 허가구역 안의 농지거래의 경우 허가요건을 충족하기 위해 허위로 당해 지역에 주민등록을 이전하는 위장전입이 자행되고 있다. 이는 주민등록법에 반하는 위법행위일 뿐만 아니라, 농지를 취득하기 위해 부정한 방법으로 토지거래허가를 받으려는 투기행위에 해당된다. 종전[55]에는 농지취득을 위해 필요한 농지매매증명의 발급요건에도 사전거주 요건(6개월), 통작거리 제한(20㎞)을 두고 있었다. 이로 인해 농지를 취득할 목적으로 주민등록을 농지가 소재하는 허위의 주소지로 이전하는 위장전입의 사례가 많았다. 그러나 이 요건은 농지매매증명제도가 농지취득자격증명제도로 전환되면서 폐지되었다. 따라서 현재는 농지취득을 위한 위장전입은 토지거래허가구역 안에서만 문제가 되고 있다.[56] 신문기사에서 위장전입[57]은 미

---

53) 위장전입은 주민등록법(제정 1962. 5. 10, 법률 제1067호, 시행 1962. 6. 20) 제정시부터 과태료 처분이 있었던(당시 제20조에서 3천환 이하의 과태료) 위법행위이다(현행 제37조 제3호의2에서는 '3년 이하의 징역 또는 3천만원 이하의 벌금에 처한다'라고 규정되어 있다).

54) '공직자 위장전입은 문제삼지 말자?'라는 기사(동아일보 2010. 8. 21)에서 인용하였다. 최초로 위장전입으로 구속된 사례는 재개발지역의 아파트입주권을 분양받기 위해 위장전입한 경우이다(1990. 6. 26).

55) 농지법(제정 1994. 12. 22, 법률 제4817호, 시행 1996. 1. 1)으로 폐지되기 이전의 농지임대차관리법(제정 1986. 12. 31, 법률 제2888호, 시행 1987. 10. 1) 제19조, 동법 시행령(제정 1990. 8. 27, 대통령령 제13077호, 시행 1990. 9. 1) 제23조 제1항 제3호, 동법 시행령(개정 1991. 9. 19, 대통령령 제13472호, 시행 1991. 9. 19) 제23조 제2항.

56) 최혁재, 강미나, 김승종, 전게서, 58면.

57) 한 재일교포 현지처는 서해안개발예정지의 전답을 사기 위해 4년간 21차례나 주민등록을 옮긴 사례도 있다(동아일보 1988. 4. 2).

등기전매등과 함께 투기유형으로 수없이 많이 나타나고 있다.

2. 토지투기의 수법

(1) 계약체결이전단계

계약체결이전단계에서 투기를 목적으로 하는 토지분할을 하는 경우가 적지 않다. 1978년 3월 8일 토지분할 또는 필지분할에 의한 토지투기의 사례로 '1976년부터 자신이 소유한 밭과 임야 등의 땅값이 뛰자 필지로 분할, 수천평을 팔기도 했으나…'라는 기사에서 처음 나타나고 있다. 그렇지만 1965년 12월 11일 정부의 부동산양도소득세법안 도입시 법안에 대한 설명 중 '…자가용으로 쓰던 부동산은 양도가격의 다소를 막론하고 면세되며 2백만원 이하의 거래에 대해서도 과세하기로 한 것은 분할판매로 인한 탈세를 막기 위한 것…'이라고 하여, 토지분할 또는 필지분할은 계약체결이전에 토지투기로 폭넓게 이용되고 있었던 것으로 보인다.

토지분할수법은 매입후 분할한 다음에 개발된다고 선전하고 매각하는 경우,[58] 매입후 명의를 빌려 실수요자로 위장한 뒤 분할해 매각하는 경우, 매입후 토지거래신고 또는 허가규제를 피하기 위해 분할해 매각하는 경우, 매입후 택지개발촉진법 및 주택개발촉진법상의 택지분양권 또는 아파트분양권을 얻기 위해 최소면적 단위로 분할하여 매각하는 경우, 매입후 재개발아파트 입주권을 얻기 위해 분할해 매각하는 경우, 매입후 중과세를 피하기 위해 필지를 분할, 타인명의로 분산소유하는 경우, 매입후 불법으로 필지를 분할하는 경우 등으로 구분할 수 있다. 이와 같은 토지분할수법이 토지투기로 이용되자 정부는 도시계획법, 국토이용관리법, 건축법, 지적법등 관련법

58) 1997년 이후에는 부동산텔레마케팅 수법으로 나타난다.

령의 개정을 통해 제도적으로 토지분할을 허가제등으로 변경하기도 했고, 토지분할에 의해 부당하게 택지분양권, 아파트입주권이 주어지는 것을 원천차단하기도 했다. 그러나 주택경기부진에 따라 토지투기지역을 해제하면서 토지분할시 사전 인·허가 의무도 면제하기도 하는 양면적인 정책을 취하기도 했다.

계약체결이전단계에서 투기를 목적으로 개발계획을 사전에 알고 이를 이용하여 개발예정지를 선취매수하는 경우도 적지 않게 나타나는 수법이다. 도시계획 등의 결정과정에 적극적으로 참여하거나 토지개발 정보를 사전에 입수하여 토지를 매입하는 수법을 취하는 경우이다. 전자의 경우는 제2장 제1절 (3)의 토지개발과 토지투기에서 이미 설명하였고, 후자의 경우는 정보에 접근할 수 있는 소수의 사람만이 활용할 수 있는 수법으로 1993년 3월 처음 공직자재산공개를 하면서 드러나기 시작했다. 1993년 4월 9일자 동아일보는 '재산공개가 끝난 국회의원들과 장차관들 중 일부가 서울 서초구 서초동 검찰청사와 법원주변의 땅(법조타운)을 개발시기에 집중 매입한 것으로 드러났다. 이들은 지난 1973년 5월 관보를 통해 법원과 검찰청사의 이전계획이 발표된 시기 전후로부터 1980년대 후반까지 이 일대를 사들인 것으로 밝혀졌다'라고 보도하고 있다. 기사에 의하면 이 지역 땅을 소유한 1백70여명의 지주들 가운데는 전직 대통령 2명을 포함한 장차관 및 다수의 국회의원 등 정보에 접근할 수 있는 소수의 사람이 대부분 포함이 돼 있었다. 이들은 해당 지역을 재산공개시기까지 보유했고, 기사에 의하면 '법조타운주변 부동산관계자들에 따르면 투기가 집중적으로 일어났던 지역은 법원과 검찰청사 바로 앞 주변… 일대로 70년대 초반 당시 평당 4천~5천원하던 땅값은 현재(1993년) 3천만원내외로 뛰었다'고 한다. <표 2>에서 보는 바와 같이 토지개발정보를 사전에 입수해 장기간 보유한 경우에는 연간수익률이 900배씩 되는 토지도 있었다.

〈표 2〉 토지개발정보입수에 의한 토지투기이익 (단위: 원, %)

소재지	매입가격	현재가격	차익	연간수익률	보유기간
양재동	3,400,000	6,500,000,000	6,496,600,000	9,099	1972~1993(21년)
서초동	35,000,000	18,000,000,000	17,965,000,000	3,208	1977~1993(16년)
서초동(밭)	160,000,000	5,500,000,000	5,340,000,000	278	1981~1993(12년)
방배3동	30,000,000	570,000,000	540,000,000	180	1983~1993(10년)
방배동	50,000,000	2,700,000,000	2,650,000,000	294	1975~1993(18년)
논현동	3,600,000	3,700,000,000	3,696,400,000	5,134	1973~1993(20년)
역삼동	70,000,000	1,190,000,000	1,120,000,000	229	1986~1993(7년)
양재동	200,000,000	1,300,000,000	1,100,000,000	50	1982~1993(11년)

주: 현재가격은 1993년 당시의 가격임.
자료: 동아일보 1993. 4. 9, 1993. 9. 10의 기사를 토대로 재구성함.

계약체결이전단계에서 투기를 목적으로 중개업자 또는 투기꾼들은 토지를 매입하여 헛소문을 퍼트리거나[59] 부동산을 사전에 헐값에 매집하여 자기들끼리 미등기전매를 하다가 실수요자에게 올린 가격으로 매각하는 수법을 쓰기도 하였다.[60]

계약체결이전단계에 있어서 매수인이 가장 먼저 행할 가능성이 있는 투기행위는 토지매입자금의 은폐이다. 미성년자 등 무자력자인

59) 1977년 충남 당진군 송산면 일대 임야 22만평을 평당 1천1백~3천원씩 매입하고 곧 이 일대가 중소도시로 개발된다고 속여 복부인들에게 평당 5천원씩에 분할해서 판 사례(동아일보 1981. 8. 11). 1982년 9월 경기도 화성군 일대 임야 4만1천평을 사 들인후 그 지역에 제약공장단지가 들어선다고 거짓 선전하여 매수 및 전매계약금 또는 중도금 명목으로 10억여원을 편취한 사례(동아일보 1983. 2. 19), 경남합천과 제주도의 남의 땅을 개발된다고 하여 4백여억원을 사기한 사례(동아일보 1983. 8. 3), 특정 지역이 신행정수도 건설지로 확정된 것처럼 소문을 퍼뜨려 부동산을 팔아 차익을 챙기는 사례(동아일보 2003. 11. 11) 등이 있다. 개발예정지로 소문이 나면 투깃군들이 한꺼번에 몰리면서 땅값이 몇배에서 수십배까지 치솟게 마련인데 인근지역의 땅값까지 터무니없이 올라가는 「지가도미노현상」을 일으키기도 한다(동아일보 1987. 6. 23).

60) 전매과정에서 단골이 아닌 외부 손님에게 막차를 태워 처분하는 것을 이들은 '시집 보낸다'는 은어로 표현한다(동아일보 1979. 2. 16).

경우 토지를 매입하기 위해서는 매입자금을 타인으로부터 증여받을 수밖에 없다. 이 때 수증사실을 은폐하여 증여세를 포탈하는 투기행위를 하게 된다.[61)][62)] 이러한 사전작업은 투기단속내용에 자금출처가 포함되자 투기꾼들에게는 필수적이 되었다.

투기를 위한 자금을 마련하기 위해서 화해조서수법을 활용하기도 하였다. 과거에 은행돈은 쓰기도 힘든데다 쓸 수 있다고 하더라도 빨라야 보름이상 걸리기 때문에 대출을 받으면서 부동산을 고리대금을 하는 사채업자들 명의로 가등기를 해주고 변호사사무실에 가서 약정된 기일내에 돈을 갚지 않으면 가등기권자 앞으로 명의를 이전해도 좋다는 화해조서를 공증받아 놓는 수법이 쓰였다. 이밖에 계약체결이전단계에서의 투기수법으로는 1978년 서울 주변지역에서 취락구조개선사업을 할 때, 투기꾼들은 살고 있던 사람들로부터 웃돈을 얹어주고 구입하여, 건평 40평이 넘는 호화별장주택을 지어 분양하는 수법도 썼다.

(2) 계약체결단계

계약체결단계에서 단기매매를 미등기전매하는 수법외에 명의신탁 또는 미성년자등의 명의로 차명거래하는 수법과 위장전입의 수법이 주로 쓰였다. 또한 투기를 목적으로 중개업자 또는 투기꾼이 매입하였으나 농지규제에 묶여 거래를 할 수 없는 경우에는 법원에 가등기만 해놓거나 매매인간에 비밀리에 계약서만 작성하는 수법을 썼다.

매수인이 거주요건을 갖추기 위해 주민등록을 허위로 이전하는

---

61) 최혁재, 강미나, 김승종, 전게서, 63면.

62) 서울 종로3가에 위치한 부동산(대지58평 건물 1백8평)의 공동소유자인 우모씨와 임모씨는 증여세를 피하기 위해 각자 본인들의 지분을 각각 상대편의 아들에게 양도하는 등 변칙증여했다가 증여세 5억8천6백만원을 추징당하기도 했다(동아일보 1989. 4. 28).

위장전입 수법을 활용하는 것이 대표적이다. 위장전입은 농지투기와 아파트입주권투기를 위한 위장전입이 가장 많으며, 그밖에 택지분양권투기를 위한 위장전입등도 있었다.

계약체결단계에서 매수인은 이중계약서를 작성하여 취득가격을 저가로 기재함으로써 취득세·등록세[63]를 포탈하거나 이중계약서에 양도가격을 저가로 기재해 후일 양도소득세를 포탈할 수 있는 근거를 마련해 놓는다. 부동산중개업자는 거래당사자의 이중계약서 작성을 대행하거나 이를 유도 또는 방조하는 등 투기행위에 직·간접적으로 가담하였다. 이중계약서에 거래가격을 저가로 기재하게 되면, 자신의 사업소득이 축소되기 때문이다.[64] 이중계약서의 작성은 탈세를 목적으로 하는 위법한 행위임에도 대부분 국민들은 관행이라는 이름으로 죄의식을 많이 느끼지 못하였다. 2000년 이후에는 이중계약서가 다운계약서와 업계약서로 발전하기 시작하였다.[65] 2003년 9월 한 설문조사에서는 조사대상자 전체의 45% 정도가 이중계약서를 작성한 경험이 있다고 하였다.[66] 이러한 배경하에 정부는 2005년 부동산중개업법과 부동산등기법을 개정하여 부동산 실거래가 신고와 등기부 기재를 의무화하였다.

계약체결후 경제사정의 변동으로 투기성 자금이 부동산으로 몰려 부동산값이 갑자기 뛰면서 해약에 따른 변제공탁수법이 대폭 늘어나기도 하였다.[67] 부동산 매매계약을 한 뒤 중도금지급기일 사이에 뛴

63) 취득세와 등록세는 2011년부터 취득세로 통합되었다.

64) 최혁재, 강미나, 김승종, 전게서, 63면.

65) 다운계약서는 매수인 입장에서 취득세 등의 탈세를 목적으로 하는 것이고, 업계약서는 매도인이 양도소득세 등의 탈세를 목적으로 하거나 토지를 매입하여 분할한 다음, 파는 경우에 행해진다.

66) 한국감정평가연구원이 2003년 6~7월 부동산전문가와 중개업자, 일반인 등 모두 244명을 대상으로 조사한 결과이다(동아일보 2003. 9. 2).

67) 1978년 6월 22일 서울 민사지법에 따르면 부동산매매를 둘러싼 변제공탁은 지난 5월에는 모두 1백9건으로 하루 평균 3.7건이었는데 6월에는 17일 현재, 모두 73건으로 하루 평균 5.8건을 기록, 57%의 증가율을 보였다. 특히 영동 잠실지구를 관할하는 서울민사지법 성동지원에는 변제공탁이 많아 지난달에는 모두 70건으

금액이 계약금의 3.4배가 넘어버리면 판 사람은 계약금에 배상금까지 붙여 돌려주고라도 해약하려 들지만 산사람은 중도금까지만 내면 법률상 매매가 이루어지므로 어떻게 든 중도금을 내려든다. 이런 시비가 일면 부동산을 팔려했던 사람은 계약금의 2배를 공탁해서 해약의 효과를 얻으려 하고, 부동산을 사려했던 사람은 중도금을 공탁해서 자기 권리를 주장하려 들어 법원의 변제공탁이 늘어나게 되는 것이다.

(3) 토지거래허가단계

토지거래허가·신고제가 1978년 8월 8·8 조치에 의해 도입되어, 1985년 시행되면서 계약체결후 투기를 하고자 하는 매수인은 토지거래허가를 회피하기 위해 여러 가지 수법을 동원하였다.[68] 첫째는 매매를 증여로 위장하는 행위이다. 법령에서 요구하는 허가요건을 갖추지 못함에 따라, 아예 허가대상행위가 아닌 행위를 하는 것처럼 위장하는 것이다.[69][70] 둘째는 토지거래허가구역내에서 토지분쟁을 위장한 뒤 화해조서를 작성, 불법으로 부동산거래를 하는 판결위장 거래수법인 제소전화해절차의 편법으로 등기를 이전하는 수법을 썼다.[71][72] 당시

로 하루 평균 2.3건이었는데 이달 17일까지는 63건으로 하루 평균 3.7건을 기록, 61% 증가됐다(동아일보 1978. 6. 22).

68) 토지거래허가제는 일선 공무원들이 오히려 법망을 빠져나가는 방법을 알려주는 사례가 많아 부동산업계에서는 「토지거래지도제」로 불려 왔다(동아일보 1990. 12. 3).

69) 최혁재, 강미나, 김승종, 전게서, 63면.

70) 증여위장투기 136명 적발(동아일보 1990. 4. 11). 3천만원에 팔고도 증여로 위장(동아일보 1990. 10. 10). 위장증여 76명 적발(동아일보 1992. 6. 12). 매매계약서 대신 증여계약서를 작성해 주면 값을 더 주고 사겠다고 꾀어 매입한 증여형식적발(동아일보 2005. 6. 28) 등이 있었다.

71) 1989년 서울 강남구 세곡동 임야 1만 8천여평을 12억원에 매입하여 1991년 63억원으로 치솟았다는데 이같은 수법이 드러나 구속되었다(동아일보 1990. 4. 11, 1991. 5. 29). 투기를 일삼은 병원장도 이같은 수법을 쓰다가 구속되었다(동아일보 1990. 7. 31). 1991년의 수서사건(동아일보 1991. 2. 6), 파친코사건((동아일보 1991. 4. 15)에서도 이 수법이 동원됐다.

72) 1990년 4월 11일 광주지법 민사2 단독부는 16건의 소유권이전등기 「제소전화해신청」을 모두 각하했다. 담당판사는 결정문에서 '토지거래허가제는 토지소유권에

국토이용관리법 시행령상 '민사소송법의 화해절차에 따라 권리를 이전 또는 설정하는 경우는 토지등의 거래계약허가제 및 거래계약신고제에 관한 규정을 적용하지 않는다'는 규정을 악용한 것이다.[73] 셋째는 법인명의로 구입할 수 없는 토지를 임직원명의로 구입을 하고 근저당권을 설정하는 수법이다. 넷째는 1995년 부동산실명제 실시로 명의신탁이 금지될 때까지 활용되었던 '명의신탁해지로 인한 소유권이전등기청구소송'을 활용하는 탈법적인 수법도 있었다. 땅을 판 사람을 상대로 소송을 내 피고가 답변서도 안내고 법정에 계속 나오지 않는 수법으로 승소, 거래허가를 받을 수 없는 부동산을 취득하였다고 등기하는 것이다. 이밖에 토지거래허가를 피하기 위해서 허가전 미등기전매, 위장전입, 이중계약서 작성, 가장이용에 의한 보상투기, 허위이용기재 등 많은 수법이 투기를 위해 동원되었다.

(4) 소유권이전등기단계

소유권이전등기단계에서 전형적으로 이루어지는 투기행위는 미등기전매이다. 그렇지만 미등기전매는 등기절차가 생략되는 것이므로 소유권이전등기까지는 진행되지 않은채 중간생략등기가 이루어지는 것이다. 미등기전매를 제외하고 소유권이전 등기단계에서 이루어지

대한 중대한 제한을 가하기 위해 만들어진 제도라고 전제하고 허가없이 체결한 거래행위에 대해 형사처벌까지 받아야 할 토지거래당사자가 유독 민사소송법상의 화해의 경우에만 허가제의 규제에서 벗어날 수 있다는 것은 국토이용관리법의 입법취지에 어긋나기 때문에 이 법의 취지를 엄격하게 해석해야 한다'고 밝혔다(동아일보 1990. 4. 12).

73) 국토이용관리법 시행령(개정 1989. 8. 18, 대통령령 제12781호, 시행 1989. 8. 18.) 제30조 제12호(민사소송법의 화해절차에 따라 권리를 이전 또는 설정하는 경우)는 토지등의 거래계약허가제 및 거래계약신고제에 관한 규정을 적용하지 아니한다. 이 규정에 근거하여 실제로는 토지를 거래하면서 화해로 위장하여 허가제를 회피하는 탈법행위가 발생하므로, 이를 방지하기 위해 국토이용관리법 시행령을 개정(개정 1990. 8. 8, 대통령령 제13065호, 시행 1990. 8. 8)하여 이 규정을 삭제하였다.

는 가장 많은 투기수법은 법령상의 규제를 회피하거나 관련세금을 포탈하기 위한 매수인의 명의신탁[74]이라고 할 수 있다.[75]

소유권이전등기를 본인 이름으로 하지 못하고 타인의 명의로 하는 경우에는 기업자금으로 부동산을 취득한 경우에 명의신탁수법,[76] 가등기수법,[77] 근저당권설정수법,[78] 페이퍼컴퍼니 설립수법[79] 등이 쓰였다. 그밖에 장기간 소유권이 방치된 부동산을 대상으로 허위 소유권이전등기나 상속등기는 물론 심지어 가짜 판결문까지도 만들어 남의 땅을 가로채는 경우도 있었다.[80] 기업의 경우에는 땅 많은 중소기업을 기업흡수합병(M&A)하여 당국의 감시와 법망을 피해 노른자위 땅을 안전하게 확보할 수 있다는 이점 때문에 1989년 많은 대기업들 사이에서 유행한 수법이다.

---

74) 최혁재, 강미나, 김승종, 전게서, 64면. 동아일보 1995. 1. 7.

75) 주택의 경우에 속칭 '복(複)등기'를 통해 불법전매를 하는 사례도 있다. 등기를 두 번 한다는 뜻으로 전매가 제한된 아파트 분양권을 웃돈을 받고 판 뒤, 입주 후 최초 분양계약자(매도자) 명의로 소유권 이전 등기를 했다가 매수자 앞으로 등기를 바꾸는 방식이다(동아일보 2007. 1. 18).

76) 기업자금 35억2천8백만원을 빼돌려 투기자금에 전용(동아일보 1990. 5. 11), 1989-1994년 스키장개발을 위해 취득한 토지를 임직원명의로 등기한 사례(동아일보 1999. 9. 18)등이 있었다.

77) 미국에서 제조업을 경영하고 있는 자가 토지를 본인이 구입한 뒤, 조카명의로 소유권이전등기를 하고 이를 다시 동생명의로 매매계약가등기를 해놓는 수법으로 변칙 매입했다 적발한 사례(동아일보 1989. 4. 18)등이 있었고, 1991년 파친코 사건의 당사자가 보유하고 있었던 2백16건 부동산중 가등기권리상태의 것이 47건이나 되었다(동아일보 1993. 5. 15).

78) 다른 사람명의로 땅을 구입케 한 다음 구입자가 자신에게 빚을 지고 있는 것처럼 근저당을 설정, 사실상의 소유권을 확보한 사례(동아일보 1993. 3. 24)등이 있었다.

79) 농업회사법인 명의로 서산간척지 농지 165만평을 435억여원에 매입하기로 계약한 뒤 미등기 전매한 사례(매일경제신문 2005. 9. 6)등이 있었다.

80) 한겨레신문 1992. 7. 12. 1970년대초 강남일대에 투기가 과열되자 관련 서류 일체를 위조, 상속보존등기를 마치고 매매하는 사례(동아일보 1970. 3. 7)도 있었다.

제 3 장

토지투기의 원인과 폐해

제3장 토지투기의 원인과 폐해

Ⅰ. 토지투기의 원인

1. 구조적 원인

(1) 도시화, 산업화

1960년대 이후 우리나라는 도시화, 산업화가 가속되기 시작하면서 도시적 용도의 토지와 주택의 공급은 급증하는 수요량을 충족하지 못하였다.[1)] 도시화는 도시가 되어 가는 과정으로 인구의 도시집중과 함께 농업과 같은 1차 산업에서 2차 산업, 3차 산업으로의 전환이 이루어진다. 이에 따라 도시적 용도의 토지개발이 이어져 토지의 수요가 급증하게 된다. 우리나라의 경우 도시화율은 1960년(39.1%), 1970년(50.1%), 1980년(68.7%), 1990년(81.9%), 2000년(87.7%), 2010년

---

1) 1978년 7월 12일 한국은행 관계기관의 조사에 따르면, 서울 전역의 종합지가지수는 1963년을 기준(100)으로 했을 경우 1977년 5천9백53으로 60배로 뛴 것으로 밝혀졌다. 그중 주택지는 이 기간 중 87배로 뛰었으며 상가, 공장지역 땅값도 각각 50배 이상씩 뛰었다. 특히 집중개발되어 온 강남지역의 경우 1963년보다 무려 1백76배로 앙등한 것으로 나타났다(동아일보 1978. 7. 12). 다른 연구에 의하면(정희남, 김창현, 거시경제정책이 토지시장에 미치는 영향, 국토개발연구원, 1997, 49면), 1974년부터 1996년까지 22년 동안 GNP는 7배, 소비자물가는 7.2배, 지가는 17.6배 증가하였다고 한다. 이 기간 동안 주식은 8.5배 상승하였다(이정전, 서순탁, 변창흠, 김홍상, 토지문제의 올바른 이해, 박영사, 2006, 3면).

(89.6%), 2013년(90.5%)로 증가하였다.[2)3)] 도시화가 진행되면서 도시 주변 또는 개발예정지의 지가급등은 당연한 결과였다.

급증하는 토지의 수요에 맞추기 위하여 수많은 개발정책이 추진되었으나 투기이익을 목적으로 한 가수요를 수반하면서 공급에 따라가지 못하는 악순환의 수급불균형상태가 되풀이 되었다. 이로 인해 토지에 대한 투자는 저축, 주식 등 다른 투자대상의 수익률보다는 높은 수익률을 가져다 주었다.[4)5)]

따라서 국민 모두는 한결같이 부동산을 선호하게 되었음은 물론, 갖가지 수단을 동원하여 투기에 참여함으로써 부동산시장을 조작하는 등 사회적으로 바람직한 투기행위가 만연하게 되었고 이로 인해 부동산가격은 더욱 급등하게 되었다.[6)]

(2) 토지의 물리적·경제적 특성과 토지시장의 특성

토지는 다른 재화와는 구별되는 독특한 성질을 가진다. 일반적으로 토지의 물리적 특성으로 위치의 고정성, 비대체성, 부증성 등이 있으며, 경제적 특성으로 비생산성, 낮은 환금성[7)8)]등이 꼽힌다. 투

---

2) 도시계획정보서비스(http://upis.go.kr), e－나라지표(www.index.go.kr).

3) 1949년 18.4%에 불과했던 도시화율은 1차 5개년계획이 끝난 직후인 1966년부터 급격히 진행돼 그 해 말 33.6%에서 1973년 말엔 47.3%, 다시 1976년에는 52%로 확대됐다. 연평균 13.7포인트씩 늘어난 셈이다. 당시 한국개발연구원(KDI)의 장기경제발전전망은 오는 1991년에 가서는 전국의 도시화율이 75%에 이를 것으로 예측하였으나(동아일보 1978. 2. 18), 실제로는 81.9%로 더 빨리 도시화가 이루어졌다.

4) 예금이 1년 만기인 경우 연수익률이 8%, 회사채는 3년 만기인 경우 연 11%, 증권은 1982년 실적으로 볼 때 13.5%, 정상사업수익은 10~15%임에 비해 토지상승률은 1976~1982년의 7년 기간 동안 연평균 27.2%라는 높은 상승을 기록하였다(이태교, 한국의 토지투기에 관한 연구, 한양대학교 대학원 박사학위논문, 1985, 102면).

5) 2010년을 기준으로 주식의 20년 누적수익률은 194.6%이고, 회사채는 503.7%이다. 한편 강남아파트의 20년 누적수익률은 600%이다(하승주, 전게서, 105면).

6) 이태교, 전게논문, 16면.

7) 투자에 대한 대가가 단기간에 회수될 수 없고, 장기간에 걸쳐서 투자회수가 이루어진다는 점에서 '투자회수가 긴 재화'(강원철, 김용창, 서순탁, 서후석, 임재만, 부동산학 개론, 부동산114, 2004, 55면), '상대적으로 낮은 유동성' 또는 '단기거래

기의 대상이 되려면 가격변동이 극심하고 등락의 예측이 어렵고, 총공급량이 많아서 쉽게 매점되지 않는 상품이 적당하다고 한다.[9] 따라서 토지는 자본력이 필요하고 재생산성이 없고, 환금성이 떨어지므로[10] 투기의 대상으로 하기에는 적당하지 않다고 한다.

그러나 우리나라에서 토지는 위치의 고정성, 비대체성, 부증성 등의 물리적 특성과 일정유형의 토지가 상대적인 공급부족을 낳는 등의 경제적 특성[11]으로 인해 토지투기의 원인이 되었다. 또한 시장의 국지성, 거래의 비공개성, 비표준화성, 시장의 비조직성, 시장수급조절의 곤란성 등을 가지고 있는 토지시장의 특성으로 인해 토지투기[12]를 가져왔다.

(3) 토지자산의 안정성

도시화율이 진행중인 동안에는 토지가격은 더 이상 내려가기 어렵기 때문에 다른 재화보다는 안정성이 있다고 할 수 있다. 취득한 토지를 담보로 토지가격 상승률을 밑도는 저리의 비용으로 자금을 조달하여 자산증식을 가속화시킬 수 있을 뿐만 아니라 여의치 않을 경우 투기손실을 다른 자에게 전가시킬 수 있다.[13][14] 또한 토지자산

의 곤란성(이창석, 부동산컨설팅: 이론과 실제, 형설출판사, 2016, 291면)으로 쓰는 경우도 있다.

8) 김현아 한국건설산업연구원 연구위원은 "강남 3구 아파트들은 대기수요자가 많아 금융상품처럼 손쉽게 거래가 가능하다는 특성이 부각되고 있다"고 하였다(동아일보 2009. 7. 18).

9) 조진하, 전게논문, 107면.

10) 토지는 은행, 증시 가운데 투자규모가 가장 크면서도 환금성은 떨어진다(동아일보 2001. 3. 13).

11) 이태교, 전게논문, 104면.

12) 상게논문, 105–108면.

13) 조진하, 전게논문, 108면.

14) 토지투기꾼들은 토지보유세(토지가치세) 증가등으로 투기손실이 발생하는 경우 다른 자에게 이전시키고 다른 자는 앞으로 자신이 부담하게 될 토지보유세(토지가치세)를 공제한 나머지만 가격으로 치른다(이정전, 토지경제학, 박영사, 2011, 564면).

은 금융상품이나 주식시장보다는 환금성면에서는 떨어지지만, 2~3년후 경기가 회복했을 때 예상되는 시세차익을 노릴 수 있는 안정성으로 투기수요가 항상 잠재해 있게 되었다. 이러한 측면에서 '토지는 움직일 수 없고 변하지 않고 늘어나지 않고 도둑맞을 염려도 없는 기본적인 특성에다 우리나라처럼 인플레가 심하고 개발이 한창 진행중인 여건에선 더 없이 훌륭한 투자대상'이라는 부동산예찬론도 있었으며, 공직자재산공개와 인사청문회에서 나타나는 것처럼 투기의 주된 대상이 되었다.

1990년 5월 8일 보험업계는 기업의 비업무용토지의 매각처분에 대하여 '보험회사의 부동산보유는 보험자산의 안정성 유지라는 측면에서 일정한 범위내에서 인정…'이라고 주장하여 토지자산의 안정성을 강조하였다. 2005년 6월 29일 동아일보사는 부동산 114에 의뢰하여 분석한 결과를 발표하였다. '주식과 아파트의 8년간(1997~2005년) 가격안정성을 분석한 결과, 주식 블루칩은 하락 폭이 가장 컸던 1999년 12월~2000년 10월에 평균 주가가 반 토막(51.0% 하락)났다. 1998년 2월~6월(46.6% 하락)과 2002년 3월~2003년 3월(38.9% 하락)에도 40% 안팎 하락했다. 반면 아파트 블루칩의 평균 가격은 외환위기 직후인 1997년 12월~1998년 7월에 19.75% 떨어진 것을 제외하고는 한 번도 6% 넘게 하락하지 않았다'고 한다. 한편 토지의 경우 전국 지가변동률은 같은 기간중 1997년 -13.6% 하락한 것을 제외하고는 한 번도 하락하지 않았다. 그 외에 1964년~2013년 50년 동안 지가가 하락한 해는 1992년(−1.3%), 1994년(−7.4%), 1994년(−0.6%), 2008년(−0.3%)의 4년 정도이다.

2. 경제적 원인

(1) 투기자본의 형성과 과잉유동성

투기자본이 통화량의 증가, 투기성 자금의 형성, 적정투자대안의 결여에 의해 형성되고,[15] 그것이 일부 계층에 편재되어 토지투기의 원인이 되었다. 1970년에서 1978년 사이의 통화량의 과잉공급과 자금구조의 결함은 물가를 상승시킬 뿐만 아니라 실물경제가 침체하는 경우 상당량의 여유자금을 형성하게 되었다. 통화량을 증가시킨 요인으로는 경기부양을 위한 조기공사발주 등의 적자재정편성과 선거를 위한 선거자금방출, 그리고 1973년 최초로 진출한 해외건설수출에 의한 해외구매력이전 등을 지적할 수 있다. 오랜 기간에 걸친 인플레경제가 시중자금을 제도금융으로 흡수하지 못하자, 아파트와 토지에서 비정상적인 고수익을 얻어 투기성 자금으로 형성되었다. 유동자금은 투자대상물이 없을 때에는 단자회사가 발행하는 어음 및 신탁형 증권저축 혹은 사채의 형태로 운용되다가 투기조건이 형성되면 즉각적으로 투기자금으로 바뀌어 갔다. 1977년과 1978년의 부동자금은 2천억원~3천억원에 달했다. 정부는 물가안정을 중시하여 투기성 자금을 제도금융이나 산업자금으로 흘러갈 길을 터주지 않고, 투기단속과 같은 수요억제정책만을 반복하여 풍선효과를 가져오거나 경기침체와 서민생활의 위축을 가져왔다.

1980년대 초반의 부동산투기열풍은 국내요인에 의한 것으로 많이 풀려나간 돈이 낮은 금리로 갈 곳을 찾지 못해 건전한 생산자금이 아닌 악성투기자금화 해서 택지쪽으로 몰렸다. 이 시기에 정부는 과거와 같이 투기단속과 같은 수요억제정책만을 반복하여, 풍선효과를

15) 이태교, 전게논문, 100－102면.

가져왔지만 경기위축을 우려하여 금리인상과 같은 시중부동자금의 흡수를 위한 정책에는 소극적이었다.

1980년대 중후반의 부동산투기열풍은 저달러, 저유가, 저금리가 가져다 준 흑자경제에서 비롯되었다.[16] 3저에 따른 경기호전과 통화량 증가로 시중에 여유자금이 많아지자 부동자금은 증권시장에 몰렸다가 다시 부동산투기쪽으로 몰렸다. 전반적인 물가불안심리와 엄청난 시중부동자금이 증시와 부동산시장주변을 계속 맴돌았고 서해안 지역등 대규모 지역개발사업, 국회의원 및 지방자치선거 실시, 1988년 올림픽 개최등 투기를 자극할 수 있는 요인들이 겹쳐 있었다. 1988년 2월 시중의 부동자금은 2조원에 달했다. 정부는 과거와 달리 강력한 토지거래허가제를 실시하였고 토지공개념제도의 확대도입을 검토하면서, 통화팽창을 억제하기 위해 주택 200만호 건설을 추진하면서 통화회수에 나섰다. 그러나 풍선효과를 억제하지는 못하였다.

2001년 이후의 부동산 시장불안은 세계적 저금리 추세와 유동성 확대를 통한 경기부양으로 인한 것이었다. 2003년 들어선 참여정부도 경기부양을 위해 저금리정책을 고수했다. 그 결과 갈 곳 없는 시중자금의 단기 부동화는 과잉유동성을 가져왔고,[17] 부동산 투기를 조장했다. 2003년~2004년 시중 부동자금은 300조~600조원 규모로 추정되었다. 이 시기 정부는 투기억제를 위한 수요억제정책을 취하면서, 동시에 통화정책[18]을 추진하기도 하였다. 2007년 8월 미국 부동산시장에서 시작된 금융위기로 인해 유동성은 투기가 아닌 부동

---

16) 국정브리핑 특별기획팀, 전게서, 35면, 45면.
17) 상게서, 35면, 45면.
18) 물가보다는 침체된 내수경기 회복을 우선시해야 한다는 정책적 판단에 따라 금리를 인하하기도 했고(매일경제신문 2004. 8. 13, 2004. 11. 11), 과잉유동성을 흡수해 자산가격을 안정시키겠다고 금리를 인상하기도 했다(매일경제신문 2006. 6. 8). 또한 각종 개발사업에 따른 50조원의 토지보상금이 부동산시장 유동성 증대로 이어지지 않도록 현물로 보상하는 방안 등을 마련하기도 했다(동아일보 2006. 12. 13).

산 폭락의 문제로 대두되었다. 정부는 침체된 부동산경기를 회복시키기 위해 총부채상환비율(DTI)의 사실상 폐지 등 유동성을 확보하기 위한 정책으로 전환하였다.

(2) 자본이득의 발생원천

토지투기의 원인은 토지는 가장 안전한 자본이득의 발생원천이라는 토지의 선호사상[19] 때문이었다. 토지가 주로 생산수단으로 인식되는 다른 나라와는 달리 상품화되어 거래가 용이하고, 세대간 상속재산[20]의 압도적인 비중을 보이고 있다.[21]

토지에서 발생한 자본이득의 수준을 결정하는 조건은 높은 지가수준과 빠른 지가상승률이다. 우리나라의 지가는 매우 높고 지가증가율은 주요 국가중 최고 수준이었다. 이처럼 높은 수준의 지가가 빠른 속도로 상승했다는 것은 거대한 자본이득을 획득할 수 있었다는 것을 의미한다.[22] 1978년 7월 12일 한국은행은 '1963년을 기준(100)으로 했을 경우 서울 전역의 종합지가지수는 1977년 5,953으로 60배 뛴 것으로 밝혀졌다. 그 중 주택지는 이 기간중 87배로 뛰었으며 상가, 공장지역 땅값도 각각 50배 이상씩 뛰었다. 특히 … 강남지역의 경우 1963년보다 무려 176배로 상승, 서울전역 땅값 상승률의 3배를 기록'한 결과를 발표했다.[23] 1981년 9월 11일 국세청은 '1968

---

19) 통계청의 가계자산 조사에 따르면 2006년 12월의 우리나라 가구당 평균 총자산은 2억 8112만원이며, 이중 부동산자산의 비중이 76.8%(2억 1604만원)에 달했다(국가통계포털(http://kosis.kr)). 2016년 KB금융연구소의 2016 한국부자보고서에 따르면 금융자산 10억 이상의 21만 1천명을 상대로 한 조사에서 총자산중 부동산은(51.4%)이고, 부동산중 아파트등 주택(45.8%), 빌딩·상가(23.2%), 투자용 주택(20.1%), 토지(10.9%) 순으로 나타났다(동아일보 2016. 7. 7).

20) 2011년 국세청의 발표에 따르면 2009년 상속세 과세대상 중 1.5%의 부유층의 상속재산형태는 부동산이 전체의 68%였다(토지 41%, 건물 27%)였다(동아일보 2011. 6. 8).

21) 정희남, 김창현, 전게서, 53－59면.

22) 상게서, 46－49면.

년부터 1981년 4월 1일까지 13년 동안 전국 땅값은 평균 49배 오른 것으로 나타났다. 수원, 대전, 청주 등 3개 도시에서는 1백배 이상 올랐고, 서울에서는 28.5배, 부산에서는 50.7배로 올랐다'고 한다.[24)] 1991년 4월 1일 토지투기 '만병의 근원' 동아일보 기사를 <표 3>으로 재구성해 보면, 1975년 이후 1990년까지 15년간 전국의 평균 지가는 13.4배 상승, 주택가격 6.5배 상승의 두 배가 넘는다. 당시에 토지는 자본이득의 발생원천으로 최고의 상품임을 보여준다.

반면에 자본이득에 대한 환수수준은 전체 자본이득의 0.06~1.27% 수준에 불과하고, 지가에 대한 재산세 역시 총 지가액의 0.03~0.08%에 불과하였다.[25)] 대개 재산세의 부담은 1%가 적정한 것으로 보고

〈표 3〉 지가 및 경제지표 상승추이(1975~1990년) (단위: %)

구분	1975년	1980년	1985년	1990년
지가	100	328.1	533.5	1,335.1
주택가격	100	355.3	397.0	646.8
국민소득	100	142.1	204.2	390.6
도매물가	100	224.4	289.0	310.6

자료: 토지투기 '만병의 근원'기사(동아일보 1991. 4. 1)를 표로 재구성함.

23) 1963년의 땅값 수준(지수)을 100으로 했을 때 1970년 현재, 현 강남구 학동은 2,000, 압구정동은 2,500, 신사동 5,000이었다. 7년간에 각각 20배, 25배, 50배 오른 것이다. …1970년대의 말 즉, 1979년 현재로 학동, 압구정동, 신사동의 지가지수는 각각 133,333과 8만7,500, 그리고 10만이었다. 즉 1963년에서 1979년에 이르는 16년간에 학동의 땅값은 1천 333배가 오르고, 압구정동은 875배, 신사동은 1천배가 오른 것이었다(손정목, 서울 도시계획 이야기 3, 한울, 2003, 158-159면).

24) 1960년대 말 말죽거리 신화 때만 해도 투기로 얻는 시세 차익은 20~30배에 달했다. 1970년대에는 시세 차익이 5~6배, 1980년대에는 2~4배로 줄었으나 2003년 이후에도 상승기에는 여전히 2배 정도의 수익을 기대할 수 있었다(국정브리핑 특별기획팀, 전게서, 35면, 67-68면). 말죽거리신화는 1966년 1월 제3한강교 기공식을 시작으로 양재역 동남쪽 이른바 말죽거리를 중심으로 1968년 말까지의 강남투기를 의미한다(손정목, 전게서, 153-158면).

25) 정희남, 김창현, 전게서, 51면.

있다.[26)] 선진국의 보유세는 1% 이상인데 우리나라는 0.15% 밖에 되지 않아,[27)][28)] 자산에 대한 보유과세는 선진국의 10~20%에 불과하였다.[29)] 이에 따라 정부는 과세표준 현실화 계획을 수립하였으나 추진이 용이하지 않았다.[30)] 재산세를 비롯한 종합부동산세등 보유세는 2006년 12월 19일에 이르러서야 0.4~0.6%가 되었다.[31)]

자본이득의 발생원천으로써 토지를 비롯한 부동산은 낮은 환수수준으로 인해 팔아도 이득이 되었고, 낮은 보유세로 갖고만 있어도 이득이 되었다. 이는 공직자재산공개와 청문회에서 나타나는 것처럼 미성년 자녀의 이름으로 투기를 하는 것이 사회에 만연화되는 원인이 되었다.

(3) 토지금융의 구조

1970년 10월 왈라스 F. 스미스교수는 '한국의 토지투기가 사금융시장에 가장 높은 자본이익률(30~50%)을 제공'하고 있다고 우리나라 토지금융의 구조와 토지투기의 문제를 지적하였다.[32)] 정부는 엄청

---

26) 김태동, 6공 경제학, 도서출판 푸른산, 1991, 140면.

27) 김헌동, 선대인, 대한민국은 부동산공화국이다?, 궁리, 2005, 115면.

28) 2017년 6월 20일 국회 기획재정위원회 소속 김종민 의원(더불어민주당)이 분석한 '부동산 보우세 현황 및 부동산 실거래가 현황'을 보면, 한국 부동산 보유세 실효세율은 2015년 0.279%로, 주요국에 비해 낮은 것으로 추산되었다(한겨레신문 2017. 6. 20).

29) 동아일보 2016. 8. 29. 2017년 6월 20일 국회 기획재정위원회 소속 김종민 의원(더불어민주당)은 재산세 부과 대상 토지의 공시가격을 기준으로 실효세율을 계산한 결과, …토지+자유연구소의 '주요국의 부동산 세제 비교 연구' 자료를 보면, 같은 기준으로 측정한 미국(2009년 기준)의 실효세율은 1.4%로 한국의 5배를 초과하며, 스웨덴(2012년) 0.43%, 덴마크(2011년) 0.69% 등도 한국에 비해 2배 이상 높은 보유세를 부담하고 있다(한겨레신문, 2017. 6. 20).

30) 1990년 12월 내무부는 종합토지세에 대한 과세표준현실화계획을 백지화시켰다(김태동, 전게서, 99-100면, 138-147면. 김태동, 이근식, 땅 투기의 대상인가 삶의 터전인가, 비봉출판사, 1989, 153-158면).

31) 미국의 보유세 실효세율은 1.6%, 일본은 1%이다(국정브리핑 특별기획팀, 전게서, 104-122면).

32) 한국, 미국, 일본 등의 도시토지시장에서의 토지가격결정요인을 비교연구하기 위

난 규모의 대출자금을 정책금융이라는 미명아래 자금배분에 개입하였으나 금융자금의 가격구조 또는 이자율을 효과적으로 배분하지 못하였다.[33] 은행대출구조를 살펴보면 모든 대출의 1/4이 신용으로 제공되었으나, 나머지 3/4는 담보를 받고 제공되었다. 담보로 제공된 물건중 83% 이상이 부동산이었고, 이들 부동산의 대부분은 토지였다.[34][35] 은행은 고객의 사업성 내지 신용조사에 주력하지 않고 주로 부동산담보대출이라는 안이한 경영방법에 의존하였다.

은행대출은 개인[36]보다는 주로 기업에 편중되었다.[37] 1981년 15개 재벌그룹의 총여신액은 약 14조원에 이르러 총여신액 28조원의 50%에 달하였다. 1983년 1백37개 계열 기업의 대출이 전체 금융기관 대출의 70~80%를 점하여 대기업편중대출이 심화되었다.[38] 1984년 30대 재벌그룹의 여신액은 총대출금의 43%를 차지하였고, 1988년 7월말에는 총대출금이 18조1천8백90억원으로 전체 대출의 31.4%를 차지하다가 그해 말에는 총대출금이 25조원으로 전체 대출의 38.9%(국내 총대출액 64조2천억원)로 증가하였고, 그 가운데 5대 재벌그룹이

해 우리나라에 온 미국 캘리포니아대학교 「부동산 및 도시경제연구소」 소장 왈라스 F. 스미스교수의 「서울의 땅, 금리 그리고 부동산정책」이라는 제하의 글(동아일보 1970. 11. 25).

33) 정희남, 김창현, 전게서, 60면.

34) 상게서, 61면.

35) 한국은행은 일반은행이 담보별 대출금 증가액 가운데 약 50~60%가 부동산담보에 의한 대출로 담보선호경향에 문제가 있다고 지적했다(동아일보 1970. 11. 22).

36) 2005년 5월 적발된 투기사례는 불법자금이나 상속·증여세 등의 탈루소득이 아니라 은행담보대출을 이용하여 아파트를 산 뒤 다시 이 아파트를 담보로 대출을 받는 방법으로 10개 금융기관에서 무려 134억원의 대출을 받아 투기를 한 것이었다. 김모씨는 1999년부터 2005년 4월까지 본인과 자녀 3명의 이름으로 강남에서 40채의 아파트를 사들여 13억원의 양도차익을 챙겼다(경향신문 2005. 6. 14, 국정브리핑 특별기획팀, 전게서, 41-42면).

37) 특정기업에 2조3천억원이 넘는 편법대출을 해 준 사례도 있었으며(동아일보 1979. 4. 9), 연리 10%의 저리자금은 대기업 등의 재벌기업에 편중대출되었고(1983. 6. 16), 연리 3%짜리 한국은행 특융자금이 몇몇 기업에만 지원된 경우도 있었다(1989. 9. 20).

38) 이중 1백억원 이상 대출받은 기업체는 모두 3백15개였다(동아일보 1983. 6. 16).

50%이상을 차지하였다.[39)]

이와 같이 특혜대출, 편중대출, 편법대출을 통해 기업이 손쉽게 얻은 자금은 투기로 이어져,[40)] 결과적으로 금융기관은 대출을 통해 기업에 부동산투기자금을 지원하는 어처구니 없는 상황을 초래하였다. 1990년 3월 본격적으로 드러난 기업의 비업무용 토지문제도 여기에서 비롯된다고 볼 수 있다. 토지를 비롯한 부동산은 금융기관의 대출이 필요할 때 가장 중요한 담보물이었으며, 재벌등 기업들은 은행대출을 받아 토지를 사면 이익이 된다고 당연하게 인식하였다. 따라서 이들은 상대적으로 용이하고 저리의 기업대출을 받아 기업자금으로 쓰기보다는 기업 또는 개인의 투기에 사용하였다.[41)]

3. 정책적 원인

(1) 경제성장의 필요악

한나라의 국가지도자들은 나라의 성장이 국가적 행동의 결과로 나타나는 것이라고 생각하고, 지도자들은 나라의 빠른 경제성장에 대단한 자부심을 느낀다. 또한 지도자들은 경제성장을 촉진한다는 명분을 자신을 정당화하는 부분적 근거로 삼는다.[42)] 우리나라는 1960년 이후 도시화, 산업화를 거치면서 경제성장률이 전반적으로 계속

---

39) 1984년 자료(동아일보 1984. 3. 7, 1984. 6. 28), 1988년 7월 자료(동아일보 1990. 1. 8), 1988년 말 자료(동아일보 1989. 9. 20).

40) 국정브리핑 특별기획팀, 전게서, 35면, 45면.

41) 기업자금을 투기에 쓰다가 적발된 사례는 다음과 같다. 기업자금 대출받은 상습투기꾼 168명 적발, 명단공개(동아일보 1990. 5. 11), 은행대출금을 투기자금으로 쓴 12명의 명단 은행감독원 통보(1990. 7. 13), 사업자금 명목으로 은행에서 돈을 빌려 아파트분양자금에 쓴 기업인들 아파트 투기자 53명 적발(1990. 4. 7), 은행돈 빌려 부동산투기혐의 7백62명 적발 대출금 전액회수(1991. 8. 16), 은행대출 투기전용 1백70건 적발(1991. 9. 16) 등이 있다.

42) 윌리엄 이스털리, 김홍식(역), 전문가의 독재, 열린 책들, 2016, 331면.

상승하였으며, 1997년 외환위기와 2008년 금융위기로 마이너스 성장 또는 0%대 성장을 기록하기도 하였다.[43] 경제성장은 가계소득증가와 고용증가 등으로 물질적 풍요, 삶의 질 향상 등으로 이어지지만 이와 함께 상승하는 지가는 토지투기의 원인이 되었다.

정부는 인플레와 지가상승은 억제하면서 경제성장은 계속해야 하는 어려운 문제를 동시에 해결해야 했다.[44] 경제성장의 주요한 비중을 차지하는 도로, 주택 등 건설산업은 국내총생산(GDP)에서 17.5%의 비중을 차지하고,[45] 경기의 선행지표인 공공부문 건설공사 계약액, 건설수주액, 건축허가건수, 주택승인물량 등은 모두 부동산투기와 직접 관련된 부문이다. 1990년(9.8% 성장)과 1991년(10.4% 성장) 경제성장률이 높게 나타난 것은 제조업과 수출의 신장보다는 주택 2백만가구 건설 등 내수진작에 의존한 것이다. 2016년 한국은행은 3분기(7~9월) 실질 국내총생산(GDP)이 2분기보다 0.7% 늘어난 것으로 발표했다.[46] 2016년 3분기 경제성장을 이끈 분야는 건설투자로 지출항목별 성장기여도에서 건설투자는 0.6%포인트를 기록했다. 이런 상

---

43) 1960~2016년 기간 중 경제성장률은 다음과 같다. 1960(2.3), 1961(6.9), 1962(3.8), 1963(9.2), 1964(9.5), 1965(7.2), 1966(12.0), 1967(9.1), 1968(13.2), 1969(14.5), 1970(10), 1971(10.5), 1972(7.2), 1973(14.8), 1974(9.5), 1975(7.9), 1976(13.1), 1977(12.3), 1978(10.8), 1979(8.6), 1980(−1.7), 1981(7.2), 1982(8.3), 1983(13.2), 1984(10.4), 1985(7.7), 1986(11.2), 1987(12.5), 1988(11.9), 1989(7.0), 1990(9.8), 1991(10.4), 1992(6.2), 1993(6.8), 1994(9.2), 1995(9.6), 1996(7.6), 1997(5.9), 1998(−5.5), 1999(11.3), 2000(8.9), 2001(4.5), 2002(7.4), 2003(2.9), 2004(4.9), 2005(3.9), 2006(5.2), 2007(5.5), 2008(2.8), 2009(0.7), 2010(6.5), 2011(3.7), 2012(2.3), 2013(2.9), 2014(3.3), 2015(2.8), 2016(2.8)(자료: 한국은행 경제통계시스템(ecos.bok.or.kr), ( )은 경제성장률 % 생략).

44) 이로 인해 경제성장과 투기억제 사이에서 부처간의 이견이 나타난 경우가 적지 않았다. 1978년 토지투기억제책 발표는 경제성장우선을 주장하는 부처로 인해 연기(동아일보 1978. 2. 4), 국세청의 투기단속시행이 주택건설에 지장을 준다는 건설부의 이견(1978. 3. 6), 복덕방허가제 추진에 경제기획원, 내무부는 불경기를 이유로 반대(1979. 10. 22), 아파트분양가 현실화를 경제기획원이 경기위축을 우려 반대(1983. 2. 16), 행정기관 대전이전을 경제긴축을 이유로 재무부, 상공부 반대(1984. 2. 3)등이 있다.

45) 2003년 기준. 주택산업부문은 4.9%에 달한다(동아일보 2005. 1. 12). 주택산업은 선후진국 가릴 것 없이 경기선도역할을 한다(동아일보 1983. 2. 12).

46) 한국은행, 2016년 3/4분기 실질 국내총생산(속보), 2016. 10. 25 보도자료.

황에서 건설투자량의 30% 정도만 급락하더라도 경제성장률은 지금의 2%대에서 마이너스로 떨어져버릴 것이다.[47)]

경제성장은 대통령선거의 주된 공약이었다. <표 4>에서 보는 바와 같이, 우리나라에서는 대통령선거직후에 부동산가격이 폭등하고 집권후반기에는 부동산가격의 하강국면이 이어진다. 집권당은 선거에서의 승리를 위해 선거기간중에 각종 대규모의 지역개발공약을 남발하게 된다. 이에 따라 선거기간 또는 선거직후에는 부동산가격이 급상승하게 된다. 그러나 집권후에는 부동산경기를 안정시켜야

〈표 4〉 집권 전·후반기의 지가비교(1967~2012년)

대통령 선거연도	집권시기의 구분	지가 상승률
1967년(6대)	전반기(1967~1968)	46.1%
	후반기(1969~1970)	55.2%
1971년(7대)	전반기(1971~1972)	20.5%
	후반기(1973~1974)	12.3%
1987년(13대)	전반기(1987~1989)	24.7%
	후반기(1990~1991)	20.2%
1992년(14대)	전반기(1993~1994)	−4.0%
	후반기(1995~1997)	5.7%
1997년(15대)	전반기(1998~1999)	−5.3%
	후반기(2000~2002)	3.7%
2002년(16대)	전반기(2003~2004)	3.7%
	후반기(2005~2007)	4.8%
2007년(17대)	전반기(2008~2009)	0.4%
	후반기(2010~2012)	1.1%
2012년(18대)	전반기(2013~2014)	1.8%
	후반기(2015~2016)	2.8%

자료: 동아일보 1992. 7. 25. 1993년 이후는 건설교통부, 지가동향, 각 연도(1990~1993), 국토교통부, 지가동향(www.index.go.kr).

47) 하승주, 전게서, 60면.

할 필요성이 높아지면서 각종 부동산경기억제정책을 시행한다. 그리고 이 효과는 집권후반기가 돼서야 가시적으로 나타난다.[48] 이같은 현상은 1997년 외환위기 이후 15대 대통령선거와 2008년 미국발 금융위기 이후 17대 대통령선거 이후에는 상반된 결과를 보인다. 한편 16대 대통령선거이후에는 부동산투기를 억제하면서 동시에 행정수도이전, 혁신도시, 기업도시, 2기 신도시 건설 등으로 집권후반기에 지가가 상승하는 결과를 낳았다.[49]

이와 같이 경제성장과 주택건설부문은 밀접한 관계에 있기 때문에 경제성장이 둔화되는 경우에는 경제성장을 위해 투기억제대책은 후순위로 밀리고, 경제성장 전망 등이 밝은 경우에는 물가상승률 등을 억제하기 위해 투기억제대책을 적극적으로 시행하였다.[50][51]

(2) 토지정책의 모호성

토지정책은 경우에 따라서는 단기적 효과를 발휘하기도 하였지만 근본적인 해결을 하지 못하였다. 그 주된 이유는 정부 시책들이 과연 무엇을 목표로 삼고 있는 것인지 모호하다는 점이다.[52] 정부정책

---

48) 허재완, “우리나라 부동산경기변동의 특성분석”, 한국토지개발공사, 토지연구 제3권 제3호, 1992. 6, 17면.

49) 노무현 대통령은 2003년 11월 6일 서울 세종로 정부중앙청사 별관에서 열린 신행정수도건설 국정과제 회의에서 “(충청권) 신행정수도 건설을 주제로 내가 지난 대선에서 좀 재미를 봤다”고 하여 선거공약으로 수도이전이 효과가 있었음을 밝혔다(동아일보 2003. 11. 6).

50) 투기억제를 위해 보유세를 올리면서 세 부담을 경상성장률(경제성장률+물가상승률, 통상 7~8%) 범위 안에서 증가하도록 하는 정책도 시행했다(동아일보 2005. 5. 7).

51) 부동산문제를 담당하던 한 공무원은 ‘투기꾼 망국론’에 대해 “…투기꾼들만 욕하면 안 됩니다. 일반 시민들이 이익을 좇는 것이 당연합니다. 어떤 나라에서는 국민에게 이익을 보여 줘도 종교적, 문화적 배경 때문에 움직이지 않습니다. 그런 상황에서는 경제정책의 효과가 나타나지 않습니다. 고도성장도 압축성장도 불가능합니다. 진짜 문제가 되는 것은 ‘이익을 따라가는 국민’이 아니라, ‘부동산을 사두면 이익을 보게 만들어진 경제상황’입니다. 이런 상황을 만든 정부당국과 경제시스템의 잘못이라는 뜻입니다.”라고 솔직하게 말했다고 한다(동아일보 2002. 8. 19).

은 경기부양을 위한 규제완화와 투기억제를 위한 규제강화를 거듭하였고, 이 때문에 '냉탕과 온탕', '왔다 갔다', '갈팡질팡'하는 일관성 없는 정책에 대한 비판과 '바보들의 샤워'라는 비판이 나오게 되었다. 부동산정책은 규제와 활성화라는 악순환을 거듭하면서 마치 경기조정수단으로 사용된 감마저 없지 않고 극히 단기대응위주의 성격을 지닌 것이었다.[53)]

1970년대 초반부터 정부는 경기회복방안으로서 전후방연관효과를 고려하여 주택건설부문에 중점을 두었고, 건축활동촉진을 위한 인센티브를 주면 그 효과가 3개월 내지 6개월 사이에 전체 경기에 반영되는 신속성으로 경제정책 중 가장 선호한 것으로 보인다.

경기부양의 대상으로 투기억제완화와 건설업이 등장하는 이유는 <표 5>에서 보는 바와 같이, 건설경기 침체로 관련 산업 생산액 축소규모에서 건설과 주택공급, SOC 산업은 축소생산액 비중이 47.6%에 이른다.[54)][55)] 건설업은 전후방산업연관효과, 고용창출효과가 매우 크기 때문이다.[56)]

---

52) 이태교, 전게논문, 120면. 정부의 뒤늦은 대처도 문제이다. 1983년 2월 28일 오후의 국회 건설위에서는 "어느 지역에 투기가 일어나면 그 한 달 후에 신문에 보도되고 신문에 보도된 한 달 후에야 정부가 투기진정에 나선다"고 주장하고, "정부는 소방서 같은 역할만을 하지 말라"라는 국회의원의 주문이 있었다(동아일보 1983. 3. 1).

53) 상게논문, 120면.

54) 건설업은 내수의 17~18%가량을 차지한다(김헌동, 선대인, 전게서, 41면).

55) 건설산업연구원 이홍일 연구위원은 "현재 우리 국내총생산(GDP) 대비 건설 투자 비중은 13%대로 10% 안팎인 선진국보다 높다"며 "건설업이 국민경제에서 중요한 위치를 차지하고 있어 연관 산업에 미치는 영향이 큰 구조"라고 말했다(조선일보 2013. 9. 23).

56) 국정브리핑 특별기획팀, 전게서, 38면. 한국은행의 분석에 따르면, 1천억원을 투자한다고 할 때 주택부문의 생산효과는 1천9백억원, 고용유발효과는 9만7천명으로 무척 높다. 그러나 농수산부문은 생산유발효과가 1백1억원, 광업부문은 75억원, 제조업부문은 9백37억원으로 극히 낮다는 것이다. 고용유발면에서도 농수산부문은 2만명, 광업부문이 1만명, 제조업부문이 3만명에 불과하여 주택투자의 상대적 우위성을 입증하고 있다(동아일보 1975. 6. 9). 건설경기가 1조원 규모 가라앉으면 2만명의 실업자가 생겨난다는 보도(동아일보 2004. 7. 29)도 있다.

〈표 5〉 건설경기 침체와 관련 산업 생산액 축소 규모 (단위: 조원, %)

구 분	축소 생산액
건설, 주택공급, SOC사업등	37.2(47.6)
금속제품(철선, 강관, 전설용 금속제품 생산등)	13.4(17.1)
도,소매업 및 기타	7.2(9.2)
비금속 광물, 화학제품(유리, 시멘트, 레미콘, 고무, 플라스틱)	6.4(8.2)
부동산 관련 서비스, 금융, 보험(공인중개업 주택, 부동산 관련 대출이나 보험등)	5.2(6.6)
전자 및 전자기기, 일반기계(가전제품, 발전기, 보일러, 펌프등)	4.5(5.8)
석유 및 석탄제품, 전력, 가스, 수도(석유, 연탄, LNG, 도시가스, 수도)	3.2(4.1)
운송, 보관 서비스(택배, 이사업,운송등)	1.1(1.4)
계	78.2(100.0)

자료: 한국건설산업연구원, 조선일보 2013. 9. 23의 기사를 재구성함.

2005년 1월 12일 주택산업연구원에 따르면 2004년 주택건설에 대한 투자액은 19조9,237억원 정도로 추산됐다. 이는 2003년의 32조7,139억원보다 12조7,902억원(39.1%) 정도 감소한 것. 이에 따라 일자리는 30만1,873개가 없어졌으며 국내 산업생산은 27조원 정도 줄어드는 효과가 나타난 것으로 분석됐다. 2013년 9월 23일 조선일보 기사에 의하면, 건설산업연구원은 건설 경기 침체로 2008년 이후 2009년을 제외한 4년간 건설 연관 산업 생산액이 41조원이나 줄어든 것으로 추산했다. 2009년은 정부가 금융위기를 극복하기 위해 SOC(사회간접자본) 투자를 늘리는 등 인위적 부양책을 썼던 이례적인 시기다. 또한 건설산업연구원은 2008년 이후 2009년을 제외한 4년간 건설 관련 취업자 수가 51만1,000명 줄어든 것으로 추정했다. 이 중 줄어든 단순노동직이나 기능직 일자리 취업자가 23만5,000명에 달한다. 통계청에 따르면 2012년 기준으로 건설업 종사자는 지난해 말 기준으로

177만 명이며 30여개 연관업종 종사자는 70만 명으로 추산되었다.[57]

정부는 부동산 가격이 급등할 때는 규제와 세금, 공급정책, 금리 인상 등을 통해 시장을 진정시키고, 반대로 경기가 침체하면 손쉬운 경기부양 수단으로 규제완화와 세금감면, 금리인하 등을 택했다. 경기부양을 위한 토지정책은 어느 정도의 토지투기가 일어나더라도 감수하겠다는 것으로 토지투기를 사회적 문제로 보는 시각에서는 적지 않은 문제가 있다.

(3) 토지조세정책의 이중성

토지투기는 토지보유세와 양도소득세의 강화와 과표현실화를 통한 실효세율의 인상 등 조세제도의 정비만으로도 획기적으로 억제할 수 있다. 그럼에도 불구하고 토지투기억제를 위한 토지조세정책은 실효세율을 현실화하겠다고 끊임없이 정책을 쏟아내면서도 국민의 조세저항을 우려하여 백지화 또는 유보 그리고 단계적 조정등 현실과 타협하면서 갈팡질팡하기를 거듭했다.

토지에 대한 재산세 또는 종합토지세 등 보유세의 실효세율은 토지에 대한 세액의 비율을 나타내는데 2015년 현재 0.279%로 선진국에 비해 아직도 매우 낮은 비율이다.[58] '세부담의 불형평 문제 개선'과 '투기목적의 부동산 과다 보유 억제'를 억제하기 위해 정부는 많은 투기억제정책을 발표하면서 실효세율을 올리겠다고 발표하였고, 많은 조세전문가와 시민단체 역시 투기를 억제하기 위해 투기이익을 조세로 환수해야 한다고 주장하였다. 그러나 오히려 정부는 거꾸

57) 2013년 3월 24일 통계청 등에 따르면 건설경기 침체가 장기화하면서 국내 건설업 종사자는 2007년 184만4,900명에서 지난해 177만3,000명으로 7만1900명(3.8%)이 감소했다고 한다(동아일보 2013. 3. 25).

58) 2017년 6월 20일 국회 기획재정위원회 소속 김종민 의원(더불어민주당)은 "시장가격 대비 공시가격 비중이 69%임을 감안하면, 과세대상 부동산 시장가격 대비 보유세 실효세율은 0.19% 수준으로 낮아진다"고 주장했다(한겨레신문 2017. 6. 20).

로 국민의 세부담 경감을 이유로 미루거나 단계적 조정으로 후퇴하였다. 2009년부터는 공정가액제도를 도입하여 시장가격의 40~50% 수준에서 부동산보유세를 부과하도록 했다.[59]

한편 토지 및 주택에 대한 시가표준액은 공시가격으로 결정하는데 시장가격 대비 공시가격은 1990년 15.6%, 1991년 15.3%, 1992년 17%, 1993년 21.3% 수준이었다가, 2017년 6월 현재 69%에 이르고 있다.[60] 실효세율의 전제가 되는 공시가격이 시장가격과 차이가 있으므로 과표현실화는 투기억제의 기본이다. 그런데도 정부는 과표현실화도 실효세율과 마찬가지로 투기가 성행할 때는 적극 추진을 강조하다가 투기가 진정되면 슬그머니 후퇴하는 것을 반복하였다. 이와 같은 현상이 되풀이 되는 것은 기득권층을 비롯한 사회주류세력이 근본적으로 토지투기를 억제하거나 이로 인해 발생하는 엄청난 불로소득을 근절시킬 의지가 없기 때문이다.

(4) 투기에 대한 미온적 대처

토지투기의 억제를 위하여 정부는 법·제도의 정비를 비롯한 토지정책을 실시하는 것뿐만 아니라 정기적 또는 비정기적으로 토지시장의 동향을 조사하고, 지가상승 및 투기발생지역에 대하여 투기단

---

59) 지방세법(개정 2009. 2. 6, 법률 제9422호, 시행 2009. 2. 6)과 지방세법 시행령(개정 2009. 5. 21, 대통령령 제21498호, 시행 2009. 5. 21)의 개정으로 도입된 공정시장가액제도는 '재산세의 과세표준 현실화(주택의 경우 개별주택공시가격의 50퍼센트에서 2008년부터 매년 5%씩 인상하여 2017년까지 100%로 현실화)로 인해 지역에 따라 개별주택공시가격의 하락에도 불구하고 국민들의 재산세 부담은 오히려 증가하는 불합리한 점을 개선'을 개정이유로 하고 있다(법제처 www.moleg.go.kr).

60) 2017년 6월 20일 국회 기획재정위원회 소속 김종민 의원(더불어민주당)이 '2016년 공직자(국회의원) 재산공개' 자료를 분석한 결과를 보면, 고위 공직자(지방직은 제외)와 국회의원 가운데 121명이 모두 194건의 부동산을 매매했다. 이들 매매에서 실거래가액은 796억7,097만원이었지만 공시가격은 470억7,800만원으로 한참 낮았다. 공시가격의 시세반영률은 59% 수준으로 집계됐다(한겨레신문 2017. 6. 20).

속을 실시하였다. 투기단속은 청와대 특명사정반[61]을 비롯하여 국토교통부, 지방자치단체, 국세청, 검찰, 경찰, 한국토지주택공사, 한국감정원의 직원으로 조사반을 구성하여 실시하거나 각 기관별로 실시하였다. 감사원은 국토교통부, 은행감독원, 보험감독원, 증권감독원, 지방자치단체, 한국토지주택공사 등 유관기관에 대한 감사를 통해 간접적으로 투기단속을 지원하였다.

국토교통부는 1985년부터 본격적으로 시행된 토지거래허가·신고제를 통해 직접 투기단속을 하였으며, 토지시장의 안정을 위해 부동산중개업자를 대상으로 투기조사를 하였다.[62][63] 미등기전매의 경우에도 처벌은 1985년 7월 27일 충남 대덕연구단지에 국내 최초로 토지거래허가제 실시되기 이전까지 토지투기로 적발이 되더라도 국세청이 지정한 특정지역 안에서만 최고거래가격으로 양도소득세를 부과할 뿐이었다. 따라서 적발이 되더라도 추가적인 세금만 납부하면 아무런 불이익이 없었기 때문에 미등기전매는 고질적인 부동산투기 행위로 자리 잡게 되었다. 국토교통부는 토지시장 동향의 조사와 투기단속 및 억제를 위해 토지거래전산망과 토지종합전산망을 개발하여 운용하였다. 토지거래전산망은 1994년 1월부터 소유권이전등기를 전제로 한 토지거래허가·신고·검인단계에서 매매·교환·증여·명의신탁해지 등으로 구분하여 즉시 파악할 수 있도록 가동되었다. 토지종합전산망은 1995년 2월부터 모든 국민의 토지소유현황과 소

61) 청와대 특명사정반은 대통령의 지시에 의해 1990년 5월 12일 고위공직자·정치인·기업인등 사회지도층 인사 뇌물수수나 부동산투기등의 비리를 적발할 목적으로 발족되었고, 1991년 3월 29일 대검찰청 공직 및 지도층 비리특수부로 전환되었다(동아일보 1990. 6. 22, 1991. 3. 29).

62) 류해웅, 김원희, 토지시장 안정시책의 평가와 개선방안 연구, 국토연구원, 1997, 55면, 313면.

63) 신문기사에서 건설부의 투기단속은 '건설부와 국세청은 서울 강남의 일부 아파트 분양에서 빚어지고 있는 투기성 전매와 엄청난 프리미엄을 조사, 전매 탈세여부 등을 밝힐 방침이며…'라는 기사(동아일보 1982. 11. 6)에서 처음 등장한다. 그 이전에서는 국세청에 의한 탈루세금의 추적이 주로 투기단속의 목적이었다.

유권변동현황을 개인별·세대별·법인별로 파악할 수 있도록 한 것이었다.[64] 2006년부터 부동산거래관리시스템(RTMS)을 만들어 실거래가를 검증하고 신고위반사례를 적발해 내고 있다.[65]

국세청은 투기꾼의 자금출처를 조사하여 탈루세금추징에 주안점을 두고 투기단속을 지속적으로 실시하였다. 국세청의 세무조사는 일반조사와 특별조사로 나뉜다. 일반조사는 5~10년에 한번 정도 받는 조사이고, 특별조사는 탈세혐의가 포착됐을 경우나 정책적 판단에 의해 예고없이 실시되는 조사이다. 국세청의 투기단속은 일 년에 2, 3차례 정기적으로 이루어지기도 했고 투기가 성행하면 억제차원에서 행해지기도 했다. 또한 국세청은 국토교통부가 투기혐의자의 명단을 통보하면 이와 함께 받은 투기거래자료, 해당 시장, 군수, 구청장에게 제출된 토지거래허가서, 세무서에 접수된 부동산양도신고서 등을 분석해 토지거래자 전체에 대해 투기여부를 조사한 뒤 투기혐의자를 골라 정밀조사를 벌이기도 했다. 국세청은 투기단속결과를 발표하여 투기억제에 기여를 하기도 했지만,[66] 미등기전매에 의해 탈세를 하는 것은 조세범처벌법에 의해 처벌이 가능함에도 엄포(투기단속 때마다 엄벌을 강조하면서 실형이 가능한 조세범처벌법으로 고발하겠다고 했다)에 그쳤다. 또한 국세청의 대대적인 투기단속과 결과발표에는 유력 정치인이나 공무원 등이 포함된 경우가 거의 없었고, 1989년 10월 5일 국회 국정감사장에서 "부동산투기자중 보호해야 될 사람도 있다"며 명단공개를 정면으로 거부한 경우도 있었다.

검찰과 경찰은 토지투기에 의한 위법사실의 제보가 있을 때 또는 사회적 물의가 있는 경우에 투기자를 색출하여 위법행위에 대하여

---

64) 상게서, 55면, 306-313면.

65) 국정브리핑 특별기획팀, 전게서, 84면. https://rtms.molit.go.kr.

66) 국세청의 투기단속은 '재무부에서는 4291년(서기 1958년) 6월부터 작년 9월까지의 사이에 거래된 약 3천건에 달하는 고액부동산투자에 대하여 그동안 전국 사세청(司稅廳)에서 조사수집된 과세자료를 토대로 취득 부동산의 용도와 그 자금출처를 본격적으로 추구할 방침'라는 기사(동아일보 1960. 3. 31)에서 처음 등장한다.

처벌하였는데, 국세청이나 건설부등에 의한 토지투기단속보다 시기적으로 늦게 나타난다.[67][68] 그 이유는 1990년까지 국토이용관리법,[69] 조세범처벌법,[70][71] 부동산중개업법[72] 이외에 토지투기[73]를 직접 처벌하는 법률이 없었기 때문에 국토이용관리법상 토지거래허가구역이나 토지거래신고구역이 아니거나 부동산중개업자가 아닌 경우에는 형법상 사기죄 등에 의해 처벌하는 수밖에 없었기 때문이

---

67) 검찰의 투기단속은 '검찰은 서울시의 남서울개발계획에 따른 강남지역의 부동산투기붐을 틈타 갖가지 부동산사기단이 날뛰고 있다는 정보에 따라 전면수사에 나선결과 7일 오전 현재 부동산전문사기단 3개파에서 8만여평(시가 10억원 이상)을 사기했다는 혐의사실을 밝혀냈다'는 기사(동아일보 1977. 9. 3)에서 처음 등장한다.

68) 경찰의 투기단속은 '서울시경이 서울 장안평 시영아파트단지 종합상가입찰에서 4억에 낙찰한 담합 수사결과 발표' 기사(동아일보 1977. 9. 3)에서 처음 등장한다. 아파트 부정당첨 외에 토지투기를 적발한 것은 서울시경이 충남 당진군 송산면과 송악면의 임야 22만평을 개발된다고 속이고 복부인들에게 사기, 분양을 적발한 것이 처음으로 보인다(동아일보 1981. 8. 11).

69) 국토이용관리법(시행 1989. 7. 1, 법률 제4120호)은 토지 등의 거래계약허가(제21조의3 제1항) 규정에 위반하여 허가없이 토지 등의 거래계약을 체결하거나 사위기타 부정한 방법으로 토지등의 거래계약허가를 받은 자는 2년 이하의 징역 또는 500만원 이하의 벌금(제31조의2), 토지 등의 거래계약신고(제21조의7 제1항) 규정에 의한 신고를 하지 아니하거나 허위의 신고를 하고 토지 등의 거래·계약을 체결한 자는 6월 이하의 징역 또는 50만원 이하의 벌금(제33조)에 처하도록 규정하고 있었다.

70) 조세범처벌법(시행 1981. 1. 1, 법률 제3353호)은 사기 기타 부정한 행위로써 조세를 포탈한 자는 국세의 경우에는 3년 이하의 징역(제9조 제1항)에 의하여 처벌하도록 규정하고 있었다.

71) 투기에 대해 조세범처벌법으로 첫 기소가 이루어진 것은 1990년 7월에 가서야 국세청의 고발이 아니라 서울 남부지청에서 세금포탈부분을 국세청으로부터 받아 이루어졌다(동아일보 1990. 7. 19).

72) 부동산중개업법(시행 1984. 4. 1, 법률 제3676호)은 탈세를 목적으로 소유권 보존등기 또는 이전등기를 하지 아니한 부동산이나 법령의 규정에 의하여 전매등 권리의 변동이 제한된 부동산의 매매를 중개하는 등 부동산투기를 조장하는 행위는 한 중개업자 또는 중개보조원(제15조 제6호)은 1년 이하의 징역 또는 500만원 이하의 벌금(제38조 제1항)에 처하도록 규정하고 있었다.

73) 주택투기에 대하여 주택건설촉진법(시행 1989. 7. 1, 법률 제4120호)은 1981년 4월 7일부터 국민주택을 전매 또는 전대한 자는 1,000만원 이하의 벌금(제52조 제2항)에 처하도록 규정하고 있었다. 1993년 3월 1일부터는 법률을 개정하여(개정 1992. 12. 8, 법률 제4530호), 입주자로 선정된 지위 또는 주택을 전매 또는 전대하거나 이의 전매 또는 전대를 알선한 자(제51조 제4의2호)는 2년 이하의 징역 또는 2천만원이하의 벌금에 처하도록 규정하였다.

었다. 1990년 8월 「부동산등기특별조치법」[74]이 제정되면서 토지투기수법으로 미등기전매를 하는 경우에 비로소 국토이용관리법상 처벌이외에 형사처벌이 가능하게 되었다. 경찰 등은 사회문제가 될 것을 우려하여 투기꾼 수사나 수사결과발표시 명단공개에는 소극적이었다.

부동산시장을 왜곡시키고 막대한 불법이득을 취한 투기사범들에게 내려진 솜방망이 처벌은 국민들에게 '투기를 해도 벌금 얼마 내면 그만'이라는 식의 그릇된 '법감정'을 조장해 왔다. 투기행위는 법망을 피해 날이 갈수록 수법이 다양하고 교묘해지고 있는데 반해 부동산중개업법 등 관련법규는 범죄유형을 단순하게 규정하고 있어서 현실을 반영하지 못할 뿐만 아니라 형량도 가벼운 편이었다.[75][76] 2005년 7월부터 12월까지 「부동산 투기사범 합동수사본부」의 대대적인 특별단속으로 구속된 252명에 대한 법원판결 결과를 보면, 초범이거나 동종 전과가 없다는 이유로 집행유예 또는 벌금의 판결을 받았다.[77]

이와 같이 정부의 부동산투기단속은 진정한 단속이 아니라 전시용에 가까웠고,[78] 국민들은 미비한 정책과 부실한 법적용의 틈을 뚫

---

74) 제정 1990. 8. 1, 법률 제4244호, 시행 1990. 9. 2.

75) 국정브리핑 특별기획팀, 전게서 70면. 제3장 제1절 (3)의 각주 36)의 김씨의 경우 양도소득세 축소 신고 이외에는 처벌할 것이 없었다.

76) 예를 들면 1988년 2월 검찰의 투기단속으로 구속된 임모씨와 송모씨는 땅 6만여평을 사고팔아 3개월만에 1억여원의 전매차익을 얻는 등 부동산투기를 부채질해 왔는데도 1심에서 징역 1년에 집행유예 3년을 선고받고 석방됐다. 또 김모씨는 지난 1월 충남 당진군 송산면 금암리 임야 8천8백여평을 1억2백만원에 매입한 뒤 불과 2시간만에 1천2백50만원의 웃돈을 붙여 전매했다가 검찰에 적발됐으나 벌금 50만원에 약식기소됐을 뿐이다(동아일보 1988. 8. 17). 1990년 9월 2백억원 이상 전국적으로 부동산투기를 했다고 해서 지명수배를 받았던 모대학 의사교수부부가 한 달 이상 도피하다가 11월 6일 자수하자 검찰은 한 사람은 불구속수사를 하고, 한 사람은 탈세혐의로 구속하였는데 검찰은 나중에 부동산투기혐의는 잡을 수 없다고 하였다(동아일보 1990. 9. 26, 11. 6, 11. 8).

77) 국정브리핑 특별기획팀, 전게서, 350면.

78) 1990년 5월 11일 청와대 특별사정반이 발족한 이후, 적발한 토지투기사건의 고위층들은 모두 쉽게 풀려나(한겨레신문 1991. 7. 11) 전시행정이라는 비판을 받았다.

은 부동산투기의 높은 수익성을 지켜보면서 '부동산투기는 비용 대비 효율이 높은 투자'라는 경험칙을 얻게 되었다.[79] 또한 투기단속에 의해 적발되는 경우는 투기에 대한 죄의식보다는 '왜 나만'[80]이라는 처벌의 형평성에 더 문제의식을 갖게 되었고, 국민들은 투기단속과 투기결과발표에 냉소적이 되어 갔다.

(5) 금융실명제와 부동산실명제 실시지연

1993년 8월 금융실명제[81]와 1995년 3월 부동산실명제[82]가 실시되기 전까지 합법적인 부동산거래는 물론 투기거래도 차명으로 거래가 가능했다. 투기자금은 꼬리를 잡히지 않기 위해 가명통장을 이용하였고, 금융소득에 대한 과세를 피하기 위해 가명계좌로 분산하였다. 투기를 하는 자(가명족)들은 가명으로 증권투기를 하고 차명으로 부동산투기를 하여 불로소득을 극대화하였다.[83]

금융실명제의 경우 정부는 1982년 「금융실명에 관한 법률」을 제정하였으나,[84] 여러 가지 이유로 실시를 연기하다가 1993년 문민정

2004년 하반기 이후 2005년 초까지 정부의 부동산투기단속은 전시용에 가까웠고 오히려 주기조는 '건설경기부양'이었다(김헌동, 선대인, 전게서, 81면).

79) 국정브리핑 특별기획팀, 전게서, 71면.

80) 1984년 7월 제주도 서귀포 도시계획과 관련된 투기로 구속된 이모씨는 '몇 백 만 평씩 가진 사람들도 있는데 나만 문제삼는 건 억울하다'(동아일보 1984. 7. 31)고 했다.

81) 금융실명거래 및 비밀보장에 관한 긴급재정경제명령(제정 1993. 8. 12, 대통령 긴급재정경제명령 제16호, 시행 1993. 8. 12) 부칙 제1조에 의하면 '이 명령은 1993년 8월 12일 20시부터 시행한다'고 규정하였다.

82) 부동산 실권리자 명의등기에 관한 법률(제정 1995. 3. 30, 법률 제4944호, 시행 1995. 7. 1) 부칙 제1조에 의하면 '이 법은 1995년 7월 1일부터 시행한다'고 규정하였다.

83) 김태동, 전게서, 49면.

84) 금융실명거래에 관한 법률(제정 1982. 12. 31, 법률 제3607호, 시행 1983. 1. 1) 부칙 제1조에 의하면 '이 법은 1983년 1월 1일부터 시행한다. 다만, 제3조의 규정에 의한 실명거래의 실시는 전산화 등 행정준비상황과 경제여건을 감안하여 1986년 1월 1일 이후 대통령령이 정하는 날로부터 시행한다'고 규정하였다.

부의 시작으로 전격 실시하였다.[85] 1990년 4월 4일 「경제활성화종합대책」을 발표하면서 "금융실명제를 무리없이 실시하려면 부동산투기봉쇄가 선행돼야 한다"는 논리를 내세워 금융실명제를 유보했다. 궁극적으로는 금융실명제의 도입자체를 반대하지만, 겉으로는 여론의 눈치를 봐가면서 금융실명제의 도입을 보완 또는 연기해야 한다고 하며 다음과 같은 이유를 들었다. 첫째는 자금흐름의 왜곡이 예상되며, 둘째는 기업인들의 투자의욕을 저해시키며,[86] 셋째는 부동산투기의 심화, 증권시장의 위축,[87] 국내자금의 해외유출, 골동품과 서화 등 실물투기의 조장, 금융저축의 감소 등의 부작용이 예상된다는 것이었다. 그밖에 조세저항이 우려된다고 하기도 했고, 전산화 작업을 핑계로 삼기도 했다.

부동산실명제[88]는 부동산에 관한 권리변동거래에서 거래자가 실지명의를 사용하여 거래하도록 하는 제도이다.[89] 부동산실명제를 저해한 명의신탁은 1912년 일제강점기 때 도입되어 그동안 가장 대표적인 부동산투기수법으로 지목되어 왔다. 명의신탁은 개인의 경우

85) 금융실명제를 실시하기까지 주요 과정을 살펴보면 1982년 7월 3일 「83년부터 실명제 전면 실시」 발표, 1983년 7월 1일 무기명이나 가명으로 되어 있는 금융자산의 이자 및 배당에 대해 차등과세 실시, 1988년 5월 「경제정의 실현을 위한 향후 세제 운용방안」 발표(금융실명제 1991년부터 도입), 1989년 4월 26일 3김 총재회담 합의문 발표(무분별한 개발공약 남발 중단/물가와 투기억제/금융실명제와 토지종합과세 조기 실시), 1989년 4월 재무부 금융실명거래 실시준비단 발족, 1990년 4월 4일 정부 금융실명제 유보 발표(동아일보 1993. 8. 13).

86) 성장먼저, 개혁은 나중이라는 경제논리에 따라 경제활성화 등 기업의 의욕을 고려해야 한다는 것이다.

87) 금융실명제의 유보로 증시는 안정기미를 보이기는 커녕 계속 무너져 내렸다.

88) 부동산실명제보다는 토지실명제가 훨씬 이전부터 쓰여진 것으로 보인다. 동아일보는 '그린벨트와 실명제'라는 제목의 사설에서 '금융실명제와 토지실명제를 앞당겨 지하경제를 양성화함으로써 복지재원을 충당함이 정책의 우선순위에 맞을 것이다'라고 주장하였다(동아일보 1988. 9. 10, 1990. 4. 14). 토지실명제는 1995년 1월 대통령이 연두기자회견에서 '부동산실명제 단행'이라고 발표할 때까지 필요성이나 시행 등을 촉구할 때마다 쓰여 졌다. 또한 1990년 민주당 정강정책과 1992년 국민당 대선 50대 공약 내용에도 담겨졌다.

89) 노영훈, 부동산실명제의 평가와 향후과제, 한국조세연구원, 1997, 9면.

미성년자, 가족, 친지 이름으로, 재벌, 중소기업 등 법인은 임직원이름으로 등기를 하여 채무면탈, 조세포탈, 각종 법령상의 규제회피, 시세차익을 노린 투기, 공직자의 재산은닉 등으로 악용되어 부동산거래질서를 문란하게 하고 부동산등기제도를 부실화했다는 지적을 받아 왔다. 이를 막기 위해 1990년 8월 제정된 「부동산등기특별조치법」에서도 명의신탁은 금지하였지만,[90] 법무부는 이러한 까다로운 규제 때문에 자칫 투기와 무관한 일반국민들의 건전한 부동산거래까지 침해할 것을 우려, 등기의무 위반시에도 사법적인 효력은 최대한 인정해주기로 했다. 그러나 명의신탁은 여전하였고 1992년 7월의 정보사 토지사기사건도 발생하였고, 1993년 대법원은 부동산등기특별조치법 위반사건에서도 명의신탁을 인정하는 판결을 내리기도 했다.[91] 1993년 8월 금융실명제를 실시하면서 명의신탁이 금융실명제의 탈출구가 될 가능성이 높아지고 기업의 비업무용 토지문제가 사회문제화되고, 1994년 「토지초과이득세법」에 대한 헌법재판소의 불합치 결정이 이어지자 부동산실명제의 필요성이 더욱 강조되었다. 그리고 금융실명제 도입과 토지거래 전산화와 토지종합전산망의 구축으로 기술적 여건이 마련되기도 했다.

---

90) 부동산등기특별조치법(제정 1990. 8. 1, 법률 제4244호, 시행 1990. 9. 2) 제7조 (명의신탁금지) ① 조세부과를 면하려 하거나 다른 시점간의 가격변동에 따른 이득을 얻으려 하거나 소유권등 권리변동을 규제하는 법령의 제한을 회피할 목적으로 타인의 명의를 빌려 소유권이전등기를 신청하여서는 아니된다. ② 제1항에 규정된 목적 외의 사유로 타인의 명의를 빌려 소유권이전등기를 신청하고자 하는 자는 부동산의 표시 및 실소유자의 성명이나 명칭등 대법원규칙이 정하는 내용을 기재한 서면을 작성하여 소유권이전등기신청서와 함께 등기공무원에게 제출하여야 한다. ③ (생략). 제8조 (벌칙) 다음 각호의 1에 해당하는 자는 3년 이하의 징역이나 1억원 이하의 벌금에 처한다. 1. 조세부과를 면하려 하거나 다른 시점간의 가격변동에 따른 이득을 얻으려 하거나 소유권등 권리변동을 규제하는 법령의 제한을 회피할 목적으로 제2조 제2항 또는 제3항의 규정에 위반한 때. 2. (생략). 3. 제1호의 목적으로 제7조 제1항의 규정에 위반하거나 제7조 제2항의 규정에 의한 서면을 허위로 작성하여 등기를 신청한 때. 제9조 (벌칙) 다음 각호의 1에 해당하는 자는 1년 이하의 징역이나 3천만원이하의 벌금에 처한다. 1. (생략). 2. 제7조 제2항의 규정에 의한 서면을 제출하지 아니하고 등기를 신청한 때.

91) 대법원 1993. 8. 13. 선고 92다42651 판결.

1995년 1월 6일 대통령의 연두기자회견에서 부동산실명제 실시방침이 발표되면서,[92] 본격적으로 논의가 시작되었다. 일부 법조계와 재계는 명의신탁금지가 자본주의사회에서의 계약자유의 원칙에 정면으로 배치된다며 위헌론을 제기했다.[93] 「부동산실권리자 명의등기에 관한 법률」이 제정되면서,[94] 1995년 7월 1일부터 시행되었으며 기존의 명의신탁은 1년간의 유예기간을 두어(동법 제11조) 1995년 7월 1일부터 1996년 6월 30일까지 실명화하도록 하였다.[95]

부동산실명제 실시이전에 명의신탁한 부동산은 1996년 6월 30일까지 실명으로 전환하도록 하였다. 이 기간 중 명의신탁 해지에 의한 실명전환은 6만5,651건으로 집계되었고, 시장·군수·구청장에게 매각을 위탁한 사례는 없었으나, 성업공사에 매각을 의뢰한 경우는 325건으로 실명전환실적은 총 70,946건에 이르렀다. 또한 매각처분한 규모를 정확하게 집계하는 것은 불가능하지만 토지거래량이 유예기간 중 정상적인 추세이상으로 크게 증가한 점 등을 통계적으로 처리해 보면 대략 7만여건 수준일 것으로 추정되었다. 따라서 매각처분한 경우까지를 감안하면 총 실명전환 실적은 14만여건에 이른 것으로 추정되었다.[96] 이 중 소송이 종료되지 않은 325건을 제외한 6만5,651건의 부동산총면적은 431㎢(남한 면적(10만 469㎢)의 약 0.4%

---

92) 금융실명거래에 관한 법률(제정 1982. 12. 31, 법률 제3607호, 시행 1983. 1. 1) 부칙 제1조에 의하면 '이 법은 1983년 1월 1일부터 시행한다. 다만, 제3조의 규정에 의한 실명거래의 실시는 전산화 등 행정준비상황과 경제여건을 감안하여 1986년 1월 1일 이후 대통령령이 정하는 날로부터 시행한다'고 규정하였다.

93) 국정브리핑 특별기획팀, 전게서, 80－82면.

94) 부동산실권리자 명의등기에 관한 법률(제정 1995. 3. 30, 법률 제4944호, 시행 1995. 7. 1).

95) 부동산실명제 실시방침 발표에서부터 법률 시행에 이르기까지 추진과정을 정리하면, 1월 6일 부동산실명제 실시 발표, 23일 추진상황 발표, 27일 입법예고, 2월 8일 재정경제원과 법무부가 공동주최하여 공청회를 가졌고, 법제처와 국무회의 심의를 거쳐 보완된 정부안이 2월 21일 확정되었다. 그 후 3월 18일에 동 법률안이 제172회 임시국회에 제출되어 의결되었고, 3월 30일에 공포되고 후속조치로 5월 19일에는 시행령이, 6월 17일에는 시행규칙이 제정되었다(노영훈, 전게서, 18면).

96) 재정경제원, 부동산실명제 백서, 1997, 67－68면.

〈표 6〉 부동산실명제 도입 전·후 비교

구분	부동산실명제 이전	부동산실명제 이후
시기	부동산등기특별조치법 제정(1990. 8. 1) ~부동산실명제 도입(1995. 3. 30)	
제도 내용	• 명의신탁금지(법 제7조) • 1년 이하 징역, 3천만원 이하 벌금 (법 제9조)	• 명의신탁금지(법 제3조) • 5년 이하 징역, 2억원 이하 벌금(법 제7조)
제도 도입 결과	• 1992년 정보사 토지사기사건 적발 • 명의신탁으로 법원판결 통해 변칙 상속(명의신탁해지로 인한 소유권 이전등기청구소송) • 명의신탁투기 계속 적발	• 1996년 토지거래허가구역 명의신탁 해지시 허가면제 • 1996년 15대 의원 신고재산 부동산 감소, 금융자산 증액 특징 • 1998년 토초세법 폐지 근거 • 2004년 수도이전 예정지 부동산투기꾼 280명중 명의신탁 5명 적발 • 2005년 행정수도 부동산투기꾼 41명중 명의신탁 3명 적발
제도 평가	• 명의신탁처벌 규정 마련 • 투기 줄어들 것으로 전망했으나, 명의신탁규제 현실적으로 불가능	부동산투기억제에 결정적 역할

정도)이며, 건당면적은 6,538㎡로 분석되었다.[97] 총 금액은 4조4,416억원으로 건당 평균 약 6,732만원이었다. 일반적으로 토지에 대한 명의신탁(82.3%)이 건물보다 월등하게 많게 나타났다.[98] 타인명의로 되어있던 부동산을 실소유자명의로 돌린 건수는 5만 9,955건이었으며, 개인 명의로 되어 있던 부동산을 법인앞으로 돌린 건수는 1,461건에 달했다.[99]

부동산실명제는 부동산 투기, 탈세, 강제집행면탈 목적의 명의신탁을 금지하기 위한 것임에도 부분적으로 허용되고 있으며, 부동산

97) 상게서, 69면.
98) 노영훈, 전게서, 57－59면.
99) 상게서, 56－58면.

이외의 등기나 등록에 의하여 공시되는 선박, 항공기, 자동차, 건설기계 등의 명의신탁은 여전히 허용되고 있는 문제점이 지적되고 있다.[100] 또한 부동산실명제는 사후적 규제방법을 통해 명의신탁의 금지만을 그 내용으로 하고 있어서 중간생략등기와 등기원인허위기재의 근절 등에는 한계가 있다.

4. 사법적 원인

(1) 의사주의의 잔존

부동산 물권변동에서 등기없이 당사자의 의사표시만으로 효력이 발생하는 것을 의사주의라고 한다. 1960년부터 우리 민법은 종전까지의 의사주의 대신 형식주의 또는 성립요건주의를 취하여 당사자의 의사표시외에 등기를 부동산 물권변동에서 요구하게 되었다. 이와 같이 의사주의에서 형식주의로 전환하는 데에 따르는 혼란을 막기 위하여 민법 부칙에서 경과규정[101]을 두었다. 그러나 의사주의하에서 물권행위를 하고서 등기를 하지 않던 법생활의 습관이 계속 남아서, 형식주의하에서도 여전히 등기가 잘 이행되지 않았다. 형식주의하에서라도 등기를 하지 않았다고 해서 사실상의 소유권을 취득한 자의 권리를 부인할 수는 없었다.[102] 그리하여 부칙 제10조를 두 번이나 개정하였다.[103] 이로써 물권변동에 필요한 등기는 1965년까

---

100) 김상용(1), 물권법, 화산미디어, 2016, 435면.

101) 민법 제정 1958. 2. 22, 법률 제371호, 시행 1960. 1. 1 부칙 제10조 (소유권이전에 관한 경과규정) ①본법 시행일전의 법률행위로 인한 부동산에 관한 물권의 득실변경은 본법 시행일로부터 3년 내에 등기하지 아니하면 그 효력을 잃는다.

102) 김상용(1), 전게서, 88면.

103) 2차 개정(1962. 12. 31, 법률 제1250호, 시행 1963. 1. 1)의 개정문은 '민법의 시행일전의 법률행위로 인한 부동산에 관한 물권의 득실변경은 민법시행일로부터 3년 내에 등기하지 아니하면 그 효력이 상실되도록 규정되어 있는 바, 이 등기기

지 하면 되었다. 그럼에도 불구하고 민법이 허용한 6년의 기간 내에 등기가 이행되지 않았다. 그리하여 1966년 이후에 판례는 소유권이전등기청구권은 민법 부칙 제10조 제1항에 의하여 1966년 1월 1일부터 소멸시효의 기간이 진행된다고 하였다.[104] 이와 같은 판례에 의하여 민법 부칙 제10조 제1항의 규정에도 불구하고 등기하지 않은 자의 부동산물권이 보호될 수 있었다. 이러한 판례에 의하더라도 시효중단 또는 시효정지의 사유가 없는 한, 등기청구권의 소멸시효기간이 완성되는 1975년 12월 31일까지는 등기가 이루어져야만 보호받을 수 있었다. 그런데 1975년 말이 지나서도 역시 등기가 완전히 이행되지 않았다. 오랫동안 의사주의에 젖어 있었던 법의식 때문에, 또 한편으로는 신민법의 형식주의하에서 부동산을 매수한 자도 역시 등기를 하지 않았다. 법원에서도 등기청구권은 소멸시효에 걸리지 않는다는 판결[105]을 함으로써, 이제는 등기하지 않는 자도 확실하게 보호받을 수 있게 되었다.[106]

한편, 1969년에는 「임야소유권이전등기등에 관한 특별조치법」을 제정[107]하여 사유림의 소유권이전등기를 간략한 절차로 등기하도록 하였다. 1977년에는 「부동산소유권이전등기등에 관한 특별조치법」을 제정[108]하여 미등기부동산을 간이한 절차에 의해 등기하도록 하

간을 2년 더 연장하려는 것임'이라고 하였다. 3차 개정(1964. 12. 31, 법률 제1668호, 시행 1965. 1. 1)의 개정문은 '민법의 시행일전의 법률행위로 인한 부동산에 관한 물권의 득실변경은 민법시행일부터 5년 내에 등기하지 아니하는 경우 그 효력이 상실되도록 규정되어 있는 바, 이 등기기간을 1년간 더 연장하려는 것임'이라고 하였다.

104) 대법원 1966. 9. 17, 66다1150; 대법원 1968. 11. 5, 68다1797; 대법원 1968. 11. 19, 68다1647; 대법원 1969. 1. 21, 68다1789; 대법원 1970. 2. 24, 69다2145; 대법원 1970. 3. 24, 69다1203; 대법원 1971. 4. 30, 71다409; 대법원 1973. 2. 13, 72다2323.

105) 대법원 1976. 11. 6, 76다148.

106) 김상용(1), 전게서, 188면.

107) 제정 1969. 5. 21, 법률 제2111호, 폐지 2008. 12. 19, 법률 제9143호.

108) 제정 1977. 12. 31, 법률 제3094호, 시행 1978. 3. 1.

고 1982년에는 다시 동법률을 개정[109]하여 기간을 1984년까지로 연장하였다. 1982년에는 「수복지역내 소유자 미복구토지의 복구등록과 보존등기등에 관한 특별조치법」을 제정[110]하여 경기도와 강원도에 걸치는 수복지역에서 소유권이전등기를 간이한 절차로 등기하도록 하였다. 1993년에는 「부동산소유권이전등기등에 관한 특별조치법」을 다시 제정[111]하여 '과거 일제시대이후 부동산을 매입 또는 상속하여 오랜 기간 실소유자로 있었으나 부동산등기에 대한 인식부족으로 매입 당시 소유권이전등기를 하지 아니하고, …그동안 전소유자가 사망하였거나 그 직계자손들이 다수이고 전국에 산재하여 있음으로 인하여, 현시점에서 정상적인 절차로는 이전등기를 하기 어려운 경우가 많으므로 이를 구제하기 위하여 간편한 절차로써 실질적인 소유자에게 소유권의 이전등기'를 1994년 12월 31일까지 할 수 있도록 하였다. 2005년에는 「부동산소유권이전등기등에 관한 특별조치법」을 다시 제정[112]하여 '소유권보존등기가 되어 있지 아니하거나 등기부기재가 실제 권리관계와 일치하지 아니하는 부동산에 대하여 한시적으로 간편한 절차'에 의하여 2007년 12월 31일까지 등기할 수 있도록 하였다.[113]

미등기전매에 의한 부동산투기를 억제하기 위하여 1984년부터 정부는 부동산등기제도를 의무주의로 강화하고 이를 위해 민법, 부동산등기법등 관련제도의 개정을 추진하기 시작했다. 그러나 등기의무

---

109) 개정 1982. 4. 3, 법률 제3562호, 시행 1982. 4. 3.

110) 제정 1982. 12. 31, 법률 제3627호(한시법으로 1988. 12. 31까지였으나, 그 후 1991. 12. 31까지 연장).

111) 제정 1992. 11. 30, 법률 제4502호, 시행 1993. 1. 1.

112) 제정 2005. 5. 26, 법률 제7500호, 시행 2006. 1. 1.

113) 부동산등기법에서는 미등기 토지 또는 미등기 건물에 대해서는 보존등기를 강제하지 않고(동법 제65조), 「부동산등기특별조치법」에 의한 등기의무는 소유권이전의 경우에 한정하기 때문에 2003년 3월말 현재 32,204,706필지의 토지중 738,309필지가 미등기인 상태로 남아 있다(졸저, 부동산등기법, 법우사, 2017, 201면).

화는 사유재산권 보장 및 사적자치의 원칙을 취하고 있는 민법체계에 맞지 않아 민법의 대폭 개정작업이 선행돼야 한다는 법무부와 법조계의 비판이 적지 않았다.[114)115)] 그럼에도 불구하고 부동산투기억제를 위해서는 미등기전매의 금지가 필수적이라는 경제기획원, 건설부, 부동산전문가 등에 의해 입법이 추진되어 1990년 8월 1일 「부동산등기특별조치법」이 제정되었다.

(2) 등기에 대한 형식적 심사주의

1960년부터 우리 민법은 부동산 물권변동에서 형식주의를 취하여 당사자의 의사표시외에 등기를 부동산 물권변동에서 요구하게 되었는데, 부동산등기법에서는 등기신청에 대하여 형식적 심사주의를 취하여 오로지 등기절차상의 적법성 여부만을 심사하도록 하였다. 등기의 실질은 심사하지 않고 등기절차상 요건구비만을 등기관이 심사할 권한을 가지는 주의로 등기신청이 있을 때 등기관의 심사범위는 등기의 적법성 여부만을 심사하는 것에 한정되었다.[116)] 등기관이 등기신청을 부적법한 것으로서 각하하여야 할 경우를 한정적으로 규정하고 있을 뿐만 아니라 그 방법은 서면심사를 원칙으로 하고 있

114) 법무부와 법조계에서는 '현재 5~10%로 추정되는 가등기 및 미등기를 잡기 위해 90%이상의 선량한 거래자에 극도의 불편을 줄 수 없다'며 '이 제도를 도입하려면 민법체계를 전면수정해야 할 뿐 아니라 이는 자유계약을 보장하는 헌법정신에 위배된다'고 지적했다(동아일보 1990. 4. 10).

115) 황적인 서울대교수(민법학)는 '실체법이 아닌 사법상의 절차법에 강제된 의무와 벌칙을 부과하는 것은 법리에 맞지 않는다'고 지적한다. 이처럼 원칙론에서부터 문제가 있는 등기의무화가 투기억제의 절실성 때문에 불완전하게나마 도입될 경우 현실적 문제가 뒤따를 것으로 지적된다(동아일보 1990. 4. 14). 이밖에도 계약자유원칙과 자기책임주의를 채택하고 있는 민법체계의 대폭 수정이 불가피하다. 또 기존 민법체계에 입각한 대법원판례들도 뒤집어야 한다. 이같은 법체계의 수정이 현실적으로 지극히 어려운 문제임에도 불구, 경제기획원은 하위절차법인 등기법만을 고쳐 등기의무화제도의 도입을 유도하겠다는 계획을 밝혔다.

116) 대법원 2005. 2. 25, 2003다13048.

다(동법 제29조).[117)][118)]

1990년 8월 「부동산등기특별조치법」 제정시, 이러한 등기에 대한 형식적 심사주의는 등기를 의무화하면서 실질심사가 아닌 서류상의 형식심사제도를 그대로 지속하는 한, 실제소유자의 본등기 이행여부에 대한 파악 역시 현실적으로 어렵다는 문제점이 지적되었다. 등기에 대한 실질심사제도가 병행도입되지 않는 가운데 여전히 서류에 의한 형식적 심사가 이루어질 것이기 때문에 전문투기꾼들을 잡아내기는 사실상 어렵다는 것이었다. 부동산물권변동시 등기에 대한 형식적 심사주의를 취하고 있는 우리나라의 경우에는 의사주의를 취하고 있는 국가에서보다 더 강화되고 그 심사범위와 방법을 확대할 필요가 있었다.[119)]

(3) 투기를 위한 중간생략등기와 가등기의 인정

중간생략등기는 부동산이 최초의 양도인으로부터 중간취득자에게, 다시 중간취득자로부터 최종취득자에게 전전이전하는 경우에, 중간자의 등기를 생략해서 최초의 양도인으로부터 직접 최후의 양수인에게 등기를 하는 경우의 등기를 말한다. 중간생략등기가 이루어지는 이유는 취득세와 양도소득세의 포탈을 목적으로 해서 이루어지는 경우가 많고, 또한 부동산거래에 관한 각종의 공법적 규제를

---

117) 개정 2011. 10. 11 등기예규 제1377호(등기부위조관련업무처리지침).

118) 졸저, 부동산등기법, 법우사, 2017, 89－91면.

119) 우리나라 부동산등기법은 2011년 4월 12일 전부개정 전까지는 1동의 건물을 구분한 건물에 관한 등기신청이 있는 경우, 구분건물의 표시사항에 관하여서는 등기관에게 조사권을 인정하여, 예외적으로 실질적 심사주의를 인정하고 있었다(종전의 부동산등기법 제56조의2 (등기관의 조사권)). 이는 구분건물의 특성상 이해관계인이 다수 존재하고, 전유부분, 공유부분 등의 이해관계가 밀접하게 관련되기 때문에 인정되는 것이었다. 이러한 예외적인 실질적 심사주의를 부동산등기법의 개정을 통해 삭제한 것은 우리나라 등기제도의 후퇴를 가져오게 될 것이다(졸고, “등기관의 등기심사권에 관한 비교법적 고찰”, 토지법학 제25－2호, 2009, 55－78면).

회피하고, 그밖에 절차의 생략과 비용의 절감을 위해서 관행적으로 행하여지고 있다. 그런데도 불구하고 판례는 중간생략등기의 유효성을 인정하고 있다.[120] 중간생략등기는 부동산물권변동에 있어서 의사주의를 취한 구민법하에서는 용인될 수 있었다. 그러나 형식주의로 부동산물권변동의 원칙이 바뀐 후에도 그대로 이를 인정하여 부동산거래질서를 흩트리는 합법적인 방법으로 이러한 중간생략등기가 이용되었고, 대법원은 참 해괴한 논리로 그 유효성을 인정하였다.[121] 대법원은 소위 제한적 유효설을 취하여 중간자의 등기를 생략하는데 중간자가 동의를 하였으면 그 중간생략등기는 유효하다고 판결하였다.[122]

중간생략등기가 투기에 이용되는 것을 막고자 1978년에는 매도인의 인감증명의 효력기간을 단축하였고, 1988년에는 부동산거래시 검인계약서 사용을 의무화했다. 또한 1990년에는 「부동산등기특별조치법」을 제정하여 탈세·탈법·투기를 목적으로 중간생략등기를 한 자에게는 3년 이하의 징역 또는 1억원 이하의 벌금에 처하도록 하기도 했다. 그러나 중간생략등기가 이러한 문제점을 내포하고 있지만, 부동산물권의 현재 상태는 공시하고 있기 때문에, 전적으로 무효라고만 할 수 없다고도 한다. 그러나 엄중한 형벌의 제재까지 가하여지는 중간생략등기에 그 유효성을 인정할 수는 없다.[123] 그러나 판례는 중간생략등기에 대한 규제규정을 단순한 단속규정으로 해석하여, 여전히 중간생략등기의 유효성을 인정하고 있다.[124]

자신이 산 토지를 등기이전하지 않은 상태로 자신의 토지에 대한 소유권을 보호하는데 가장 널리 쓰이는 법률상의 제도가 가등기이

---

120) 김상용(1), 전게서, 162면.
121) 김상용(2), 토지정의론, 피앤씨미디어, 2017, 92면.
122) 대법원 1969. 1. 28, 67다1974.
123) 김상용(1), 전게서, 163-164면.
124) 대법원 1993. 1. 26, 92다39112.

다. 예를 들어서 어떤 사람이 토지를 산 뒤 대금을 지불하지 않고 원소유자의 소유로 되어 있는 원등기소의 등기를 자신의 명의로 이전하지 않고 원소유자의 소유로 그대로 두고, 단지 그 등기부에 그 땅을 자기 앞으로 해두면 이 토지의 소유권이 이전될 때에는 자기가 최우선적으로 소유권을 이전받을 수 있게 되는 제도이다. 이처럼 가등기는 형식상의 소유자가 임의대로 토지를 처분하는 것을 방지하는 제도이다.[125] 부동산등기법에서 담보를 위한 가등기의 경우에는 그 등기원인을 담보가등기임을 표시하고, 담보를 위한 소유권이전등기인 경우에는 그 등기원인을 역시 담보목적임을 표시하도록 규정은 하고 있지만 실무에서는 전혀 구별이 되지 아니하며, 판례 또한 어떠한 가등기 또는 소유권이전등기이든 유효하다고 함으로써 비정상적인 토지거래가 행하여질 수 있는 원인을 제공하고 있다.[126]

가등기가 처음부터 토지투기를 위해서 쓰여진 것은 아니었다. 본래 가등기는 부동산을 담보로 잡기 위해서라든지 재산을 도피하기 위한 것이었다. 1989년 이후 토지투기단속이 강화되면서부터 가등기는 자신의 토지소유 은폐, 해외교포 등에 의한 투기, 기업의 임직원 명의 투기시 처분금지목적, 파친코 등 지하자금의 투기, 탈세목적 등을 위해 많이 쓰였다. 탈세 또는 토지거래허가를 피하기 위한 가등기는 투기로 인정되고 양도차익에 대해 추징되었고, 당국은 투기억제를 위해 끊임없는 단속을 통해 근절하고자 하였다. 1990년 4월에는 가등기에 대한 전면실태조사를 하여 중과세와 함께 가등기부동산에 대한 담보능력 제한등 재산권행사에 불이익을 주고자 하였고, 가등기 등에 의한 투기를 상습투기로 보아 점수제로 관리하고자 하기도 하였다. 1990년 8월 「부동산등기특별조치법」을 제정하여 '소유권이전등기를 신청하여야 할 자는 그 등기를 신청함에 있어서 등기

125) 김태동, 전게서, 149－150면.
126) 김상용(2), 전게서, 91면.

신청서에 등기원인을 허위로 기재하여 신청하거나 소유권이전등기 외의 등기를 신청하는 것을 금지'하고(동법 제6조), 위반시에는 '3년 이하의 징역이나 1억원 이하의 벌금'(동법 제8조 제2호)에 처하도록 하였다.[127] 1995년 3월 「부동산 실권리자명의 등기에 관한 법률」을 제정하였으나 '채무의 변제를 담보하기 위하여 채권자가 부동산에 관한 물권을 이전받거나 가등기하는 경우'를 명의신탁금지의 예외(동법 제2조 제1호 가목)로 규정하여 편법의 가등기를 인정하는 결과를 초래하기도 했다. 1993년 9월 25일 대전지방법원 항소부는 '가등기에 기한 본등기' 항소심선고공판에서 '위장전입으로 이루어진 농지매매는 그 효력이 없기 때문에 소유권이전등기절차를 이행하지 않아도 된다'는 첫 판결을 내기도 했다.[128]

(4) 전관예우의 폐습

전관예우는 판사나 검사로 재직하다가 변호사로 갓 개업한 사람이 맡은 소송에 대해 유리한 판결을 내리는 특혜를 말한다.[129] 신문기사에서 전관예우는 1993년 이전에는 주로 정치인 등에 대해 언급되었다.[130] 그 이후에는 공직자 재산공개, 장관후보자 청문회 등에

---

127) 소유권이전 가등기등 허위기재 금지(동아일보 1990. 5. 8), 가등기등 편법동원 금지(1990. 5. 8), 실제로는 소유권을 이전해 놓고 국세청의 추적을 피하기 위해 하는 가등기 금지(1990. 7. 21).

128) 이 판결은 대법원 1994. 9. 13. 선고 93다52501 판결에 의해 확정되었다.

129) 판, 검사를 하다가 그만두면 변호사를 하게 되는데, 그만둔 판, 검사의 자리에는 후배가 자리를 차지하게 된다. 이러한 경우, 판사나 검사는 변호사의 후배가 되기 때문에 일정 기간 선배에 대한 예우를 해주는 것이 관례였다. 폐단이 많은 관례여서 점차 법으로 제한하는 추세이다(살아있는 한자 교과서, 2011. 5. 23, 휴머니스트, http://terms.naver.com/entry.nhn?docId=1523908&cid=47320&categoryId=47320).

130) 네이버 뉴스라이브러리(http://newslibrary.naver.com)에서 1960년 1월 1일~1999년 12월 31일 '전관예우'의 신문검색결과는 547건으로 가장 최초의 기사는 '…이박사가 비록 "몰락된 독재자"일망정 전관예우를 받아, 이제는 노후를 낙산일부에서 편안히(?) 보내게 된 것은 그에게 "파격의 수우(殊遇)"가 아닐 수 없다…'였

서 사회문제화되어 '사법개혁'의 필요성이 강조되었다.

토지 또는 부동산투기와 관련하여 대표적인 전관예우의 판결은 '… 1990년 10월 부동산투기혐의로 구속됐던 유명 병원장 모녀가 보석이나 집행유예로 풀려나는 조건으로 담당변호사에게 1억 또는 2억원의 수임료를 지불했다는 소문이 법조계 주변에서 파다하게 돌았다…'는 기사에서 나타난다.[131][132]

이와 같은 토지투기에 대한 전관예우의 가벼운 판결은 대부분의 일반국민으로 하여금 투기에 대한 죄의식을 없게 하는 결과가 되었다. 또 한편으로는 1988년의 '유전무죄 무전유죄'의 사건[133]과 1992년부터 등장한 '오렌지족[134]' 그리고 1994년 '지존파 살인사건[135][136]'

다(동아일보 1960. 5. 9).

131) 한국사회 부패구조의 실상(5) 법조계비리 개업변호…현직 판검사 먹이사슬(한겨레신문 1991. 1. 31).

132) 사건의 주요 내용은 제5장 제5절 주요 사건중 부동산투기 병원원장 사건 참조. 1990년 9월 28일 서울지법 남부지원은 국토이용관리법 위반은 인정되지만 투기혐의는 없다고 징역 1년 6월, 집행유예 3년의 형을 선고하고 석방하였다. 이 사건에서 법원은 기소 두 달만에 선고하는 등의 전관예우와 사법불신을 가져왔다. 또한 재판부는 재판이 시작된 후에도 피고인을 법정 피고인석에 출정시키지 않고 법정밖에 기다리게 한 뒤 피고인에게 선고하는 순간만 잠시 입정케 하는 이례적인 조치를 취했다(동아일보 1990. 9. 28).

133) 1988년 10월 교도소를 탈출해 서울시 북가좌동의 한 가정집에서 14시간 동안 인질극을 벌였던 지강헌은 20세기 한국의 명언 "베스트 10"에 오를만한 말을 했다. '유전무죄, 무전유죄', 사회의 급소를 찌르는 비수였다(한겨레신문 1999. 7. 27). 신문검색에서 '유전무죄, 무전유죄'는 1964년 새해 총예산안예결위종합심의에서 '야당의 …김대중 의원 등은 자신들의 풍부한(?) 옥살이 경험을 되씹으며 교도관과 재소자들의 처우개선에 남다른 열을 올렸다.…김대중 의원은 "감옥에 가보면 무전이면 유죄고 유전은 무죄라는 말이 있으니 판, 검사 및 교도관들의 처우개선이 시급하다"…'는 기사로 처음 나타난다(동아일보 1964. 11. 21).

134) 신문검색에서 오렌지족은 '지난해 가을 한 아침신문이 집중 기획취재를 하면서 만들어낸 '오렌지족'이라는 말은 이제 서울의 부유층 거주지역이자 '교육특별구 8학군'에서 방탕하게 살아가는 젊은이들을 가리키는 용어로 자리잡았다'는 기사로 처음 나타난다(한겨레신문 1993. 1. 31).

135) 지존파는 1994년 9월 22일 '…사장부부등 5명 엽기 살해…경찰조사결과 범인들은 지난해 7월 '지존파'라는 조직을 결성…'기사에서 처음 나타난다(동아일보 1994. 9. 21).

136) '지존파 검거 후, 기자들이 이들에게 마이크를 들이댄 적이 있었습니다. 그 때 한 범인이 정말 이를 갈면서 한 말. "압구정동 오렌지족들! 내 이것들을 잡아 죽

과 결합하여 사회병리적 문제로 번져갔다.

Ⅱ. 토지투기의 폐해

1. 경제발전의 저해

1962년 이후 고도성장을 목표로 하는 경제개발계획을 추진하여 우리나라의 경제는 많은 발전을 이루었다. 세계은행 자료에 의하면 우리나라의 1인당 국민소득(GDP)은 1960년 944달러 63위로 출발해 2016년에는 25,459달러 31위를 기록하였다.[137] 경제규모는 2016년 8월 현재, 1조3,779억 달러(약 1,500조원)로 세계 11위를 기록했다.

이러한 경제발전속에서 경제성장의 강력한 저해요인으로 투기에 참여하지 않은 일반 국민들에게 토지투기의 그 폐해가 고스란히 전가되었다.[138] 경제발전에 있어서 불가피한 지가상승과 토지투기는 동전의 표리관계에 있어 상호 상승작용을 한다고 볼 수 있다.[139] 지가상승으로부터 발생하는 자본이득을 획득할 목적으로 토지투기가 성행하게 되며, 토지투기는 다시 지가상승을 유발시키는 요인으로 작용하는 악순환의 구조를 만드는 것이다. 이와 같은 악순환의 구조에서 토지투기는 다음과 같은 폐해를 발생시킨다.

첫째, 경제발전에 필요한 공공용지의 취득을 어렵게 하거나 용지

이지 못한게 한이다!" 전 이 장면이 너무나 소름끼쳤습니다. 서민계층 젊은이의 저 처절한 살의가 향하여진 곳이 개인적 원한도, 착취구조의 핵심도 아닌 물신적 소비욕구의 상징이라니요… 어느 시대, 어느 나라고 오렌지족 같은 존재는 있었지만 그게 예찬의 대상, 숭배의 대상, 죽이고 싶을 정도로 처절한 분노의 대상이 되는 사회는 곧 소수의 오렌지족 외의 모든 사람들이 불행한 사회를 뜻합니다'(문유석, 판사유감, 21세기 북스, 2014, 93면).

137) http://econolatte.tistory.com/237. 달러는 미국 달러화로 2010년 기준이다.

138) 김태동, 이근식, 전게서, 54-55면.

139) 이태교, 전게논문, 110면.

비의 증대를 가져와 공공투자의 효율을 저해한다. 1970년 10월 미국의 스미스 교수는 '한국의 토지투기로 인해 도시개발에 소요되는 자금이 증가되어 도시발전에 저해된다'고 지적하였다. 투기는 일반재화는 달리 가격변동을 격화시키는 작용하게 하여 가격상승기에는 수요증가로, 가격하락기에는 공급증가로 이어지게 하여 경제발전에 걸림돌이 되게 한다.[140][141] 신문기사에서도 이와 같이 토지투기꾼들에서 개발예정지가 선취매수되어 개발사업 추진에 어려움을 겪기도 하고, 개발사업 자체가 무산되는 경우도 나타나기도 한다.[142]

둘째, 도시확산 등 토지이용의 혼란을 초래하며 지가앙등을 전국적으로 확산시켜 제한된 자원의 비효율적인 사용을 증가시킨다. 1987년 이후 대통령선거와 국회의원선거를 치루면서 정치인들에 의한 공약은 토지투기지역을 도시지역 뿐만 아니라 임야, 무인도, 그린벨트지역 등 전국으로 확대시켰다. 또한 주택 200만호 건설로 수도권 일대를 투기장으로 만들었다. 1987~1989년 이 시기 토지가격 평균상승률은 24.7%에 달했다. 2003년 이후 행정수도이전, 뉴타운 및

---

140) 경제학자들은 '투기란 가격상승 기대 때문에 나타나는 결과일 뿐'이라고 본다. 심지어 투기로 인한 잦은 거래는 가격균형 상태에 빨리 이르게 해 투명하고 안정된 시장을 만든다고 생각하기도 한다. 물론 때로는 투기심리 자체가 가격을 견인하기도 한다(Nicholas Kaldor, op.cit., p.2)고 한다.

141) 본래의 투기적 거래는 가수요로 말미암아 거래량이 확대되고 대량매매가 이루어지므로 상품의 유통과 가격형성을 원활하게 하는 기능을 하지만, 이것은 일반재화에 있어서 투기참가자가 모두 합리적으로 행동한다고 하는 데서 오는 것이고 토지투기의 경우에는 그러하지 않다(조진하, 전게논문, 107－108면).

142) '지리산국립공원 지정후 … 지구의 80%에 해당하는 … 투기를 목적으로 하는 서울사람의 소유여서 토지매입실적이 18%에 그쳐 뱀사골관광개발사업이 차질을 빚고 있다'(동아일보 1984. 10. 18). '… 서산해안국립공원이 지정 고시된 후 … 서울등 대도시 외지인들의 투기가 급격히 늘어나…5만평이상의 큰 땅을 가진 외지인들만해도 모두 45명에 이르는등 면에 따라 최하 40~70%까지의 토지가 외지인 소유 …'(동아일보 1984. 10. 22). '… 관광휴양지역으로 용도를 바꿔…종합관광지로 개발키로 계획. 그러나 이 계획은 건설부에 승인 요청도 하지 않은 상태인데도 이 사실이 알려지면서 장계리 일대에 투깃군들이 몰려 땅값이 치솟아 …'(동아일보 1985. 9. 13). 투기로 인해 토지수용보상비가 2004년 3조원 이상 증가하기도 했다(동아일보 2004. 2. 28).

신도시개발, 혁신도시, 기업도시, 경제자유구역도시 개발 등으로 토지투기는 다시 전국적으로 등장하였다. 이 시기에 토지수용보상비로 지급된 약 50조원은 다시 투기자금화하였다. 심지어는 공공사업시행에 따른 보상금을 노리는 보상투기도 만연했다.

셋째, 국민경제자체의 인플레를 가속화시켜 물가불안을 야기하였다. 토지투기는 인플레의 원인이 되기도 하고, 인플레에 의해 토지투기가 일어나기도 하는 악순환을 되풀이하기도 했다.[143] <표 7>에서 보는 바와 같이, 1973년 10월 제1차 오일쇼크[144]와 1978년 12월 제2차 오일쇼크[145]는 인플레를 초래하여 환물투기, 특히 토지투기를 가져왔다. 물가불안의 주요한 원인과 결과로서 토지투기가 자리잡게 된 것이었다.

〈표 7〉 소비자 물가상승률 추이(1965~2014년) (단위: %)

연도	1965	1966	1967	1968	1969	1970	1971	1972	1973	1974
상승률	13.5	11.3	10.9	10.8	12.4	16.0	13.5	11.7	3.2	24.3
연도	1975	1976	1977	1978	1979	1980	1981	1982	1983	1984
상승률	25.3	15.3	10.1	14.5	18.3	28.7	21.4	7.2	3.4	2.3
연도	1985	1986	1987	1988	1989	1990	1991	1992	1993	1994
상승률	2.5	2.8	3.0	7.1	5.7	8.6	9.3	6.2	4.8	6.3
연도	1995	1996	1997	1998	1999	2000	2001	2002	2003	2004
상승률	4.5	4.9	4.4	7.5	0.8	2.3	4.1	2.8	3.5	3.6
연도	2005	2006	2007	2008	2009	2010	2011	2012	2013	2014
상승률	2.8	2.2	2.5	4.7	2.8	3.0	4.0	2.2	1.3	1.3

자료: 국가통계포탈, 각 연도 소비자물가지수.

143) '… 1968년~1980년 동안 전국 토지가격은 평균 26배나 상승하였고 최고 43배까지 뛰어 올라 … 물가상승의 원흉으로서 선의의 이용자를 울려왔다 …'(동아일보 1980. 10. 3).

144) '원유가 17% 일방인상 선언'(동아일보 1973. 10. 17).

145) '산유량격감으로 원유수출정지'(동아일보 1978. 12. 27).

넷째, 투기자금은 쉽게 지하자금화하거나 지하자금에서 조달됨으로써 현금흐름을 왜곡한다.[146] 투기가 근원적으로 억제되면 기업의 투명성이 제고되고 합법적인 투자시장인 증권시장이 발전하여 국가 전체의 경제성장이 이루어진다. 그런데 우리의 경우에는 산업자금을 부정대출하여 투기자금에 충당하고 건전한 기업자금수급에 차질을 빚게 하였고, 금융기관의 불량채권을 증가시켜 경제위기의 가능성을 높이는 결과를 초래했다. 1993년 8월 금융실명제가 실시되기 전까지 지하경제의 규모는 GNP의 20~30%규모로 추정되었다.[147]

다섯째, 기업가로 하여금 산업발전에 집중하기 보다는 토지투기를 위한 비업무용 토지의 취득에 집중하도록 하여 건전한 기업가 정신을 훼손한다. 1990년 5월 기업의 비업무용 토지보유실태는 재벌기업이 본연의 사업보다는 투기에 집중하였음을 단적으로 나타낸 사례이다.[148][149]

---

146) '돈이 써야 할 곳에 제대로 돌고 적량이 움직인다면 수급원리에 입각, 경제에 마찰은 있기 어렵다. 경쟁력을 키우고 고용을 늘리고 기술을 개선하고 미래에 희망을 주는 투자에 돈이 몰리느냐 아니냐에 있다. 그런데 이 돈이 갑자기 많아지고 줄고 또는 제조업보다 유한산업, 사우나탕, 땅과 아파트투기쪽으로, 몰려갈 때 거기서 돈의 흐름에 응고현상이 생긴다. 곧 경제적 파열음을 내게 되는 것이다.…'(동아일보 1989. 6. 10).

147) 전경련 부설 한국경제연구원은 1987년 4월 20일 펴낸「한국의 지하경제에 관한 연구」에서 밝힌 추정치(동아일보 1987. 4. 20). 1988년 기준으로 24조~36조원에 이르는 규모였다. 10조~30조원으로 추정하는 경우도 있고(동아일보 1993. 7. 19), 국민총생산(GNP)의 52% 수준으로 추정하는 경우도 있다(1993. 8. 14).

148) '감사원이 지난해 재벌그룹에 소속된 23개 대기업의 비업무용 부동산에 대해 감사를 실시하다 갑자기 감사를 중단한 사실이 밝혀졌다. 특히 감사원의 이 감사중단은 대기업 관계자들의 맹렬한 로비에 굴복해 이루어진 것이라는 감사원 관계자의 증언이 있어 충격을 주고 있다.…'(한겨레신문 1990. 5. 11).

149) '감사원이 작년 8월 수집한 감사기초자료에 따르면 국내재벌그룹소속 23개 기업의 소유토지 3천1백23만평 가운데 43.3%인 1천3백53만평이 비업무용토지로 분류돼 은행감독원등이 공식발표한 비업무용부동산비율 1.2%와 큰 차이를 보이고 있다. …23개 기업이 사용중인 토지가 52.2%이며 43.3%가 비업무용, 4.5%가 기타 토지로 분류했다'(동아일보 1990. 5. 12). 고영복 교수는 '사회도의정화를 위한 길'이라는 칼럼에서 '돈을 벌기 위해서는 신용과 체면도 없이 수단과 방법을 가리지 않는다는 천민자본주의가 이땅의 경제인들이 이식과 치부의 통로로 되어 온 것은 이미 오래된 일이다…'라고 일찍부터 기업의 투기성향을 지적했다(경향

2. 소득불평등의 심화

토지투기는 생산적인 측면에서 아무런 기여도 하지 않으면서, 오히려 판매시 많은 양도차익을 획득할 목적으로 토지공급을 제한하는 투기자에게 보다 많은 부를 가져다 줌으로써 국민의 소득불평등을 심화시킨다.[150] 토지투기에 의한 양도차익은 위험부담에 대한 정당한 댓가라기보다는 불로소득이며 이윤폭이 다른 투기행위 혹은 자금소득에 비하여 엄청나게 크다는 특징을 가진다.[151] 지가상승을 통한 불로소득이 1988년에 212조원, 1989년에 314조원, 1990년에 267조원에 달하여 3년 연속 그 해의 국민총생산액(GNP)를 훨씬 웃도는 자본이득이 발생하였다.[152]

토지투기의 주체는 투기자금이 있는 개인이나 기업이므로 불로소득을 가지게 되는 계층은 제한될 수밖에 없기 때문에 심각한 사회구조적 문제를 초래할 수 있다. 토지를 소유하지 못한 계층을 포함했을 때 상위 1.3%의 국민이 모든 자본이득의 60%를, 상위 80%를 갖는다.[153] 2005년 7월 행정자치부 부동산정보관리센터가 개인소유토지에 대한 소유현황을 분석한 결과, 2004년 말 현재, 상위 1%가 51.5%의 토지를 소유하고 있는 것으로 밝혀졌다. 토지소유자의 상위 5%는 전체 사유지의 82.7%를 차지하고 있는 것으로 집계됐다. 이는 1989년 토지공개념위원회가 밝힌 65.2%보다 17.5%나 증가한 수치다. 부동산 부익부 빈익빈이 약 15년 동안 훨씬 더 심각해졌음을 단적으

신문 1966. 9. 14).

150) 이태교, 전게논문, 117-118면.

151) 상게논문, 118면.

152) 김태동, 전게서, 4면(1975년부터 1987년까지의 불로소득은 김태동, 이근식, 전게서, 57-59면 참조).

153) 토지소유자 5%가 민유지 65.2%를 가지고 있다고 한다(토지공개념 연구위원회, 연구보고서, 1989, 35면).

로 보여 준다.[154)]

이러한 토지소유권과 자본이득 수혜자의 편중은 소득분배에 중대한 영향을 미쳐서 전체 소득분배를 불평등하게 하였으며,[155)][156)] 소득구조의 양극화와 노동윤리의 상실[157)]를 가져왔다. 결과적으로 토지투기 등으로 인한 빠른 지가상승은 토지소유자에게 가장 안전한 자본이득 발생원천을 제공하였고, 토지가 없는 자에게는 커다란 손실을 입혔다.[158)] 1960년대부터 시작된 부동산가격급등으로 인한 빈부격차는 날로 심각해지고 있으며 한국 사회의 독특한 계급불평등을 더욱 가속화시키고 있다.[159)] 또한 소득불평등의 격차는 더 커지고 고착화되고 있다. 2011년 현재, 한국 빈곤층 10명 중 7명은 평생 빈곤층에 머물러 있으며 소득의 계층간 이동은 점점 줄어들고, 특히 하위 계층에서 상위로 올라가는 비율은 급격히 줄었다[160)]고 한다. 소득불평등은 장기적으로 지속되기 힘든 속도로 확대되고 있으며, 심지어 자율적인 시장의 열렬한 지지자들에게도 걱정스러운 일이다.[161)]

1999년 7월 실시된 여론 조사의 결과에 의하면, '우리사회에 세금부담의 형평성에 대해 어떻게 생각하십니까? 라는 질문에 불공평하다고 응답한 결과가 89.3%에 이르고 있고 탈세에 대해서도 만연하다고 응답한 결과가 88.3%'[162)]로 소득 및 세금에 대한 불평등과 탈세

---

154) 김헌동, 선대인, 전게서, 36면.
155) 정희남, 김창현, 전게서, 51－53면.
156) 토지공개념 연구위원회의 추산에 의하면 1987년의 경우 토지소유분포 상위 5%에 속하는 소유자 1인당 3,783만원의 자본이득이 발생하였다. 이처럼 큰 액수의 불로소득이 소수의 대토지소유자들에게 편중되어 누적적으로 발생함으로써 소득 및 부의 분배구조를 악화시키고 있다(국토개발연구원(편), 국토 50년－21세기를 향한 회고와 전망, 도서출판 서울프레스, 1996, 758면).
157) 국정브리핑 특별기획팀, 전게서, 350면.
158) 정희남, 김창현, 전게서, 62면.
159) 김헌동, 선대인, 전게서, 27면.
160) 2011년 한국보건사회연구원의 연구결과이다(동아일보 2011. 7. 5).
161) 토마 피케티, 장경덕(역), 21세기 자본, 글항아리, 2014, 691면.

의 심각성을 국민 대부분이 인식하고 있는 것으로 나타났다. 투기로 인해 고착화되는 부의 불평등은 국민사이의 불공평과 위화감 등 사회심리적으로 악영향을 끼치고 자본주의 체제의 위협이 되기도 한다. 신문기사에서 소득불평등과 관련이 있는 '졸부'163)라는 개념은 오래전부터 나타나지만, 1970년말부터 등장하는 '과소비'는 투기의 결과임을 보여준다.164) 이른바 졸부(유한계급)들이란 남 앞에 내놓을 것이 돈밖에 없으니까 남의 눈에 띄기 위한 '과소비'에 몰두하였다.165) 한 여론조사의 결과에 의하면, '… 부자들의 축재방법을 「투기등 불로소득」이라고 대답한 사람이 44.8%나 됐고 …. 또 「우리나라의 부자중 졸부가 어느 정도 되느냐」는 설문에는 43.3%가 「많다」라고 응답, 부자들에 대한 부정적 인식을 그대로 반영했다.'166) 1990년대 초반의 '오렌지족'은 투기의 결과물이 과소비와 향락에 물드는

162) 동아일보와 참여연대가 전국의 20세 이상 성인 남녀 1000명과 현직 여야 국회의원 102명, 대학교수등 조세관련학자 100명을 대상으로 실시한 결과이다(동아일보 1999. 7. 26). 일반인 89.3%, 국회의원 92.2%, 조세관련학자 88%가 불공평하다고 생각하고 있고, 일반인 88.3%, 국회의원 92.1%, 조세관련학자 86%가 만연한 탈세를 지적하고 있다.

163) 졸부(猝富)는 일제하에서 '… 하(何)사회를 말론하고 투기열이라 조선인은 지식과 기능이 부족하야 기업능력이 핍함으로 … 일확천금의 졸부를 몽상하고 투기적 허욕에 함하는 경향이 파다하니 …'(동아일보 1921. 10. 9)에서 처음 나타나고 1960년 이후에는 '… 광업은 일종의 투기사업이라기 보다도 엉터리 협잡판으로 알려있던 것도 옛말이 되고 말았다'라는 기사가 처음이다(동아일보 1960. 2. 22). '부동산졸부'라는 말은 '… 돈이 있는 폭력배들은 부동산투기등으로 재미 본 중년층이나 부동산졸부의 2세들 중에 많다는 것…'는 기사에서 등장한다(1986. 8. 15).

164) '… 고도성장과 더불어 소득이 높아지면서 국민생활이 크게 향상돼 가고 있는 것은 참으로 다행스러운 일이 아닐 수 없다, 그러나 최근 들어 우리 사회전반에 팽배하고 있는 무분별한 사치풍조는 아무리 접어보아도 지나친 감이 없지 않다는 비판의 소리들이 자꾸 들려온다. … 문학평론가 이어령씨는 일부 부유층의 이 같은 정도에 지나친 무분별한 호화사치의 이면을 뒤집어보면 가장 비열한 열등의식의 반사작용임을 곧 알게 된다고 말한다. …'(동아일보 1979. 2. 23).

165) 미국의 경제학자 소스타인 베블런은 자본주의의 비합리적 소비행태를 신랄하게 꼬집고 있다(소스타인 베블런, 김성균(역), 유한계급론, 우물이 있는 집, 2017, 118면).

166) 한국응용통계연구소가 남녀 1천5백여명을 상대로 조사한 「부자와 돈에 대한 여론조사」의 결과이다(동아일보 1990. 9. 23).

젊은 유한계층임을 보여준다. 167) 2015년 10월부터 온라인 커뮤니티를 중심으로 '수저계급론'이 퍼지고 있다. '흙수저'는 부모의 능력이나 형편이 넉넉지 못한 어려운 상황에 경제적인 도움을 전혀 못받고 있는 자녀를 지칭하는 신조어이며 금수저168)와는 전혀 상반되는 개념이라 할 수 있다.169)

불로소득의 사유화는 불건전한 소비풍조를 발생시키고 소득불균형 및 계층간 위화감을 조성하여 국민근로의욕을 상실케 하여 사회적 정의에 저해된다.170) 또한 소득불평등에서 오는 문제들은 사회전체의 문제로 확대되어 나중에는 그 결과를 예측할 수 조차 없게 될 수 있다.

3. 주거문제의 심화

1960년대부터 정부는 무주택자의 주택공급 정책을 지속적으로 추진한 결과, 2014년 기준 가구대비 주택보급률이 전국 103.5%에 달하여 주택의 양적 부족문제는 크게 완화되었다.171) 그러나 주택의 양적 문제가 완화되었다고 해서 주택문제가 해소된 것은 아니다. 2015

---

167) 기사내용에서는 이들의 하루 쓰는 돈이 노동자들이 잔업에 특근까지 해도 월급으로 받을 수 없는 돈을 훌쩍 넘는 것이 한탄스럽게 보여준다. '토지자본이득이 국민총생산의 80% 가까이를 차지하고, 불로소득이 근로소득을 비웃는 풍토에서는 노동과 생산이 보람을 주기 어렵다. …살인적 입시경쟁에서 낙오한 부유층의 자녀들, 어쩔 수 없이 외국 유학을 갔다가 적응하지 못하고 돌아온 남녀들, 돈을 주체하지 못해 아들딸에게 고액 수표를 용돈으로 던져주는 부모들, 그리고 무엇보다도 이런 특권층을 만들어내고 지켜주는 체제가 유지되는 한, 오렌지족이 풍기는 악취는 사라지지 않을 것이다'(한겨레신문 1993. 1. 31, 경향신문 1992. 7. 2, 1992. 10. 11).

168) 수저계급론 기준표에 따르면 금수저는 자산 20억 이상 또는 가구 연수입 2억원 이상인 사람이라고 한다(아시아경제신문 2015. 10. 28).

169) 국립국어원(http://www.korean.go.kr).

170) 류해웅, 김원희, 전게서, 20면.

171) 국토교통부, 2016년 국토의 계획 및 이용에 관한 연차보고서, 313면.

년 11월 기준, 일반 가구 1천936만8천 가구중 주택을 소유한 가구는 1천74만3천 가구로 55.5%로 아직도 44.5%인 862만4천 가구는 무주택자이다.[172] 반면 주택을 2건 이상 소유하고 있는 가구는 26.9%로 289만3천 가구가 소유하고 있는 것으로 나타나고 있다. 주택을 소유한 1천74만3천 가구중 주택을 1건만 소유한 가구는 785만 가구(73.1%), 2건을 소유한 가구는 211만7천 가구(19.7%), 3건 이상 소유한 가구는 77만6천 가구(7.2%)로 나타났다.[173] 또한 주택물건 2건 이상 소유자중에서 2건 소유자는 156만 4천명(79.0%), 3건 소유자는 24만 4천명(12.3%), 4건 소유자는 6만 3명(3.2%), 5건 이상 소유자는 10만 9천명(5.5%)으로 나타나고 있다.[174]

늘어나는 주택은 무주택자에게 공급되는 것이 아니라 기존의 주택소유자에게 다시 공급되어 다주택자의 비중만 증가시키는 결과가 되었다. 1990년 1월 전국노동조합협의회가 실시한 설문조사 결과에 의하면, 조사대상 근로자 가운데 자기 집을 갖고 있는 사람은 전체의 21.7%에 불과했으며 '생활하는데 가장 큰 애로사항'으로 주택문제를 꼽은 근로자가 58.1%나 돼 근로자들의 주거안정대책이 가장 시급히 해결되어야 할 과제로 지적됐다.[175]

2011년부터 '삼포세대', '오포세대', 'N포세대'라는 말이 등장하기 시작했다. 출산, 결혼, 연애, 인간관계, 집, 꿈, 희망 등을 포기한 세대라는 말이다.[176][177] 이러한 이유로 인해 젊은이들은 주택을 포기

---

172) 통계청, 행정자료를 활용한 2016년 주택소유통계 결과, 2017. 11. 17 보도자료, 9면, 39면.

173) 상게자료, 21면.

174) 상게자료, 11면.

175) 산하 단위노조 근로자 1,312명을 대상으로 실시한 결과이다(동아일보 1990. 1. 22).

176) 2011년 경향신문의 기획시리즈 <복지국가를 말한다> 특별취재팀이 만든 신조어이다.

177) '선진국은 국민의 주거복지를 위해 공공주택을 짓거나 민간 주택시장에 직접 개입해 주거비·임대료 안정을 위해 각종 지원금을 지출한다. 그러나 우리나라엔 이 같은 정책이 거의 전무했고 주택투기가 횡행했다. 민간 건설기업과 투기꾼들이 부동산 가격을 올려 이익을 취하는 동안 국가는 이를 거의 방관했다. 서민들

하고 살아가고 있는 것이다. 주택문제가 이렇게까지 심각하게 된 원인은 토지투기에서 시작된 지가상승과 여기에 다시 주택투기가 덧씌워졌기 때문이다. 토지투기로 상승된 지가는 주택용지의 취득을 어렵게 하고,[178] 나아가 주택가격까지 상승시키고, 이는 전월세값 폭등으로 이어져 서민생활을 벼랑으로 몰아갔다. 1990년에는 두달 남짓한 기간 17명의 세입자들이 잇달아 목숨을 끊는 자살도미노로 이어졌고, 대학 마로니에 공원에서는 이들을 기리는 희생세입자 합동추도식까지 열린 바 있다.[179] 2017년 8월 현재 'N포세대라는 말에 공감하는 응답자가 87%'에 이르는 설문조사결과[180]는 현 세태에 대한 비관적인 인식을 넘어 절망적인 미래를 보여준다.

4. 가치관의 왜곡

우리의 토지문제 또는 토지투기는 인구는 많은데 국토가 비좁기 때문이라고 한다. 그러나 대부분의 국가에서 이렇게 전국적으로 지속적으로 모든 사람이 투기에 얽혀 있는 경우를 찾아보기는 쉽지 않다. 국민들은 열심히 일하고 저축하는 생활을 하면서 근검절약하여 왔고, 기업가들은 기업정신으로 열심히 생산활동에 참여하였는데 토

에게 공급하는 공공주택 관련 예산지출은 미미했다. … 우리나라의 연소득대비 주택가격 비율(PIR)이 7.6(2008년)에 달해 전 세계 최고 수준이다. 정부가 공공주택을 적극 공급해 서민들의 주거복지를 챙기는 스웨덴·덴마크·핀란드는 전체 주택의 20%가 공공주택인 반면 우리나라는 지난해 기준 약 4.5%로 추정된다.…'(경향신문 2011. 7. 3).

178) 울산신시가지는 땅값만 뛰어 평당 30만~40만원씩이나 호가해 주택형성이 지연되는 주된 원인이 되고 있다(동아일보 1981. 7. 16). 재개발이 부진한 것은 …땅값이 이미 너무 높게 올라 건물을 지어도 채산이 맞지 않아 민간업체들이 사업착수를 주저하고 있기 때문이다…(1986. 10. 9).

179) 국정브리핑 특별기획팀, 전게서, 80－82면.

180) 인크루트 회원 848명을 대상으로 2016년 8월 2일부터 9일까지 실시한 결과이다. '돈도, 시간도, 자존감도 … '사랑할 권리' 잃은 취업준비생들'(경향신문 2017. 8. 6).

지투기로 인한 이익이 일부에 편중되는 것을 보면서 근로의욕상실과 생산의욕저하로 이어져 집단적인 회의감으로 발전하기 시작하였다. 신문검색에서 토지투기와 관련한 국민의식조사 결과의 변화를 보면 다음과 같다.

국민들도 토지나 주택을 생산요소로나 주거수단으로만 여기지 않고 재산증식의 대상으로 인식하게 되었다. 여유자금이 있으면 무엇을 하겠느냐는 질문에 1979년에는 '토지나 건물에 투자하겠다'는 응답이 28.6%에 그쳤으나, 2006년은 57.4%로 크게 증가했다. 또한 투기에 대한 부정적 의견도 과거에 비해 감소했다. 재산증식을 위해 부동산을 사고 파는 것이 '사회적 문제가 되지 않는다'는 응답이 2006년 67.5%로 1979년 51.1%에 비해 16%정도 증가했다.[181]

1986년 2월 건설부가 실시한 「토지정책에 대한 설문조사」결과에 따르면, 토지투기에 대해 바람직한 일은 아니지만 기회가 있으면 재산증식수단으로 이를 하겠다고 응답한 사람이 35.9%를 차지했다.[182] 1995년 8월 한국토지개발공사가 실시한 「토지에 관한 국민의식조사」결과에 따르면, 같은 질문에 대해 53.1%가 '그렇게 하겠다'고 응답했다.[183] 그런데 이 조사에서는 74.5%는 '사회적으로 바람직하지 않다'고 하는 의견을 보여 이중적인 면을 나타냈다.

한편 1983년 12월 한국방송공사가 실시한 「경제교육에 대한 국민의식조사」결과에 따르면, '경제활동중 불만스러운 분야는 부동산 투기'가 으뜸으로 41.1%에 이르고 있어 이에 대한 국민의 불만정도를 가히 짐작할 수 있다.[184] 1990년 한 설문조사 결과에 의하면 '… 73.4%가 '정직하기만 해서는 잘살기 어렵다'고 대답했고, 특히 10대의 81%, 20대의 83%, 대학생의 83%가 그렇게 대답했으며 '법대로 하

---

181) 국정브리핑 특별기획팀, 전게서, 71－72면.
182) 각계인사 3,529명을 대상으로 실시한 결과이다(동아일보 1986. 2. 21).
183) 각계인사 2,000명을 대상으로 실시한 결과이다(동아일보 1995. 8. 17).
184) 이태교, 전게논문, 119면.

면 손해만 본다'고 생각하는 사람이 전체의 30.4%에 이르렀다' 한다.[185] 1991년 1월 동아일보사등이 실시한 「생활경제의식조사」결과에서는 여유자금이 생긴다면 어떻게 운용하겠느냐는 질문에 대해서 43.7%가 '주택을 늘리거나 구입하는데 사용하겠다'고 응답했다.[186] 2004년 1월 부동산정보업체 유니에셋이 실시한 「토지시장의 투자가치 설문조사」결과에서는 '정부가 토지거래 규제를 강화한다 하더라도 토지에 투자하겠다'고 38%가 응답하였다.[187] 2013년 10월 조선일보사가 실시한 「주택시장 정상화 해법」 전문가 설문조사에서는 '주택시장 정상화 위해 바뀌어야 할 인식은?'에 대한 질문에 대해서 '다주택자를 투기꾼으로 보는 시선'이라고 꼽은 전문가가 16명(53.3%)이나 되었고, '집값 상승이 경제에 악영향을 준다는 생각'이라고 꼽은 경우도 7명(23.3%)이나 되었다.[188]

이와 같은 가치관의 변화는 토지시장변화에 따라 토지투기가 상대적으로 줄어들고 '누구나 다 하는 것'으로 생각되고, '해도 되는 것'으로 의식이 왜곡되어 토지투기에 대한 폐해와 죄의식이 과거에 비해 엷어지고 있는 것으로 보인다.

---

185) 서울대 박용헌교수가 우리 국민 2만7천9백48명을 표본으로 조사한 결과이다(동아일보 1991. 9. 3).

186) 5개 대도시 성인남녀 1,350여명을 대상으로 실시한 결과이다(동아일보 1991. 1. 1).

187) 네티즌 1,045여명을 대상으로 실시한 결과이다(동아일보 2004. 3. 19).

188) 건설부가 부동산시장 전문가 30명을 대상으로 실시한 결과이다(조선일보 2013. 10. 1).

제 4 장

토지투기의 주체와 투기이익

제 4 장 토지투기의 주체와 투기이익

Ⅰ. 토지투기의 주체

1. 개 인

(1) 개 설

1989년 1월 실시된 토지문제에 대한 설문조사 결과에 의하면, 부동산투기자는 '주로 복부인 등 유동자금 보유층과 사회지도층, 기업경영자층'이라고 응답(44%)하였다.[1] 투기자가 누구인지 몇 명인지 정확히 밝히는 것은 가능하지도 않고, 그럴 필요도 없을지 모른다. 그러나 1960년부터 2013년까지 대강의 윤곽(order-of-magnitude)이나마 토지투기주체로서 개인을 살펴보는 것은 과거를 정리한다는 의미에서라도 필요하다고 생각된다. 이하에서는 구득가능한 자료와 신문기사를 토대로 토지투기주체인 개인에 대하여 투기단속실적과 투기억제를 목적으로 부과한 세금 등을 중심으로 살펴보고자 한다.

---

1) 김태복 중부산업대 교수(한국토지행정학회장)가 전국의 1,771명을 대상으로 실시한 결과이다(동아일보 1989. 1. 27).

(2) 토지투기 단속대상자

검찰과 경찰은 1994년부터 1995년까지 국토이용관리법, 부동산등기특별조치법, 부동산중개업법위반자에 대한 단속결과, 법령위반자 2,620명에 대하여 92명을 구속(위반자 중 3.5%)하였다. 1994년의 경우 법령위반자 1,442명에 대하여 766명을 기소(위반자 중 53.1%), 676명은 불기소(위반자 중 46.9%)하였으나, 구속은 52명으로 위반자 중 3.6%에 불과하였다.[2] 국토교통부는 1991년부터 1996년까지 위법중개업소 463,353개소 중 87,917업소를 행정조치(18.9%)하였고 423건을 고발(연평균 71건, 위반중개업소 중 0.09%)하였다. 국세청은 1989년 8월부터 1995년 6월까지 총 24회에 걸쳐 일제조사(20,912명)와 수시조사(11,384명)를 실시하여 양도소득세 등 1조 5,086억원을 추징하였다. 또한 부동산거래과정에서 국토이용관리법등 관련법규를 위반한 4,779

〈표 8〉 토지투기 단속대상자(1960~2013년) (단위: 명)

구분	검찰과 경찰	국세청	건설부	기타 당국	계
1960~1969	–	–	–	–	–
1970~1979	38	–	–	–	38
1980~1989	866	39,219	232	1,827	42,144
1990~1999	17,144	35,985	4,572	309	58,010
2000~2009	5,194	33,654	214,753	38	253,639
2010~2013	98	–	1,084	747	1,929
계	23,340	108,858	22,0641	2,911	355,760

주: 1) 아파트, 분양권 단속은 포함하지 않음.
2) 검찰과 경찰에 적발된 경우는 구속, 불구속, 입건, 수배, 소환을 포함.
3) 건설부는 건설교통부, 국토해양부, 국토교통부임.
4) 기타 당국은 감사원, 내무부, 국방부, 경기도, 서울시, 대전시, 안양시 등임.
자료: 1960년~2013년 신문기사를 토대로 구성함.

2) 류해웅, 김원희, 전게서, 313－337면.

명을 적발하여 그 중 1,566명을 검찰에 고발하고(위반자 중 4.8%), 나머지 3,213명을 관계기관에 통보조치(위반자 중 9.9%)하였다. 국세청은 이외에도 1988년 8월부터 부동산투기 불로소득자 4,000여명을 특별감시하기 시작하였고, 1990년 4월 23,000명을 특별관리하고 있다고 하고, 같은 5월부터는 상습투기꾼 1만여명을 점수제로 관리하고 있다고 발표하였다. 이와 같은 토지투기 단속대상자의 결과는 <표 8>과 같다.

(3) 토지투기 협의자

1968년~1975년 기간동안 부동산투기억제세[3]의 과세대상인원은 43,658명에 달한다.[4] 1985년 4월 경기도내 전체 농경지 28만 5천6백96ha 가운데 부재지주 2만 4천명이 소유한 농토는 5.3%인 1만5백ha에 이르고 있다.[5] 1987년 1월 같은 시도에 2백평(660㎡)이상 공한지[6]를 소유하고 있는 사람은 8,179명으로 집계됐다. 1988년 10월 19일 내무부가 국회에 제출한 자료에 의하면 토지과다보유세[7] 대상자는

3) 부동산투기 억제에 관한 특별조치세법(제정 1967. 11. 29 법률 제1972호, 폐지 1974. 12. 21 법률 제2690호)에 의해 부과됐던 국세로 양도소득세로 변경되었다.

4) 김진, 양도소득세 합리화 방안, 한국조세연구원, 2008, 4면.

5) 동아일보 1985. 4. 13. 1979년 2월 서울시 조사에 따르면 2,933정보가 부재지주의 소유로 전체 농지의 47%를 차지하고 있는 것으로 밝혀졌다(동아일보 1979. 9. 1). 1981년 4월 1백11개 농가를 표본으로 지주별 농지소유실태를 조사한 결과에 의하면 농촌에 살고 있으면서 자기 땅을 직접 경작하는 농가는 41가구(37%), 부재지주는 50가구(45%), 나머지 20가구(18%)는 농촌에 살면서 직접 농사를 짓지 않는 비농민지주로 밝혀졌다(1981. 4. 30). 휴경농지면적이 1989년부터 큰 폭으로 늘어나기 시작, 1990년에는 4만4백정보로 증가했고 1991년 전체농지 2백10만9천 정보의 3.2%인 6만7천4백55정보(2억2백40만평)에 달했다(1991. 11. 19). 전국 휴경농지 40,333정보…대부분 부재지주 소유(1991. 7. 15). 1993년 휴경농지 6만6천여 정보, 용인군 수지면의 경우 4.3정보가 휴경지로 썩어 가고 있다(1994. 5. 30).

6) 지방세법 개정(개정 1974. 12. 31 법률 제2743호, 시행 1975. 1. 1)으로 제188조에 의해 부과됐던 지방세로 토지과다보유세로 변경되었다(지방세법 개정 1986. 12. 31 법률 제3878호, 시행 1987. 1. 1).

7) 토지과다보유세는 공한지세와 법인의 비업무용 토지에 부과해온 재산세를 폐지

93,675명이었다.

1992년부터 시행된 택지소유상한제는 택지소유실태를 신고하도록 하는 한편, 신고하지 않은 택지를 색출하기 위해 직권조사를 병행하였다. 그 결과 소유상한을 초과하는 가구별 택지카드를 작성·관리해 왔는데 1990년말 현재 개인 29,224건에 이르는 것으로 집계된 바 있다.[8] 1991년 처음 부과되기 시작한 토지초과이득세는 1990년 결정 인원이 23,381명이었다.[9]

1993년 8월 공직자 재산등록을 앞두고 퇴직한 자 95명 대부분은 재산이 많거나 재산축적과정에 대한 의혹이 제기될 것을 우려해 자진퇴직한 것으로 알려졌다. 또한 고위공직자중 56명은 제주도의 토지 18만평을, 71명은 강원도의 토지 87만평을 연고없이 소유하고 있어 투기의혹을 받았다.

1995년 부동산실명제가 실시되면서 7월 1일부터 1년간의 명의신탁부동산의 실명전환 실적은 54,945건이었고, 개인명의로 실명전환된 51,240명 64,292건 중 증여세 및 양도세의 추징이 면제되는 1건당 5천만원 이하의 실명전환자 32,614명을 제외하면 18,626명이 과거의 세금탈루여부 검토대상이 되었다.[10]

1960년부터 현재까지 토지투기는 대부분 개발예정지의 정보를 미리 안 외지인에 의해 이루어졌다고 해도 과언이 아니다. 외지인에 대한 구체적인 통계는 밝혀지지 않고 해당 개발예정지의 몇 %가 이미 외지인이 소유하고 있다는 기사가 대부분이다.[11] 다만 몇몇 기사에서

하고, 토지투기를 효율적으로 억제하기 위해 1988년 처음으로 실시된 세제로 1990년 종합토지세제로 변경되었다.

8) 박헌주, 정희남, 이환성, 정우형, 토지공개념관련제도의 종합평가와 향후과제, 국토개발연구원, 1998, 50면.

9) 상게서, 55면.

10) 노영훈, 전게서, 55면, 59면.

11) '… 국토개발연구원이 수도권인 경기도 화성군 전역을 대상으로 실시한 땅 보유실태 조사결과에 따르면 임야의 경우, 화성군 전체임야의 48.6%, 잡종지는 79.5%, 공장지역은 100%를 서울사람이 소유하고 있는 것으로 나타났다…'(동아일보 1988. 8. 26).

〈표 9〉 인천 영종, 용유도 토지현황조사 결과 (단위: 명, 평)

구 분	소유자수	면 적
원주민	1,091(16.2%)	5,230,000(23.6%)
국내거주 외지인	2,380(35.3%)	8,832,000(40.1%)
국외거주교민	23(0.3%)	75,000(0.3%)
원주민 이외 인천거주자	3,245(48.2%)	7,705,000(35.0%)
계	6,739(100.0%)	21,982,000(100.0%)

자료: 동아일보 1990. 8. 29 기사를 토대로 구성함.

는 외지인에 의한 투기통계가 발표되었다. 인천 신공항건설예정지였던 영종도, 용유도 토지의 대부분은 외지인이 차지해 원주민 소유는 23.8%에 불과했다는 기사를 토대로 작성해 보면 <표 9>와 같다.

(4) 개인 토지투기자 종합

이러한 <표 9>의 결과는 대체로 투기가 있었던 다른 개발예정지에서도 유사했을 것으로 생각된다. 그밖에 투기주체로서 개인은 해외교포[12]와 외국인[13] 등이 나타난다. 이상의 결과를 종합해 보면, <표 10>과 같이 1960년부터 2013년까지 토지투기자로서 개인은 최소 64만명 이상은 되었을 것으로 생각된다.[14]

---

12) 제주도 땅 매입에 들뜬 교포(동아일보 1974. 7. 24), 교포앞다투어 제주도땅 매입(1977. 7. 5), 교포송금이 느는 사연(1988. 2. 15), 일본인들이 재일교포나 국내거래선을 앞세우는 등 변칙수법으로 국내부동산 대량매입(1988. 8. 26), 미국교포 변칙매입(1989. 4. 28), 골프장 건설자인 재일교포 부지매입(1989. 8. 19).

13) 1992년 5월 일본폭력단의 '검은 자금'이 유입되어서 천안에 2만평방m의 땅을 사들인 사실이 아주 우연하게 발견됐다(1992. 7. 12). 외국인 부동산투자 연 25% 수익챙기면 떠나 국부유출(2003. 11. 13). 외국인 여의도 18.5배 땅 매입(2005. 2. 3).

14) 부동산붐이 한창일때는 줄잡아 전국민의 1%가 넘는 40만~50만명이 적극적으로 부동산투기에 뛰어드는 것으로 부동산업계에서는 추산하고 있다(동아일보 1991. 4. 29).

〈표 10〉 토지투기자 종합(1960~2013년) (단위: 명)

유 형	인 원
적발된 토지투기자	355,760
토지투기자중 감시자	37,000
부동산투기억제세 대상자(1968－1975)	43,658
1985년 경기도내 부재지주	24,000
1987년 전국 공한지소유자	8,179
1988년 전국 토지과다보유세 대상자	93,675
1990년 택지소유상한제 대상자	29,224
1990년 토지초과이득세 대상자	23,381
1993년 공직자재산등록시 투기의심자	239
1995년 부동산실명제 전환자중 세금탈루대상	18,626
2000년 이후 청문회 투기낙마자	14
외지인 투기의심자	11,238
계	644,994

주: 1993년 공직자재산 등록시 투기의심자는 미성년자 자녀명의 투기자, 퇴직자, 무연고 토지보유자등임.

자료: 1) 1960년~2013년 신문기사를 토대로 구성함.
2) 박헌주, 정희남, 이환성, 정우형, 토지공개념관련제도의 종합평가와 향후과제, 국토개발연구원, 1998, 50면, 55면.
3) 노영훈, 부동산실명제의 평가와 향후 정책과제, 한국조세연구원, 1997, 59면.
4) 바른사회시민회의, 인사청문회 도입 이후 낙마사례와 유형, 2017. 6, 6면.

2. 법 인

(1) 개 설

1991년 3월 여론조사 결과에 의하면, '재벌그룹들은 비업무용 부동산을 처분해야 하며 처분하지 않는 기업에 대해서는 정부가 제재조치를 가해야 한다는 여론이 높은 것'으로 나타났다.[15] 이 조사에

15) 리서치앤리서치(R&R)사가 전국 5대도시의 성인남녀 6백명을 대상으로 실시한 결과이다(동아일보 1991. 3. 19).

서 전체 응답자의 87%는 '기업의 비업무용 부동산 처분에 대해 찬성' 했으며, 비업무용부동산을 처분하지 않는 기업에 대해 '금융 등 제재 조치를 해야 한다'고 응답한 사람은 전체의 78%였고 반대자는 7.5%로 나타났다.

1960년 이후 정부는 기업의 보호, 육성을 위해 산업자금 또는 유동자금을 국민보다 우선해서 지원해 주었다. 토지투기를 목적으로 한 기업들은 부가가치의 창출과 생산성 향상이라는 산업자본으로서의 본연의 역할과 임무를 외면한 채, 은행대출[16]을 이용하여 토지를 매점하면서 전매와 탈세 등 온갖 투기수법을 동원해 부를 축적해 왔다. 그로 인해 얻어진 자본의 축적은 재벌이나 대기업에 집중되었고 피해는 금융지원에서 제외된 기업과 국민에게 돌아갔다. <표 11>에서 기업은 1974년 말에 구분비율만큼 자본을 토지에 투자하면 토지가치는 지가상승률에 따라 증가하고 자본에 투자한 가치는 도매

〈표 11〉 토지투자를 통한 기업의 성장지수(1974~1987년)

구 분	1974	1977	1980	1983	1986	1987
100% 토지에 투자한 기업	100(100)	261(234)	540(788)	693(1,529)	859(2,089)	1,004(2,144)
토지, 시설에 50%씩 투자한 기업	100(100)	219(207)	419(564)	518(903)	554(1,022)	612(1,056)
100% 시설에 투자한 기업	100(100)	179(179)	301(301)	349(349)	318(318)	331(331)

주: ( )의 숫자는 서울 지가상승률 자료를 이용할 경우임.
자료: 투기가 주업인 '레저기업'기사(동아일보 1991. 5. 6)의 그림을 표로 재구성하고, 구체적인 통계는 토지공개념연구위원회, 토지공개념연구위원회 연구보고서, 1989. 5, 379-380면 참조.

16) 1982년 말 현재 은행 빚을 많이 쓰고 있는 주거래은행 대상기업 1,454개 업체의 자기자본비율은 16.7%, 부채비율은 500%에 이른다. 미국의 자기자본비율은 49.6%, 일본은 22.6%이다(동아일보 1983. 5. 20).

물가상승률에 제조업 실질성장률을 합한 만큼 가정한 것이다. 이 경우 100%를 땅에 투자한 기업은 1987년 말 10.4배 상승하고, 100%를 시설에 투자한 기업은 3.3배 상승하였음을 보여준다. 서울지역의 땅에 투자한 기업은 21.4배, 시설에 투자한 기업은 여전히 3.3배 상승하여 토지를 많이 보유할수록 기업성장에 유리하다는 측면을 잘 보여주고 있다.[17)]

<표 12>는 대규모 토지소유 법인에 관한 자료로 법인소유 토지의 대부분은 5만평 이상을 소유하는 소수의 법인들이 가지고 있음을 알 수 있다. 특히 50만평 이상 소유법인이 공장용지, 밭을 제외한 토지의 50% 이상을 소유하고 있어 토지소유의 편중이 개인에 국한된 문제가 아니라는 것을 알 수 있다. 은행감독원에서 국회에 제출한 자료에 의하면, 30대 재벌그룹의 총 보유토지는 1억 2천65만6천평(39,800,000㎡)에 달하는데 이는 총 법인소유토지의 8.9%에 이른다.[18)] 1989년 5월 현재, 전국에 50만평 이상의 땅을 가진 법인(기업, 학교법인, 종교법인)은 403개로 이들이 가진 땅의 합계는 9억1천8백30만평에 달한다. 이는 국공유지를 포함한 전체 국토면적의 3%, 전체 법인소유토지의 67.4%에 해당하는 것으로 법인중에서 대재벌에 토지소유가 편중돼 있음을 나타낸다. 제3자 명의 부동산은 물론 여기에 포함되지 않는다. 농업과 무관한 이들 403개 법인들이 소유한 논의 면적이 4천2백34만평, 밭의 면적은 1천9백33만평에 달한다는 사실은 아무리 이들 토지가 업무용으로 위장돼 있다 해도 '투기목적을 내포하고 있음'을 반영하는 것이라고 전문가들은 지적하고 있다. 특히 403개 법인보유토지중 공장용지는 1.7%(1천5백33만평)에 불과한 반면, 임야는 69%(6억3천3백88만평)나 돼 투자보다는 투기에 치중하고 있음이 드러났다.[19)] 이와 같이 기업이 토지를 과다보유하게 된 이유

---

17) 토지공개념연구위원회, 전게서, 378－380면.
18) 상게서, 246면.
19) 내무부 지적전산자료에 따른 분석 자료임(동아일보 1991. 4. 8).

〈표 12〉 법인에 의한 대규모 토지소유편중 (단위: 평, %)

지목	법인소유(A)	5만평이상 소유법인(2174개) (B)	B/A	50만평이상 소유법인(403개) (C)	C/A
대지	78,345,455	58,996,970	75.3	48,972,727	62.5
전	41,012,121	29,306,061	71.5	19,330,303	47.1
답	62,936,364	53,345,455	84.8	42,342,424	67.3
목장용지	24,939,394	21,075,758	84.5	15,472,727	62.0
공장용지	55,784,848	31,396,970	56.3	15,357,576	27.5
임야	867,942,424	810,106,061	93.3	633,887,879	73.0
기타	223,233,333	195,254,545	87.5	142,936,364	64.0
계	1,354,193,939	1,199,481,818	75.3	918,300,000	62.5

주: 1) 법인소유(A)의 자료는 지적전산화 자료, 5만평이상 소유법인(B)과 50만평이상 소유법인(C)의 자료는 내무부 자료임.
2) 원자료의 ㎢를 평으로 환산함.
자료: 토지공개념연구위원회, 토지공개념연구위원회 연구보고서, 1989. 5, 246면.

는 지가상승으로 인한 자본이득, 담보능력의 제고로 은행여신 확보용이(금융비용절감), 기업확장용이성[20] 등에 있다. 기업의 토지과다보유에 따른 문제점으로는 불건전한 기업형태, 실수요자 용지확보곤란, 토지이용도의 저하[21] 등이 꼽히고 있었다.

경제개발이 시작되던 1962년의 1인당 국민소득은 180달러, 두 해 전인 1960년은 90달러에 불과했지만 50년이 지난 2010년 3만 달러를 향해 달리고 있다. 그 사이 우리나라 경제는 경공업에서 중화학공업으로 그리고 중화학공업의 고도화와 금융업의 발전을 이룩하게 되었다. 또한 세계 7위 수출국으로 성장하였다(2010년 기준). 양적으로나 질적으로 우리나라 경제는 눈부신 성장을 해왔으며, 이런 성장의 이면에는 기업세계의 격렬한 부침이 있었다.[22]

20) 토지공개념연구위원회, 전게서, 242-243면.
21) 상게서, 247면.
22) 공병호, 대한민국 기업흥망사, 해냄출판사, 2013, 17-18면.

기업의 토지투기는 비업무용 토지,[23] 골프장 건설,[24] 공유수면매립, 도심재개발, 택지개발사업의 공공택지분양[25] 등 이익을 얻을 수 있는 모든 분야에 걸쳐 이루어졌다. 정부는 1969년 1단계 부실기업정리[26]와 1970년 2단계 부실기업정리[27]를 시작으로 1970년 4월부터 1996년 6월까지 지속적으로 비업무용 토지의 매각을 촉구했지만,[28] 기업들은 다투어 끊임없이 비생산적인 비업무용 토지를 증가시켰다. 지가는 연평균 34.6%(1963~1977년)의 상승을 보인 반면, 대출이자율은 8~19%였으므로 그 차익에 대한 이익을 얻는 한편, 이러한 토지를 담보로 하여 또 다른 융자를 얻을 수 있기 때문이었다.[29][30] 기업은 은행돈을 많이 쓰면 쓸수록, 부동산을 많이 소유하면 할수록 당장엔 어떤 압박과 고통이 뒤따르더라도 인플레가 지속되는 한, 그리고 버려진 땅이 황금같은 땅으로 탈바꿈하는 한 그 자체가 이익나는

---

23) 동아일보 1990. 5. 12, 1990. 8. 17, 김태동, 전게서, 269면.

24) 상게서, 121－129면.

25) 김헌동, 선대인, 전게서, 118－112면. 그밖에도 해수욕장, 관광지등 땅값이 오를 만한 곳이면 닥치는대로 사들였다(동아일보 1977. 9. 12). 공장부지를 사놓고 활용은 일부만 하고 나머지를 투기용으로 남겨두기도 했다(1978. 8. 2).

26) 1969년 5월 15일부터 8월 13일까지 빚으로 치부해온 30개 부실기업을 정비했다(동아일보 1969. 8. 16).

27) 1970년 12월 20일까지 2백억원이 넘는 27개 연체기업에 대해 비업무용 부동산을 갚도록 통고했다(매일경제신문 1970. 8. 12). 정부는 대규모 부동산을 소유하고 있는 동양화학 등은 그 부동산을 조속히 매각토록 조처하는 한편, 합병을 권고받고도 불응하는 업체에 대해서는 채권은행으로 하여금 담보일체를 공매, 대출원리금을 회수토록 지시했다(경향신문 1970. 10. 20).

28) 1978년 현재 4백10개 대기업 가운데 50억원 이상 거액대출업체가 무려 1백60개사에 이르고 있으며, 1천억원 이상을 대출한 재벌기업들도 있다. 뿐만 아니라 재벌소유 부동산의 70%인 총 5백18만9천평이 비업무용이었다(동아일보 1978. 10. 4, 1978. 10. 12). 1980년 기업이 취약한 재무구조를 개선한다는 방침에 따라 비업무용 부동산을 처분토록 9.27조치를 단행, 각 기업은 대상부동산 8천4백33만7천평 가운데 71.5%인 6천28만평(2천3백7억원상당)을 처분했었다(동아일보 1983. 4. 5). 1984년 30대 기업이 소유하는 부동산은 1억여평에 달했다(동아일보 1984. 3. 7, 1984. 6. 28).

29) 이태교, 전게논문, 108면.

30) 시중은행장들, 최근 시중자금 부족은 기업인의 부동산투기 때문이라고 지적(동아일보 1970. 4. 17).

장사였다.[31] 이하에서는 구득가능한 자료와 신문기사를 토대로 토지투기주체중 또 하나의 축인 기업을 재벌기업과 일반기업 그리고 기업의 임직원으로 나누어 기업의 토지투기를 살펴보고자 한다.

(2) 재벌기업

우리나라에 재벌이란 단어가 사람들의 입에 회자되기 시작한 것은 1950년대 중반 이후부터이다. 해방과 한국전쟁으로 특징짓는 과도기에 대부분의 경제적 이권이 정부에 귀속되었던 특이한 구조하에서 정치권에 유착하거나 혹은 이들 사업을 근거로 해서 비교적 짧은 기간 동안에 규모가 큰 복합기업집단을 형성한 기업들이 출현하였는데, 이를 '재벌'이라고 지칭했었다.[32][33] 재벌이란 한국과 일본의 초기공업화과정에서 정경유착을 통해 성장한 Konzern형 대규모 독점자본으로써 창업자 일족에 의한 전제주의 경영을 특징으로 하는 중앙집권적 기업집단[34]이라고 한다. 1960년의 재벌은 1960년 9월 1일 조세포탈이 드러난 46개 기업에 대하여 총 196억환의 추징금과 범과금을 통보한 것에서 시작한다.[35]

<표 13>, <표 14>은 1965년도 매출액 100대 기업이 그동안 어떤 변화를 경험해 왔는가를 보여주고 있다. 1965년도 매출액 100대 기업 가운데 31개 기업만이 1975년에도 순위 내에 머물게 된다.

---

31) 이를 '재벌들의 토지편집증'이라고 한 기사도 있다(동아일보 1991. 3. 11).

32) 이한구, 한국재벌사, 대명출판사, 2010, 3면.

33) 재벌(財閥)는 일제하에서 '(홍삼매매권을 삼정물산(三井物産)에 준 것을 두고)… 항간에는 당국자와 재벌과 음밀한 중에 행한 불미의 타협악수로…'(동아일보 1920. 4. 16)에서 처음 나타나고 1960년 이후에는 '…지금재계를 뒤흔드는 재벌의 주인공들도…'라는 기사가 처음이다(동아일보 1960. 1. 4). '부동산재벌'라는 말은 '…땅바람이 불고 있다.…지금은 자타가 공인하는 부동산재벌…'는 기사에서 처음 등장한다(1977. 9. 5).

34) 이한구, 전게서, 14면.

35) 공병호, 전게서, 21－23면, 경향신문 1960. 9. 1.

〈표 13〉 100대 기업 생존현황(매출액 기준) (단위: 개)

연도	1965	1975	1985	1995	2005	2009
생존기업수	100	31	23	20	13	12

자료: 공병호, 대한민국 기업흥망사, 해냄출판사, 2013, 18면.

〈표 14〉 10대 재벌 순위 변천

1960년	1964년	1974년	1979년	1987년	1990년	1997년	2000년	2009년
삼성	삼성	럭키	현대	현대	현대	현대	현대	삼성
삼호	락희	삼성	럭키	대우	대우	삼성	삼성	현대자
대한전선	삼호	현대	삼성	삼성	럭키금성	LG	LG	SK
대동공업	흥한(화신)	한국화약	대우	럭키금성	삼성	대우	SK	LG
태창방직	개풍	동국	효성	쌍용	한진	선경	한진	롯데
개풍	금성(쌍용)	대한전선	국제	한진	선경	쌍용	롯데	포스코
락희	삼양	효성	한진	선경	쌍용	한진	㈜대우	GS
동양	대한전선	동양	신동아	쌍용	한국화약	롯데	기아	현대중
한국유리	동양	선경	한국화약	대림	기아	한화	한화	금호아시아나
극동해운	판본	한일합섬	선경	롯데	한국화약	롯데	쌍용	한진

주: 10대 재벌중 1987년 쌍용, 1990년 한국화약, 1997년 롯데가 두 번 들어갔는데 이는 원전의 착오로 그대로 두고 정리하였음.

자료: 공병호, 대한민국 기업흥망사, 해냄 출판사, 2013, 23면.

2009년을 기준으로 1965년 100대 기업 가운데서 12개 사만이 남게 됨으로써 1965년 이후 44년이 경과한 시점에서 보면 100대 기업의 매출액 100위권 내 생존은 12%에 지나지 않는다.[36] 재벌의 해체 또는 대기업의 도산에는 여러 가지 이유가 있어 한마디로 원인을 단정하기에는 곤란하다. 다만, 기업환경에 극히 척박한 상황하에서 압축성장시대 재벌들은 철저하게 정부에 의해 키워진 터이어서 정부의 눈 밖에 난 재벌들은 살아남을 수 없었다[37]는 사실은 분명하다고 생각된다.

부동산투기와 관련해서 재벌들은 자유롭지 못하다. 오히려 재벌들은 토지투기의 중심에 서 있었다. 재벌들이 토지투기에 천착하는 근본적인 이유는 투기이윤의 확보 때문이다. 토지투기는 적산불하, 해외무상원조, 차관에 버금가는 재벌형성의 한 축으로 작용한 것으로 추정된다.[38] 그동안 재벌기업들의 부동산투기와 부도덕한 축재행위가 사건화되지 않은 해는 없었다고 해도 과언이 아니다.

지금까지 재벌들이 어느 정도 토지투기를 했는지 토지를 어느 정도 갖고 있는지 확인하는 것은 불가능하다. 투기 또는 투자형태가 워낙 다양하고 은닉기술도 고도로 발달되어 있기 때문이다.[39] 1989년 토지공개념 관련법률들의 제정과정에서 드러난 법인들의 토지과다보유현황으로 기업의 비업무용 토지가 투기의 원인으로 지적되기 시작했다.

재벌기업에 의한 투기는 <표 15>에서 보는 것처럼 정부의 기업의 비업무용 토지보유에 대한 강제매각과정에서 대표적으로 드러났다.[40] 1990년 5월 8일 '정부는 여신관리를 받고 있는 49개 계열기업

---

36) 상게서, 18－19면.
37) 이한구, 전게서, 262면.
38) 상게서, 262면.
39) '은행감독원의 한 관계자는 "재벌이 실제로 보유하고 있는 부동산은 통계로 나타난 수치보다 수 배 이상 많을 것"이라고 밝혔다(매일경제신문 1990. 4. 23).
40) '1988년 말 현재 우리나라 30대 재벌그룹이 갖고 있는 토지와 건물 등 부동산은

군(재벌그룹)에 대해 비업무용토지 및 건물을 6개월 이내에 자체 매각, 성업공사에 매각위임, 토지개발공사에 매수요청 등 3가지 방법을 통해 모두 처분토록 하고 증권 및 보험회사의 투기성 과다보유부동산에 대해서도 3개월 안에 같은 방법으로 처분토록 했다'고 발표하고, 기업의 비업무용 토지에 대해 강제매각절차에 들어갔다. 5월 10일 10대 재벌그룹 회장들은 정부의 대기업부동산매각촉진에 협조한다는 공동결의문을 발표하는 한편, 그룹별 부동산 매각계획을 밝혔다. 이같은 자발적인 재벌기업의 태도에 대해 여론은 무마용으로 인식하였고, 재계에서는 불만이 시작되었다. 6월 28일 정부는 10대 재벌그룹에 대해 가능한 한, 오는 7월 말 이내에 팔도록 노력하되 자체매각이 어려운 부동산은 토지개발공사에 매각을 신청하도록 촉구하였다. 이와 같이 정부는 재벌들이 내놓은 부동산의 매각실적이 극히 저조한데다 기업의 적극적인 매각노력이 미흡하다고 판단하고 있었다.

정부는 8월 17일 이와는 별도로 국세청으로 하여금 재벌그룹의 비업무용 및 제3자명의 부동산보유실태조사를 실시하여 그 결과를 은행감독원에 통보하였다. 11월까지 재벌그룹들은 자진매각 결의는 상관없이 일부그룹을 제외하곤 매각에 거의 성의를 보이지 않았고, 정부도 이에 무관심, 흐지부지되고 있었다. 10대 그룹만 88.7%에 이르고 있고 35대 그룹은 18.9%에 불과하였다. 11월 22일 은행감독원은 45대 재벌중 부동산매각이 극히 저조한 35대 그룹에 대해 1991년 3월 4일까지 약속을 이행치 않을 경우 부동산 신규매입을 불허하고 계열사전체에 금융중단조치를 취하는 등 강력제재를 하겠다고 발표

모두 약 1억3천69만여평으로 지난 87년말의 1억2천3백47만평보다 5.8%(7백22만여평)늘어난 것으로 나타났다. 또 이들 부동산의 장부상 가격은 10조12억원으로 87년말의 7조8천63억원보다 28.1%(2조1조9백49억원)나 늘어 부동산가격의 상승으로 자산가치가 커진 것으로 나타났다. 1989년 5월 17일 한국은행이 국회에 제출한 자료에 따르면 작년말 현재 30대 그룹의 소유부동산 1,306억9천5백만평중 업무용이 98.9%인 1291억8천5백만평이었으며 비업무용은 1.2%인 15억1천만평으로 밝혀졌다'(동아일보 1989. 5. 17).

하였다. 그러나 2년 뒤인 1992년 5월 현재, 그 결과를 보면 자체 매각분으로 잡혀있는 토지 중 16.4%인 4백만8천평은 토지거래허가를 받지 못했거나 매수자의 자금사정 등으로 아직 매매계약이 이행되지 않았다. 그 사이 재벌기업들은 전경련 등을 통하여 비업무용 토지의 판정기준 완화 등을 요구하면서 다시 토지를 취득하기도 했고, 안 팔린 토지를 통해 지가상승으로 인한 이익을 얻기도 했다.[41] 이는

〈표 15〉 10대 재벌 토지소유규모 (단위: 평, %)

1990년 10대 재벌	1989년 토지보유현황		1990년 매각결의	1990년 부동산보유현황		1990년 매각실적		
	업무용	비업무용		총보유	비업무용	대상	실적	비율
삼성	25,825,758	1,212	5,764,600	30,016,000	1,517,000	5,700,300	5,656,099	99.2
현대	7,114,242	1,037,273	993,700	10,572,000	16,765	959,221	656,537	68.4
대우	3,501,515	0	148,200	4,859,000	434,000	150,784	150,784	100
럭키금성	5,208,788	7,273	1,395,800	7,274,000	1,586,000	1,281,047	1,064,284	83.1
한진	7,611,818	9,697	3,168,100	7,469,000	5,462,000	668,582	662,900	93.2
쌍용	10,717,576	606	668,600	10,474,000	2,468,000	1,073,232	395,190	36.8
선경	15,541.515	0	3,168,100	16,952,000	604,000	3,213,031	3,059,187	95.3
동아건설	539.091	0	879,700	1,183,000	371,000	879,881	879,881	100
한국화약	5,063.333	0	648,600	17,337,000	11,103,000	649,146	636,221	98.0
롯데	851,515	0	889,100	1,927,000	444,000	859,564	574,416	66.8

자료: 1) 10대 재벌은 공병호, 대한민국 기업흥망사, 해냄 출판사, 2013, 23면.
2) 1989년 토지보유현황은 한국은행 국회제출자료(동아일보 1989. 5. 17)를 중심으로 재구성.
3) 1990년 5월 매각공동결의는 동아일보 1990. 5. 10 기사를 중심으로 재구성.
4) 1990년 브동산보유현황은 국세청 조사자료(동아일보 1990. 8. 17)를 중심으로 재구성.
5) 1990년 매각실적은 전경련자료(동아일보 1990. 11. 9)를 중심으로 재구성.

41) 국회재무위의 성업공사에 대한 감사에서 '…매각되지 않은 2백82건의 임야 건물(을 통해서)…재벌들은 8.8배의 부동산투기이익…'이라는 주장도 있었다(동아일보 1992. 10. 22).

1983년 3월의 비업무용토지 재매입사건과 유사하다.

1993년 6월 21일 정부는 30대 재벌 계열사의 상업용 및 물류시설용, 주거용, 업무용 부동산취득을 허용하면서 '1990년의 5·8조치는 대기업에 의한 부동산투기를 막기 위한 특별조치의 성격을 가진 것으로 현재 부동산값이 안정세를 보이는 만큼 적용시한을 연장할 필요성이 없다'고 발표함으로써 강제매각이라는 방법까지 동원하면서 이루어졌던 투기억제정책을 끝냈다. 그러나 일 년이 좀 지난 1994년 12월 24일 다시 정부는 '내년초 법인의 비업무용 토지에 대한 일제조사를 실시, 취득후 2년 이상 이용하지 않은 토지는 유휴토지로 지정해 특별관리키로 했다 … 내년 경기호황에 따른 시중 유동자금의 증가, 지자제 선거, 민자유치사업추진 등으로 인한 개발기대심리로 부동산가격이 오를 가능성이 있다는데 의견을 모아지므로…'라고 발표함으로써 다시 투기억제정책을 시작하였다.[42]

(3) 개별기업

개별기업에 의한 투기중 은행, 보험회사, 증권회사의 부동산투기는 재벌기업의 비업무용 토지에서 많이 드러났다. 은행의 경우, 정부는 은행감독원을 통해 금융기관의 비업무용 부동산을 조속히 처리하도록 했고,[43] 1990년 5월 4일 기업의 비업무용 토지보유문제가 불거졌을 때 은행이 보유하고 있는 비업무용 부동산을 3백40억원대 추정하고, 전면조사하기로 하자, 5월 8일 9개 시중은행은 조기매각을

42) '… 2004년 7월 26일 삼성전자가 금융감독원에 제출한 올해 1·4분기(1~3월) 보고서에 따르면 삼성전자가 보유한 부동산 가치는 토지 1조9,425억원, 건물 4조949억원 등 모두 6조374억원에 이르렀다. 이는 조사대상인 시가총액 상위 40개사 가운데 금융사를 제외한 32개사 중 가장 큰 규모다. … 삼성전자가 토지와 건물 등 부동산 보유액에서도 국내 기업 가운데 최고를 차지하고 있다(동아일보 2004. 7. 27).

43) '… (1971년) 3월말 현재 금융기관(산은제외)의 비업무용 부동산은 1백69억원으로 1년 동안에 1백억원이 늘어나 있다'(동아일보 1971. 5. 12).

결의하기도 하였다.

증권회사의 경우,[44] 1990년 5월 4일 정부는 증권감독원을 통해 증권사가 보유하고 있는 비업무용 부동산을 조기에 매각토록 했다. 이에 따라 5월 12일 증권사들은 1천6백억원어치의 부동산중 1천5백억원 규모를 매각하기로 결정했다. 보험회사의 경우,[45] 1990년 5월 4일 정부는 보험감독원을 통해 6개 생명보험사가 갖고 있는 투기성 토지 30만평을 조기에 매각토록 했다. 이에 따라 5월 20일 11개 보험사들은 토지 172만평을 매각하기로 했으나, 1990년 10월 30일 증권, 보험사의 부동산매각 실적은 8%에 불과하였다. 보험사들은 다시 부동산보유를 늘리기 시작[46]하여 과다보유에 대한 여론이 잠잠해지면 다시 늘려가곤 했다. 토지투기차익을 노린 경쟁적인 소비성 산업진출, 생산력에 근거하지 않은 부의 축적, 이로 인한 지가상승의 악순환속에서 기업의 경쟁력이 점점 약화되어 갔다. 경쟁력이 약화된 기업들은 1997년 외환위기를 겪으면서 타의에 의해 구조조정을 해

44) 1989년 9월 29일 증권감독원이 국회에 제출한 자료에 의하면, '25개 증권사 보유 부동산은 지난 8월말 현재 토지가 7만9천8백여평, 건물은 10만7백여평을 보유'한 것으로 나타났다(동아일보 1989. 9. 29). 이는 전년도에 비해 각각 53%, 53.4%가 늘어난 수치다.

45) 1970년 2월말 현재, '국내 19개 보험회사의 부동산투자액은 모두 1백10억9천2백만원으로 총운영자산의 28.7%를 차지하고 있는데 이중 모생명보험회사는 총자산의 79.6%를 부동산에 투자한 것으로 나타났다. …재무부당국은 보험회사의 부동산투자억제를 위해 보험회사 소유 비업무용부동산은 즉시 처분토록 지시했다.' (경향신문 1970. 4. 21). 1983년 4월말 현재, '6개 생명보험업계는 비업무용 토지에 1백98억원, 비업무용 건물에 8억원등 모두 2백6억원을 비업무용부동산에 투자하고 있다(업계 전체는 3천4백63억원)'(동아일보 1983. 7. 25). 13년만에 30배가 증가한 액을 투자한 것으로 보험당국은 비업무용 부동산의 조속한 처분을 지시하였다. 1985년 11월 11일 재무부가 국회에 낸 자료에 의하면 '보험회사의 부동산투자 한도가 총자산의 15% 이내로 제한되어 있는데도 상당수 보험회사들이 이를 어기고 사옥신축 등을 이유로 최고 31%까지를 부동산에 투자…'(동아일보 1985. 11. 11)하여 부동산에 과다투자하고 있는 것으로 밝혀졌다.

46) 1992년 4월말 현재 '…30개 생보사가 보유하고 있는 부동산은 2조9천11억원으로 1990년 4월보다 68.4%인 1조1천7백89억원이 늘어났다. …기존 6개 생명보험사의 부동산규모는 이 기간동안 1조7천30억원에서 2조8천2백86억원으로 66.1%(1조1천2백56억원)가 증가…'(동아일보 1992. 7. 8).

야만 하는 결과를 맞이했다.

개별기업에 의한 투기는 금융기관에서 기업대출을 받아, 기업이 직접 개발을 명분으로 사들이거나 법인의 자금을 빼돌려 임직원명의로 하는 등 수 많은 사례가 나타나고 있다.[47] 1991년 10월 9일 한국은행은 1985년~1990년 동안 25,883개 기업의 대차대조표 및 자금운용상황을 종합 분석한 결과, '지난 1986년~1989년 경상수지흑자때 국내법인 기업들은 흑자액의 26%에 맞먹는 5조8천억원 규모의 땅을 사들인 것으로 밝혀졌다 …'고 발표하였다.[48] 이러한 강력한 조치에도 불구하고 상장법인 424개 기업들은 토지보유의 규모를 올리기도 했으며,[49] 개별기업에 의한 토지투기는 외국인 투자기업도 예외가 아니었으며,'[50] 정부투자회사,[51] 공익법인[52]도 마찬가지였다. 심지어 2004년 10월 4일 한국토지개발공사에 대한 국정감사에서는 건설업체들이 공공택지로 분양받은 327만평중 104만평을 전매하였고 화성동탄 신도시건설에서 일부 주택용지를 분양받은 업체가 전매하여 420억원의 투기이익을 거둔 사례가 드러나기도 했다.

---

47) 모재벌기업의 패밀리랜드 건설(동아일보 1976. 5. 22), 회사공금을 빼내 투기(1980. 3. 8, 1989. 4. 27, 1990. 5. 11), 대지종합기술공사 사건(1984. 7. 5). 모종교재단의 연고있는 개인명의로 위장매입하여 증여세 13억 3천만원을 추징(1989. 10. 6), 모재벌기업 2개에 대해 증여세 200억씩 추징(1989. 12. 30), 기업주 개인명의의 부동산투기(1991. 4. 8), 모기업의 명의변칙거래(1999. 9. 18) 등이 있다.

48) 1990년 5월 기업의 비업무용 토지매각시 중소기업협동조합중앙회는 '15일 정부의 기업부동산투기억제시책에 호응하기 위해 4백30여개 협동조합을 통해 오는 26일까지 전국 3만3천여개 회원 중소업체의 비업무용 및 과다부동산을 자진신고받아 이를 매각토록 유도하기 시작했다.'(동아일보 1990. 5. 16)고 밝혔다.

49) 1989년 대비 16.3%의 규모(장부가액 7,099억원)로 늘렸다(동아일보 1991. 3. 19).

50) 재무부가 6일 국회에 제출한 자료에 따르면 (1989년) 8월말 현재 여신관리대상 외국인 투자기업들은 토지 357만평 건물 60만평 등 모두 5,034억원(장부가격 기준)어치의 부동산을 보유하고 있는 것으로 집계됐다(동아일보 1990. 3. 7).

51) 한국토지개발공사 땅투기의혹(동아일보 1990. 9. 17).

52) 안양상공회의소 형질변경후 건축없이 매각, 막대한 매매차익(동아일보 1994. 3. 17).

(4) 임직원 또는 제3자 명의

재벌기업 또는 개별기업을 가리지 않고 기업에 의한 투기는 통상적으로 임직원이나 친인척명의 또는 제3자 명의로 이루어지는 경우가 많다. 1990년 4월 21일 은행감독원은 '30대 재벌이 갖고 있는 부동산 가운데 토지는 모두 1억2천2백96만6천평으로 대구시 전체면적(1억3천7백75만평)과 비슷한 규모다. … 이같은 재벌기업의 부동산매입경쟁이 최근 부동산가격폭등의 주요 원인이 됐다'고 밝혔다. 이 당시 은행감독원은 재벌기업들이 토지를 확보하기 위해 임직원명의로 사놓은 토지는 재벌보유부동산에 포함돼 있지 않아 실제로 이들 재벌기업이 갖고 있는 토지는 이보다 훨씬 많다고 하였다. 이와 같이 기업과 기업의 임직원과 기업과 관련이 있는 제3자 명의의 토지의 규모는 1990년 부동산등기특별조치법, 1995년의 부동산실권리자명의등기에 관한 법률이 시행되고 나서도 정확한 추정이 사실상 불가능하다.[53][54]

1995년 부동산실명제 시행시, 기업이 명의신탁된 토지를 실명전환한 건수는 1,421건으로 개인 64,292건에 비해 2.6%에 지나지 않으나, 법인소유 부동산중 토지가 88.7%로 건물에 비해 특히 높은 비중을 차지했다. 특히 지목중 임야 및 전답이 차지하는 비중이 높아 법인의 기업활동을 위한 토지취득시 임직원 또는 원소유자와 같은 개인

53) 1995년 부동산실명제 시행시 정부의 한 고위관계자는 '지난 1993년 금융실명제가 실시된 후 브동산실명제가 실시될 것에 대비, 국내 주요 기업 250여개사를 대상으로 부동산형태를 조사한 결과 응답기업의 78%가 제3자 명의로 부동산을 보유하고 있는 것으로 조사됐다. … 기업이 제3자명의 부동산을 보유하고 있는 이유로는 장기사업추진에 필요한 부동산 사전확보, 여신관리상의 자구노력회피, 부동산취득관련 세금회피, 집단민원방지, 지가상승대비 등을 들었다 … 기업들이 사용한 명의는 기업주의 친인척이 40% 정도로 가장 많았고 임직원명의는 20% 미만인 것으로 조사 …'(동아일보 1995. 1. 10)라고 밝혔다.

54) 국세청은 48대 재벌기업의 부동산보유 및 이용실태에 관한 일제조사결과를 공개하여 '… 30대 그룹이 임직원등 제3자 명의로 보유하고 있는 부동산은 1천1백89만9천평이며 이중 38%는 비업무용인 것 …'(동아일보 1990. 8. 17)으로 밝혔다.

명의를 이용하여 토지취득관련 규제회피 및 취득원가 절감을 의도하였을 가능성을 제시하고 있다.[55] 명의신탁된 토지의 대부분이 농지이기 때문에 농지는 법인이 소유할 수 없어 실명전환하지 못하고 매각하는 경우가 많았다.

재벌기업의 비업무용 토지의 판정에서 많이 드러난 임직원명의의 투기의 경우를 보면 다음과 같다. 1980년 10월 17일 은행감독원은 은행돈을 쓰고 있는 일정규모 이상의 대기업소유 부동산에 대해서 자진신고를 받은 결과(9·27조치의 후속대책)를 공개했다. 1,198개 대상 업체의 신고토지중 기업주 대주주 및 직계존비속등 개인소유토지는 무려 1억1천1개63만평으로 전체 신고토지의 25.2%에 달한 것으로 집계됐다. 비업무용 부동산은 자율매각토록 했으나, 타인명의로 은닉하고 있다가 3,000만평이 적발되기도 했고, 강제매각대상이 되어 매각한 토지를 임직원명의로 나중에 재매입한 경우도 있었다. 모재벌그룹의 계열회사는 스키장등 대규모 종합레저단지를 건설할 수 있는 임야 등 597필지 2백12만9천여평(신고가격 94억8천여만원)을 임직원 6, 7명의 명의로 매입하여 다른 회사에 위장분산하는 수법을 쓰기도 했다. 1990년 5월 30일 야당(평민당)은 「10대 재벌 부동산투기실태조사보고서」를 발표하여 '제3자 명의의 취득 및 미성년 친족명의의 투기성 비업무용 토지는 매각대상에서 누락'돼 있는 것을 밝혔다.[56] 그밖에 기업이 임직원명의로 투기를 한 사례를 보면 자기회사의 개발계획을 토대로 개발예정지를 미리 사 두는 방법,[57] 사업확장을 하면서 미리 사둔 토지를 되파는 방법[58]등을 동원했다.

55) 노영훈, 전게서, 59면.

56) 2차 보고서는 동아일보 1990. 6. 15 참조.

57) '국세청은 자기회사의 개발정보를 입수해 개발예정지 주변 토지를 일정규모이상 사들이는 등 투기혐의가 있는 재벌기업의 임직원 16명에 대해 정밀내사를 …'(동아일보 1990. 8. 17).

58) 1990년 5월 발족한 청와대 특명사정반의 한 관계자는 '… 재벌기업의 주요간부들이 상당수 부동산투기를 한 사실들이 포착되고 있다 … 이들은 소속기업의 사업

Ⅱ. 투기이익

1. 개 설

1978년 7월 12일 한국은행은 '서울전역의 종합지가지수는 1963년을 기준(100)으로 했을 경우 1977년 5천9백53으로 60배 뛰었다'[59]고 발표하였다(<표 16> 참조). 이같은 자료에 의해 1978년 이전의 토지투기 원인을 '오일쇼크여파로 인한 불경기, 인플레'로 보고, 그 결과로 '부동산취득의 환물심리가 토지투기'로 몰려 지가상승이 발생하고, '하룻밤 사이에 몇 10배씩 뛰어올라 땅의 유용성보다는 투기대상'으로 되었다는 인과관계를 확인하였다. 그리고 '실수요자와 무관한 전매', '특정지역개발', '부동산소개업자등의 부채질' 등이 토지투기에서 억제되어야 할 것임을 지적하였다. 한편, '땅값이 이렇게 많이 오르는데 투기를 하지 말라는 것은 설득력이 없다. 당시에도 과거의 경험이 미래의 행동을 결정하는 생활인의 지침이 된다는 점에서 앞으로도 부동산투기가 쉽사리 사라질 것 같지 않다'는 결론을 내리고 있다. 그로부터 40여년이 지난 현재, 이같은 문제점의 지적은 여전하고 아직도 해결되지 않은 상태이다.

확장 등을 위한 부동산 매입계획을 악용해 미리 사두고, 그같은 계획이 확정발표되면 이를 되파는 방법으로 … 이들이 부동산을 매입하면서 제3자 명의를 사용하는 등 교묘한 방법으로 위장했기 때문에 내사에 상당한 어려움이 있다 … 지금까지의 내사결과 국내재벌기업의 주요 간부 십수명이 이같은 방법으로 단기차익을 노린 부동산투기를 한 사실이 포착되고 있다…'(동아일보 1990. 7. 2).

59) 한국은행은 '… 그 중 주택지는 이 기간 중 87배로 뛰었으며 상가, 공장지역 땅값도 각각 50배 이상씩 뛰었다. 특히 … 집중개발되어 온 강남지역의 경우 1963년보다 무려 1백76배로 앙등, 서울전역 땅값 앙등율의 3배를 기록 … 이 기간 중 GNP는 25배 통화량은 15배 물가지수(소비자)는 5.9배로 늘어난 것에 비추어볼 때 땅값 앙등은 엄청나게 앞서 있다 …'(동아일보 1978. 7. 12)고 발표하였다. 1981년 9월 국세청은 '… 수원, 대전, 청주 등 3개 도시에서는 1백배 이상 올랐고, 서울에서는 28.5배 부산에서는 50.7배로 올랐다…'(동아일보 1981. 9. 11)고 발표하였다.

〈표 16〉 서울 지가 15년간의 비교(1963~1977년)

구분	용도별가격						물가	통화량	국민총생산
	전지역 평균	주택지역		상가지역		공장지역			
		전지역	강남지역	전지역	강남지역	강남지역	도매물가지수	통화량 지수	국민총생산지수
1963	100	100	100	100	100	100	100	100	100
1964	168	193	263	154	174	180	134.3	116.7	143.3
1965	225	289	457	190	228	228	147.7	156.7	164.8
1966	–	–	–	–	–	–	160.5	203.1	211.3
1967	495	593	867	475	608	484	171.3	293.6	259.9
1968	755	977	1,426	662	892	894	185.1	424.6	327.1
1969	1,390	1,793	2,794	1,305	1,894	1,125	197.4	601.4	426.0
1970	1,445	1,837	2,911	1,391	2,180	1,459	215.4	734.2	530.0
1971	1,860	2,525	4,687	1,721	2,819	1,780	233.8	854.4	645.1
1972	1,966	2,719	4,782	1,792	2,879	1,729	266.7	1,239.6	790.1
1973	1,997	2,711	4,822	1,865	3,085	1,734	285.1	1,743.0	1,003.3
1974	2,610	3,883	7,314	2,260	4,094	2,251	405.6	2,257.1	1,381.0
1975	4,126	6,220	11,145	3,958	5,804	3,411	512.8	2,820.3	1,858.9
1976	5,257	7,750	15,044	5,123	8,833	4,155	574.9	3,685.0	2,478.5
1977	5,953	8,693	17,558	5,774	9,443	5,011	626.7	5,185.9	3,119.8

자료: 동아일보 1978. 7. 12.

2005년 3월 실시된 토지투기에 대한 설문조사 결과에 의하면, '3년간 부동산 투자수익률이 몇 % 이상이면 투기로 보느냐'는 질문에 전체 응답자의 32.3%인 224명이 '50% 이상 60% 미만'을 꼽았다.[60] 한

60) 대한상공회의소가 2005년 3월 9일부터 17일까지 수도권 및 주요 광역시에 살고 있는 만 20세 이상 국민 700명을 대상으로 설문조사한 결과이다(동아일보 2005. 3. 30).

국 국민 2명 중 1명은 3년 동안 부동산 투자수익률이 50% 가량 되면 투자가 아닌 '투기'로 간주하는 것이다. 3년 수익률 50%는 연평균 16% 정도에 해당하는 것이어서 국민들이 부동산 '재테크'에 엄격한 잣대를 갖고 있음을 보여준다. 위의 <표 16>의 용도별 가격지수를 재구성하여 이 기준에 넣어보면 다음의 <표 17>과 같다. 다음의 <표 17>에 해당되는 지역의 토지를 가지고 있는 자들은 토지로 인한 연간수익률이 모두 16%이상에 해당되므로 2005년 국민들의 기준에 의하면 모두 투기에 해당한다고 할 수 있다.[61] 이하에서는 투기이익을 살펴봄으로써 어느 정도의 자본이득을 얻었는지, 투기꾼들의 이익은 어느 정도였는지 가늠해 보고자 한다.

〈표 17〉 서울 지가 15년간의 수익률(1963~1977년) (단위: %)

구분		매입가격	현재가격	차익	연간수익률
전지역		100	5,953	5,853	390.2
주택지역	전역	100	8,693	8,593	572.9
	강남	100	17,558	17,458	1163.9
상업지역	전역	100	5,774	5,674	378.3
	강남	100	9,443	9,343	622.9
공업지역	강남	100	5,011	4,911	327.4
물가지수	도매물가	100	626.7	527	35.1
	서울소비자물가지수	100	649	549	36.6

주: 1) 매입가격은 1963년 100으로 동일하다고 가정함.
2) 보유기간은 1963~1977년(15년)으로 동일하다고 가정함.
자료: 동아일보 1978. 7. 12를 토대로 재구성함.

61) 해리슨(Fred Harrison)은 보타(Botha)의 최장기(secular; 2~3세대 동안(책에서는 40년을 예로 들음) 가지고 있다가 파는 경우), 장기(long-term; 10년 정도 가지고 있다가 파는 경우), 단기(short-term; 12개월~18개월 가지고 있다가 파는 경우)의 세 가지 분류기준에 대해 검트한 다음, 15~16년이 토지투기를 위한 최적의 기간(optium period)이라고 하고 있다(Fred Harrison, op.cit., pp.66-67).

2. 자산상품의 수익률 비교

다음의 <표 18>은 우리나라의 자산상품별 누적수익률을 보여준다. 토지의 경우 지가변동률을 토대로 2010년을 기준으로 하여 최근 24년, 15년, 10년, 5년을 100으로 했을 때 지가상승률을 고려하여 지수화 한 것을 다른 자산상품의 수익률을 비교하였다. 주택의 누적수익률은 집값이 올라서 얻는 자본이득과 임대를 통해 올리는 임대수익을 모두 포함한 것이며, 주식이나 채권은 전체 시장의 평균 수익률이다. <표 18>을 보면 아파트의 20년 누적수익률은 357.2%이고, 단독주택은 약 94.8%이다. 즉 단독주택을 20년 동안 소유했다면 누적수익률이 94.8%에 불과해서 손해를 봤다는 것이다. 반면 주식의 20년 누적수익률은 194.6%이고, 회사채는 503.7%이다. 한편 강남아파트의 20년 누적수익률은 600%이다. 하지만 강남이 한국의 부동산 전체를 대표한다고 볼 수는 없다.[62] 1970~1980년 10년간 서울지역 연평균 택지가격 상승률은 27.68%인데 반해, 이 기간 중 주택가격상승률은 19.79%에 불과, 택지가격 상승률이 무려 7.89% 포인트나 높은 것으로 밝혀진 결과도 있으며, 1965~1982년 사이에 주택가격은 38배밖에 오르지 않았는데 토지가격은 108배나 오른 것을 분석한 결과도 있다.[63] 따라서 이같은 분석은 시기와 상황에 따라 달라지므로 대체적인 비교만 가능할 뿐이라는 한계가 있다. 2005년 6월 실시된 강남주민에 대한 설문조사 결과에 의하면, '여유자금이 생기면 어디에 투자하고 싶은가'라는 질문에 응답자 120명 가운데 40명(33%)이 "강남지역(경기 성남시 분당 판교, 용인시 포함) 아파트를 사겠다"고 대답했다. 개발 유망한 땅을 사겠다는 사람도 38명(32%)이나 됐다. 재

---

62) 하승주, 전게서, 105면－106면.

63) 1981년 1월 14일 한국주택은행「서울시 택지가격상승률과 도시주택가격상승률 분석」(경향신문, 1981. 1. 14; 동아일보 1984. 7. 18).

테크에 관심 있고 자금도 있는 강남 주부 10명 중 6명이 부동산을 꼽은 셈이다.[64] 국민들 대부분이 자산상품의 수익률을 제대로 이해하고 있고, 이에 따라 움직이고 있다는 것을 보여준다. 또한 토지와 다른 자산상품과 비교해보면 최근 15년의 정기예금보다 평균지가상승률이 떨어지는 것으로 나타난다. 이는 1997년 외환위기 이후 지가상승률이 -13.6% 하락한 것이 반영된 것이고, 최근 5년의 경우에 평균지가상승률은 105.7%에 지나지 않아 수익률은 떨어진다.

〈표 18〉 한국의 자산상품별 누적수익률 현황 (단위: %, 기준 2010년 말)

기간	토지	주택	단독	연립	아파트	서울	강남	주식	회사채	국고채	정기예금
최근 5년	105.7	39.2	24.9	56.3	41.0	47.0	41.9	48.7	31.7	25.3	23.3
10년	137.2	120.0	54.0	113.4	162.8	211.1	237.7	306.4	73.7	59.0	52.4
15년	124.8	173.3	66.0	150.8	263.3	362.5	435.6	132.3	201.9	162.9	138.8
20년	115.2	236.4	94.8	207.8	357.2	488.2	601.4	194.6	503.7	–	–
24년	263.8	572.1	243.0	518.1	1,036.9	1,335.8	1,675.4	652.4	941.3	–	–

주: 1) 주식은 종합주가지수(연월말) 기준, 회사채는 장외 3년, AA-등급 기준, 국고채는 3년만기 기준, 정기예금은 신규취급기준을 활용.
2) 토지는 지가변동률 기준으로 하여 2010년부터 24년전 즉 1987년을 100으로, 20년전 1991년, 15년전 1996년, 10년전 2001, 5년전 2006년을 100으로 보아 산정.

자료: 1) 국민은행, 주택시장 투자수익률(하승주, 대한민국 부동산 7가지 질문, 스마트북스, 2017, 105면 재인용).
2) 건설교통부, 지가동향(1987-1993), 국토교통부, 지가동향(1987-1993).

64) 2005년 6월 15일 외환은행과 대신증권이 서울 강남구 서초구 송파구 등 강남지역에 사는 '초우량 고객'만 초청해 부동산과 주식투자 방법을 설명하는 자리였다. 초청대상은 최소한 현금 재산이 5억 원을 넘고 예금, 주식, 부동산, 외환 등 종합적인 자산관리가 필요한 강남 부자들이다. 동아일보사가 이들 40, 50대 주부 200명을 대상으로 설문조사한 결과이다(동아일보 2005. 6. 17).

3. 수익률이 증가한 경우

토지수익률은 지가통계자료와 개인의 투기자료 등에 의해서 확인이 가능하다. 신문기사에서 지가통계는 1969년 12월 말 처음 등장한다.[65] 부동산시가표준액이 과세를 목적으로 하여 정한 금액이어서 실제 가격과 차이가 있음을 고려하고, 당시 시중은행 최고금리가 22.8%[66]이었음을 생각하면 다음의 <표 19>에 있는 어느 곳의 토지를 사더라도 은행이자보다 높은 수익을 올릴 수 있었음을 알 수 있다.

〈표 19〉 1970년 부동산시가표준액중 상승지역

지목	시도군	면리동	상승률(%)	사유
대	영일	오천 용덕일대	500	제철단지조성
대	전주	송천동	244	공장지대 및 도시계획지구
대	수원	송죽동	200	공장지대 및 도시계획지구
대	부산	반여동	185	공장지대 및 도시계획지구
대	서울	구산동	145	토지구획정리사업
전	전주	다가동	650	공장지대 및 도시계획지구
전	부산	범일2동	217	–
전	광주	중부 수진동	205	–
전	대구	신평동	166	경부고속도로주변
전	서울	봉천동	131	–

65) 1969년 12월 국세청은 '… 새해부터 적용할 부동산시가표준액을 발표했다. 국세청이 1969년 10월1일을 기준으로 조사한 이 시가표준액은 1969년 1월 1일(68년10월1일 기준조사) 대비 전국 땅값은 한해 평균 대지, 전답, 임야, 건물 모두 10%를 상회하는 상승률을 보이고 있으며 … 땅값이 크게 뛰고 있는 곳은 공업단지조성과 도시계획 및 대지화가 진행되고 있는 것과 동반하고 있는 것은 예년과 별다른 특징은 없다. …'(동아일보 1969. 12. 24).

66) 1969년 6월부터 정부는 예금금리 연 22.8% 대출금리 24% 확정하였다(동아일보 1970. 3. 20).

(계속)

지목	시도군	면리동	상승률(%)	사유
답	제천	제천 중앙로2가	550	–
답	충주	용산동	250	–
답	춘성	동만천리	185	–
답	서울	남가좌동	135	–
답	수원	정자동	120	–
임야	대구	남산동	2,500	대지화가 가능한 곳
임야	춘성	신동삼천리일대	2,000	대지화가 가능한 곳
임야	서울	동빙고동	250	–
임야	부산	안락동	200	–
임야	대덕	북석봉리	166	경부고속도로주변

자료: 동아일보 1969. 12. 24.

1960년~2013년 기간 동안 신문기사에서 개인의 투기자료라고 할 수 있는 투기관련기사에서 토지투기이익을 살펴볼 수 있는 내용을 살펴본 결과는 다음의 <표 20> 토지투기이익과 같다. 연간수익률은 10.5%에서 419,750%까지 다양하게 나타난다. 연간수익률 중 최저값과 최고값을 제외한 평균수익률은 2,678%에 이른다. 토지투기대상토지 중 지목이 임야인 15건의 경우 평균연간수익률은 32,607%로 지목이 대인 10건의 경우 1,162%에 비해 30배 이상의 수익률을 보여준다. 이같은 이유 때문에 임야는 투기꾼들의 좋은 목표가 돼 왔다.[67] 이는 기업에 의한 투기에서도 마찬가지이다.[68]

---

67) '국토개발연구원에 따르면 1989년 현재 서울사람들은 부산 임야의 20.3%를 소유하고 있으며 수원 임야의 43.6%, 안산 임야의 55.3%, 서산 임야의 28.7%, 제주 임야의 37.7%를 갖고 있다. 이같은 통계는 대부분의 투기꾼들이 서울에 몰려 있으며 특히 지방임야를 좋은 투기의 대상으로 삼고 있다는 증거다 …'(동아일보 1991. 4. 29).

68) 법인보유 토지의 63.7%가 임야라는 것은 특기할 만하다. 일반적으로 임야가 주된 투기대상토지중의 하나임을 상기할 때, 임야 소유비율이 높은 것은 우려할 일이다(토지공개념연구위원회, 전게서, 245면).

〈표 20〉 토지투기이익 (단위: 원, %)

소재지	매입가격	매도가격	전매차익	수익률	기간	지목	날짜
문래동	11,200	32,000	20,800	753.2	90일	대	68.4.18
용인	1,400	2,500	1,100	637.3	45일	전,답	67.12.7
동대문	256,000,000	301,000,000	45,000,000	10.5	20개월	대,임	68.6.7
강남	1,000	10,000	9,000	3,650.0	90일	전	70.2.7
원주	200	2,100	1,900	316.7	3년	전	71.3.20
잠실	12,000	18,000	6,000	2,027.8	9일	대	74.8.10
서초	30,000	60,000	30,000	608.3	60일	대	75.3.21
율전	170	3,500	3,330	244.9	8년	전,답	76.6.29
연포	50	5,000	4,950	1,980.0	5년	임	76.6.30
유성	30,000	40,000	10,000	1,738.1	1주일	대	77.2.14
서초	280,000	400,000	120,000	260.7	60일	대	80.3.8
서초	500,000	620,000	120,000	438.0	20일	대	80.3.8
평촌	65,000	130,000	65,000	304.2	120일	대	83.2.16
당진	110,000,000	141,000,000	31,000,000	342.9	30일	임	88.2.12
당진	102,000,000	114,500,000	12,500,000	53,676.5	2시간	임	88.2.12
곡성	3,300,000	5,100,000	1,800,000	65.5	10개월	임	88.8.24
제주	2,400,000	30,000,000	27,600,000	419,750.0	1일	임	88.8.29
영종도	270,000,000	470,000,000	200,000,000	888.9	1개월	임	89.4.27
방배	330,000,000	780,000,000	450,000,000	163.6	10개월	전	89.6.13
용인	388,000,000	1,212,000,000	824,000,000	231.7	11개월	임	89.8.19
순천	78,000,000	104,000,000	26,000,000	200.0	2개월	임	89.8.19
순천	104,000,000	235,000,000	131,000,000	1,511.5	1개월	임	89.8.19
울산	96,955,826	684,000,000	587,044,174	302.7	2년	임	89.9.22
화성	11,680,000	25,530,000	13,850,000	142.3	14개월	임	90.2.19
용인	170,000,000	610,000,000	440,000,000	86.3	3년	장	90.3.20
속초	1,980,000	98,000,000	96,020,000	6,466.0	9개월	임	90.4.11
거진	19,000,000	31,000,000	12,000,000	94.7	8개월	임	90.4.15
양재	336,000,000	490,000,000	154,000,000	55.0	10개월	대	90.5.11
역삼	2,100,000,000	2,800,000,000	700,000,000	1,216.7	10일	대	90.5.11
의정부	160,000,000	3,150,000,000	2,990,000,000	2,803.1	8개월	임	90.12.10
용인	1,700,000,000	6,100,000,000	4,400,000,000	86.3	3년	장	91.4.1
당진	10,000	50,000	40,000	133.3	3년	임	91.5.28
세곡	1,200,000,000	6,300,000,000	5,100,000,000	510.0	10개월	임	91.5.29
오창	3,200,000,000	40,000,000,000	36,800,000,000	2,300.0	6개월	대	04.12.8
강원	5,000,000	200,000,000	195,000,000	177.3	22년	전,답	11.9.7
서초	4,000,000	6,000,000,000	5,996,000,000	3,944.7	38년	대	13.1.29

주: 1) 수익률은 연간수익률, 기간은 보유기간, 지목중 장은 공장용지, 날짜는 신문보도 날짜임.

2) 매입가격, 매도가격중 10만원 이하는 평당 가격임.

자료: 동아일보 각 날짜.

4. 수익률이 하락한 경우

1960년부터 우리나라에서 평균적으로 지가가 10%이상 하락한 시기는 1997년 12월 외환위기를 거치면서 1998년 -13.6%를 기록한 것이 유일하므로, 토지투기로 인해 손해를 보는 경우는 개발제한구역 지정이나 공공사업에 의한 수용 등으로 지가가 국지적으로 하락한 경우이다. 1960년~2013년 기간동안 신문기사에서 토지투기손실을 알 수 있는 기사를 추려서 살펴본 결과는 다음의 <표 21> 토지투기손실과 같다. 그밖에 토지투기로 손실이 있는 경우도 적지 않겠지만 신문기사어서는 많이 소개되지 않고 있다. 이하에서는 신문기사를 중심으로 수익률이 하락한 경우를 유형별로 소개하고자 한다.

〈표 21〉 토지투기손실 (단위: 원, %)

소재지	매입가격	매도가격	매매차익	수익률	기간	지목	날짜	비고
망원	4,564	2,282	-2,282	-50.0	1년	전	71.12.30	침수
파주	2,000	1,200	-800	-40.0	1년	대	71.12.30	미군철수
난지	574	342	-232	-40.4	1년	전	71.12.30	침수
수유	33,000	28,800	-4,200	-12.7	1년	대	71.12.30	그린벨트
원지	4,000	2,000	-2,000	-50.0	1년	임	72.6.27	그린벨트
노포	889	640	-249	-28.0	1년	전	72.6.27	그린벨트
남동	96,000	80,000	-16,000	-16.7	1년	대	72.6.27	배수조정
옥련	1,591	1,530	-61	-3.8	1년	답	72.6.27	배수조정
창원	17,000,000	2,464,000	-14,536,000	-42.8	2년	대	77.9.10	수용
쌍봉	4,000	1,500	-2,500	-62.5	1년	전	77.9.10	그린벨트
양재	50,000	20,000	-30,000	-30.0	2년	대	77.9.12	구획정리중단
명동	600,000,000	120,000,000	-480,000,000	-80.0	-	대	77.9.5	수용
명동	500,000,000	100,000,000	-400,000,000	-80.0	-	대	77.9.5	수용
세곡	40,000	2,000	-38,000	-95.0	-	대	77.9.7	그린벨트

주: 1) 수익률은 연간수익률, 기간은 보유기간, 날짜는 신문보도날짜, 비고는 하락요인임.
2) 매입가격, 매도가격 중 10만원 이하는 평당 가격임.

자료: 동아일보 각 날짜.

첫째 유형은 침수, 군부대이동, 그린벨트 지정 등 국내의 상황을 지가에 반영되어 국세청을 비롯한 정부의 조세기준가격 하향조정으로 나타난 경우이다.[69)]

둘째 유형은 정부의 건설계획의 변경으로 지가가 하락한 경우이다.[70)]

---

69) 예를 들면 다음과 같은 기사에서 볼 수 있다. 1969년 12월 국세청이 발표한 1970년 부동산시가표준액에서 '군부대 이동과 전방 지역으로 거래가 부진한 강원도 철원의 대지, 답이 최고 16%까지 낙세를 보였고, 특히 이농속출로 인해 강원도 횡성, 삼척, 경기도 용인군 등의 대지, 답이 반쯤 내리고 있다'(동아일보 1969. 12. 24). 1971년 12월 국세청이 발표한 1972년 부동산시가표준액에서 '내린 지역은 침수지역은 서울 마포구 망원동 밭이 4천564원에서 2천282원으로, 미군철수등으로 파주의 대지가 2천원에서 1천2백원으로, 난지도 침수지역인 서울 서대문구 상암동 밭이 574원에서 342원으로, 그린벨트인 서울 성북구 수유동 대지가 3만3천원에서 2만8천8백원 등으로 각각 내렸다'(동아일보 1971. 12. 30). 1972년 6월 국세청이 발표한 하반기에 적용할 과세표준액에서 '…6대 도시의 하락지대는 서울 영등포구 원지동의 임야가 그린벨트 설정으로 지난 1월 1일의 평당 4천원에서 2천원으로 50%나 떨어졌고, 부산의 동래구 노포동의 밭도 8백89원에서 640원으로 28%, 광주 남동의 대지가 배수조정으로 9만6천원에서 8만원으로 17%, 인천 옥련동의 논이 1천5백91원에서 1천5백30원으로 4% 각각 내렸다'(동아일보 1972. 6. 27). 1972년 11월 국세청이 발표한 1973년 부동산시가표준액에서 '그린벨트 설정지역을 비롯 대도시 토지건물가격이 일반적으로 떨어짐으로써 하향조정이 불가피…'(동아일보 1972. 11. 23).

70) 예를 들면 다음과 같은 기사에서 볼 수 있다. '충남 서천군 서면과 비인면 일대의 비인공단은… 1966년 4월 기공식이 올려진 이곳에서 공업단지다운 모습은 거의 찾아볼 수 없다. … 1969년 6월 갑자기 호남 국토건설국 비인현장사무소가 철수, 공사가 중단된채 아무런 조치도 없다. … 한때는 비인면등 이곳에도 토지붐이 일어 땅값이 들먹이기도 했지만 지금은 아무런 기척도 없다. … 9년 동안이나 파헤쳐 진채 황무지로 내버려져야 했다'(동아일보 1974. 3. 16, 1974. 3. 18), '1968년 2월 경부고속도로가 착공되기전 도로예정지주변의 땅은 당시 지목이 무엇이건 관계없이 평당 2, 3백원에서 2, 3천원으로 10배 이상 올랐다. 거래도 활발했다. 땅을 확보한 사람들은 흥분에 싸여있었다. 대망의 고속도로가 개통되자 상황은 달라졌다. 소음은 심하고 도로변 50m이내는 건축허가도 안 나왔다. 마지막 무렵 비싼 값을 주고 장사를 하려던 실수요자는 망했고 …'(동아일보 1977. 9. 5). '지난 75년 4월 강남지역에 땅바람이 불고 있을 때 … S는 … 강남구 반포동에 4백평을 땅을 샀다. 평당 3만원을 주었다.…예상대로 땅값은 하루하루가 달랐다. 지적고시(7월 4일)가 나가기전 6월까지 10만원을 호가했다. … 서울시가 지적고시와 함께 아파아트지구로 주변일대를 묶어 버렸다. 하루 아침에 본전에도 임자가 나서지 않았다. … 잔금을 치르느라 빚까지 졌던 S는 1977년 4월 사겠다는 사람이 있어 놓칠세라 평당 3만 2천원에 넘겨버렸다. 손해는 안봤지만 금리에다 그동안 고통에 비하면 쓰린 기억이었다. 그 땅이 아파트붐과 함께 지금은 평당 10만원까지 오르자 S는

셋째 유형은 정부의 건설계획발표로 지가상승을 기대하고 토지를 매입하였으나 해당 토지는 수용대상지로 되거나 토지규제지역으로 지정되어 지가가 하락한 경우이다.71)

다시 가슴을 쳤다'(동아일보 1977. 9. 5). 1984년 건설부가 '청주시 가경동 및 복대동 일대를 택지개발예정지구로 지정, 토지개발공사에서 공영개발할 방침이라는 소문이 나돌자 투기를 목적으로 이지역의 땅을 사들였던 투깃군들이 매입가격 또는 이를 밑드는 가격으로 내놓아 하루에도 수십건씩 이런 매물들이 쏟아져 나오고 있다'(동아일보 1984. 11. 9).

71) 예를 들면 다음과 같은 기사에서 볼 수 있다. 울산지구개발에서 빚어진 것처럼 실제 도로부지로 수용된 땅임자는 시가의 80%를 보상받았지만 길옆 땅주인은 돈 한푼 안 들이고 1천5백배의 이득을 본 이른바 좌시소득계층(坐視所得階層)의 횡재(동아일보 1967. 12. 7). '… 인구 30만규모의 창원새공업도시가 들어설 것이라는 이야기가 나오기 시작한 것은 지난 1975년. 회사원 S씨는 자신의 전재산인 1천7백만원을 털어 … 8백평의 대지를 마련했다. … 1977년 7월 정부가 제1차 배후단지를 조성하면서 발표한 매입가격은 지난 73년 6월 고시한 평당 3천80원꼴의 헐값. 일확천금을 노렸던 S씨의 기대는 하루아침에 1천여만원을 손해보고 말았다. … 1976년 10월 쌍봉면사무소부근에 평당 4천원씩을 주고 3백여평의 땅을 사놓았던 김모씨는 개발제한구역으로 묶이자 1천5백원으로 폭락했으나 그나마도 살사람이 없어 울상이 돼 있다…'(동아일보 1977. 9. 10). '…B는 1975년 5월 양재동 상가예정지를 평당 5만원에 1백10평을 샀다. 한달쯤 지나자 서울시에서 양재동 일대를 개발하기 위해 양재천에 다리를 놓는다고 보도되었다. 땅값이 평당 8만원으로 치솟았다. … 다리만 세워지면 평당 15만원이 될 땅인데 8만원으로 팔기는 아깝다고 생각했다. 그러던 땅이 1977년 7월 23일 건설부장관이 농지보전을 위해 전국 도시계획을 재정비한다고 발표하면서 전국의 토지구획정리사업을 모두 중단하도록 지시해버렸다. 땅값은 하루아침에 2만원으로 폭락했다 …'(동아일보 1977. 9. 12). '서울의 도심 미도파 건너 금싸라기 땅. 금은방 알부자로 알려진 사람들이 졸지에 빈털터리가 되었다. 평당 1천만원을 호가하던 땅에 건물을 짓고 있던 사람들이 도시계획으로 도로에 수용되면서 시가의 20% 안팎의 헐값 보상을 받고 내놓게 된 것이다. 금은방을 하던 S씨는 평당 1천2백만원 시가의 50평(시가 6억원 상당)을 1억3천만원의 보상을 받고 내주게 되자 머리를 싸매고 드러 누워버렸다. 이웃 건물주인 이씨는 더 비참한 소문이다. 시가 5억원이라는 대지 30평의 건물을 은행에 3억원에 잡혔고 전물은 모두 2억원의 보증금을 받고 임대해주었는데 도로로 수용되면서 보상금은 1억원정도 밖에 안되어 은행빚과 보증금만 빚으로 남게 되었다 …'(동아일보 1977. 9. 5). '… 영동지구의 내곡동, 세곡동의 대부분은 4만원까지 오르다가 그린벨트로 지정되면서 2천원까지 떨어진채 땅바람속의 무풍지대로 남아 있다 …'(동아일보 1977. 9. 7). '… 재개발지구아닌 주차장, 도로, 녹지지역으로 지정된 땅은 이웃에 비해 4분의 1가량 값이 떨어지고 말았다 …'(동아일보 1977. 9. 8). '… 경기도 시흥군 과천면 문원리 정부종합청사 후보지 등을 제외한 주변 61만평이 공원 또는 생산녹지로 묶인다는 정부발표가 있자 … 1977년 10월 문원4리에 평당 3만원씩 주고 땅을 샀다는 조모씨는 12일까지 평당 10만원씩 주겠다해도 팔지 않던 땅을 지금은 6만원에도 사려는 사람이 없다고

넷째 유형은 토지투기를 위해 토지를 매입하였으나 투기 붐이 투기억제대책 등으로 움츠러들어 지가가 하락한 경우이다.[72]

다섯째 유형은 미등기 전매를 통해 투기를 하려고 하였으나 마지막 순서가 되어서 투기에 실패를 하였거나 너무 일찍 팔아서 상대적으로 손해를 보는 경우이다.[73][74]

억울해 하기도 …'(동아일보 1978. 1. 14). '… 팔당댐 부근에 엄청난 규모의 임야를 매입했다가 모두 그린벨트에 묶여 부실기업으로 전락하고만 P방직 K씨의 경우는 좋은 예다'(동아일보 1983. 5. 14).

72) 예를 들면 다음과 같은 기사에서 볼 수 있다. '… 임시행정수도 이전설과 대청댐 수몰지역 이주민들이 몰린 대전지방은 1976년 가을부터 거센 부동산붐이 일기 시작, … 청주지방의 땅값도 이번 가을로 접어들면서 10~20%씩 떨어졌다. … 행정수도이전설이 나돌면서 1만2천원하던 것이 5, 6만원까지 올랐었다. 이처럼 오르던 땅값도 10월 들어 시의 부동산전매행위 추적조사가 시작되자 외지투기업자들이 손을 떼고 철수하기 시작, 평당 1만~3만원씩 떨어졌으며 …'(동아일보 1977. 11. 3). '… 지난번 과천에서는 어이없게 쓴잔을 마셔야 했다. 뒤늦게야 정보를 입수, 때늦을 세라 달려가 4만여평을 계약했다. 계약금만도 1억원이 넘었고 복덕방에 선물한 소개료도 3천만원이 넘었다. 그러나 3일만에 발표된 정부의 규제방침 때문에 계약금과 소개료만 고스란히 떼이고 철수할 수밖에 없었다는 것…'(동아일보 1978. 2. 22).

73) 예를 들면 다음과 같은 기사에서 볼 수 있다. '(1983년)일확천금을 노리는 임야, 논, 밭 대상의 부동산투기는 민통선이북의 땅이나 서남해안, 무인도 매입 등의 양상으로 나타나기도 한다. … 이같은 「원대한 투기」는 그러나 대체로 별 재미를 못보는 경우가 대부분이다. 물이 없는 줄 모르고 섬을 샀다고 푸념하는 경우도 있어 돈이 갈 길을 보지도 않고 마구 찾아갔다는 심증을 남겨준다'(동아일보 1983. 5. 14). '… 되파는데 아무 문제가 없다고 소개한 이들 중개업소들은 막대한 자금이 물린 「막차손님」의 추적을 피해 잠적하는 경우도 발생하고 있다. … 관광유원지로 개발된다는 소문으로 산골오지의 땅값이 올랐다가 거래가 전혀 되지 않고 있는 안동, 홍천댐 주변이 좋은 예 …'(동아일보 1987. 6. 23). '… 강원도 속초시 노학동 척산마을 주민들은 … 지난 1988년 이후 북방정책 바람을 타고 땅값이 폭등 … 당시 시세보다 두 배 정도씩 값을 쳐주겠다는 「서울사람들」에게 대부분 땅을 팔아넘겼다. 그러나 당시 평당 7천~3만원씩에 판 논밭이 지금은 20만~30만원을 호가한다. 주민들은 지금은 서울사람 소유가 된 땅에서 소작을 부치고 있거나 마을을 떠났다. 물론 당시 땅을 팔지 않고 있다가 수억대 부자가 된 주민들도 있다. … 척산마을의 예는 땅이 자금여유를 가진 부유층에 넘어가는 과정과 이로 인한 주민들이 생활수준 저하, 부락공동체의 붕괴과정을 보여준다…'(동아일보 1991. 4. 1).

74) 그밖에 주택투기중 손해를 본 경우를 보면 다음과 같은 기사에서 볼 수 있다. '… L씨(34)는 1977년 봄 해외지사 근무발령을 받고 …직장동료에게 시가보다 싼 7백50만원에 집을 넘겼다. … 집 판 돈을 은행에 넣고 떠났던 그는 3년만인 최근에 귀국, 예금을 찾아 집을 구하러 나섰으나 7백만원으로 살만한 집을 찾는 것은 턱

도 없는 일이이었다. 예전 또래의 집은 2천만원선으로 올라있었다. 집판 돈을 은행에 예금혔던 탓으로 자산가치는 절반이하로 줄어들고 집장만을 기약할 수 없는 무주택자가 된 것이다.'(동아일보 1979. 4. 1). '… 송씨는 1966년 결혼한 평생 4번 집을 사고 팔았음에도 그 중 단 한번도 재테크에 성공하지 못했다. 그녀의 첫 내집 마련은 1970년대 중반, … 남편 직장이 가까운 정릉에 단독주택을 마련했다. 하지만 얼마 되지 않아 중동개발 붐을 타고 중장비기술을 가진 남편이 쿠웨이트행 비행기에 오르자 남편도 없는 집에 세입자를 들이기도 쉽지 않다는 생각에 집을 팔고 전세로 옮겼다. … 남편이 송금하는 돈을 저축해도 판 집을 되살 수 없을 정도로 집값이 올랐다. 이러다간 모래바람 맞아가며 번 돈 다 날리겠다는 급한 마음으로 1979년, 당산동에 새로 지은 연립주택을 샀다. … 연립주택인기도 아파트에 밀리기 시작했다. … 세 번째 집을 장만한 곳은 마포시장 인근의 한옥집, 하지만 이번에도 어김없이 집값은 언제 그랬냐는 듯 떨어졌고, 월세 놓기도 쉽지 않았다. … 이렇게 5년쯤 지나는가 싶더니 이번엔 신도시 붐이 불기 시작했다. 1995년 분강을 찾은 그녀는 부실시공에 몸살을 앓는 신도시는 투자가치가 없다고 생각했다. 하지만 96년부터 순식간에 분당아파트값이 오르자 안되겠다는 생각에 97년초 전세살던 분당 49평 아파트를 샀다. 하지만 집을 사자마자 IMF와 외환위기로 집값이 곤두박질쳤다. … 대출 이자가 부담스러워 1999년말에 집을 팔아 전셋집으로 옮겼다 …'(조선일보 2002. 2. 8).

제 5 장

토지시장의 변화와 토지투기

제5장 토지시장의 변화와 토지투기

Ⅰ. 개 설

우리나라에서 본격적으로 토지투기를 사회적 문제로 인식한 것은 1960년대 후반이라고 할 수 있다.[1)2)] 근대 이후 우리나라에서는 나진 대규모 축항공사를 둘러싼 토지투기가 가장 유명하다. 1925년 후보지가 발표된 이후 김기덕은 개발예정지를 매입하고, 1932년 8월 25일 축항공사가 확정발표되자 7년 만에 600배의 수익을 올려 조선 굴지의 대부호로 도약했다.[3)4)] 토지투기의 변천에 관한 시대구분은

---

1) 인류역사상 최초의 투기는 기원전 2세기 로마시대까지 거슬러 올라간다. 퍼블리카니(Publicani)라는 조직에 대한 주식의 투기였다고 한다(에드워드 챈슬러, 강남규(역), 금융투기의 역사, 국일증권경제연구소, 2001, 25－28면). 일반적으로 많이 알려진 네덜란드의 튤립투기는 1634년경이었던 것으로 보인다(상게서, 41－49면).

2) 미국의 토지투기는 1812년 전쟁직후 Old South West와 Ohio계곡에서 시작되었고, 1857년 대륙간 철도부설과 지하자원의 발굴과 함께 대서양부터 태평양 연안까지 번져갔다고 한다(이태교, 전게논문, 44면). 일본의 땅값은 1956~1986년 사이에 50배 이상 치솟았다. 반면 일본의 소비자물가는 단 두 배 뛰었을 뿐이다. 이 기간동안 땅값이 하락한 때는 1974년 뿐 이었다. 따라서 일본인은 땅값은 절대 떨어지지 않는다고 믿게 되었고, 일본 은행들은 채무자의 현금수입보다는 땅을 담보로 해 주었다. 1980년대 말에도 일본 은행들은 중소기업의 땅을 담보로 잡고 엄청난 대출을 했다. 당시 일본 기업들이 보유하고 있는 부동산 가운데 4분의 3이 업무용이 아니라 자본이득을 얻기 위한 것이었다(에드워드 챈슬러, 강남규(역), 전계서, 427면, 439면).

3) 전봉관, 럭키경성, 살림출판사, 2007, 24－34면.

4) 1931년 충남도청이 대전으로 이전하면서 대전에 전답을 많이 갖고 있었던 충남 대지주 김갑순의 자산축적과정도 유명하다(경향신문 1962. 10. 15).

여러 기준에 따라서 가능하다. 가장 일반적인 것이 토지정책의 변천과정에 따른 구분인데, 1960년 중반이후의 간헐적인 지가폭등 경험은 우리 토지정책의 발전과정에 특이한 패턴을 정착시켰다.[5] 그 밖에 경제발전과정에 따라 밀접하게 변화하는 투기를 고려한 구분과 토지투기에 대응한 토지법제의 제·개정으로 구분이 가능할 것이다.

본서에서는 우리나라의 특이한 패턴, 즉 지가가 상승하면 토지투기가 성행하고 이어 투기단속을 포함한 긴급대책이 급조되어 발표되고, 그 이후에 문제점이 보완되어 법·제도로 정착되는 것을 고려하여 시대를 구분하고 있다. 1960년대 이전의 토지투기는 제외하고,[6][7] 1964년부터 2013년까지의 지가변동률을 고려하여 두 자리이상의 증가율을 보이다가 하락률로 바뀌는 시점을 구분하여 크게 5기로 나누고, 각 시기별 특징에 따라 투기점화기(1962~1971년), 투기확산기(1972~1980년), 투기광풍기(1981~1989년), 투기진정기(1990~1997년), 투기변이기(1998~2013년)로 구분하여 시장의 변화, 주요 정책,[8] 주요 판결, 주요 사건을 살펴보고자 한다.[9] 사회·경제적 발전에 따른 토지투기의 변화와 특징을 보다 명확히 이해하고 앞으로의 과제

5) 국토개발연구원(편), 전게서, 759면.

6) 이태교, 전게논문, 39면. 논문에서는 1898년 경인선 철도부설시부터 1960년까지 그리고 1945년부터 1984년까지의 토지투기현상을 소개하고 있다(상게논문, 39-43면).

7) 1960년 이후 토지투기는 '… 재무부에서는 4291년(서기 1958년) 6월부터 작년 9월까지의 사이에 거래된 약 3천건에 달하는 고액부동산투자에 대하여 그동안 전국 사세청(司稅廳)에서 조사수집된 과세자료를 토대로 취득부동산의 용도와 그 자금출처를 본격적으로 추구할 방침이라 한다. … 투기와 전매를 목적으로 하였을 때는 그 자금의 출처를 깊이 추구 받게 될 것이며 제반과세로서 누락된 소득에서 당해 부동산을 취득한 경우에는 이를 탈세소득으로 인정하고 이에 대한 적절한 추징과세와 소정법규에 의한 제재를 받게 될 것이라고 시사 …'라는 신문기사에서 처음 나타나고 있다(동아일보 1960. 3. 31).

8) 정부의 주요 정책 중 활성화대책과 투기억제대책은 표로 만들어 <부록 1>에서 별도로 다루었다.

9) 토지법제(김상용(저), 전게서, 2004, 17-46면), 부동산 법정책(졸고, "부동산 법정책학에 관한 통시적 연구", 한국법정책학회, 법과 정책연구 제14집 제2호, 2014, 331-350면)의 시대별 구분과 차이가 있다.

를 정립하는 데에 유익할 것으로 생각한다.

Ⅱ. 투기점화기: 1962~1971년

1. 시장의 변화

1961년 10월 대통령에 의하여 국토개발계획 수립지시가 있었고,[10] 이것을 시발점으로 하여 1962년부터 시작된 제1차 경제개발 5개년계획(1962~1966년)[11]으로 고성장, 고물가, 도시화 및 산업화를 이루었다. 이러한 과정에서 은행 역시 산업자금의 부족에 대처하기 위해 확장지향적인 금융신용을 창출하였다. 총통화량은 매년 61.8% 증가하여, 인플레이션이 발생하였고 지가 역시 급등하였다. 또한 군사정부는 1962년 6월에 화폐개혁을 단행[12]하였다. 이러한 개혁은 여유자금을 갖고 있는 자들이 금융자산보다 토지자산을 선호하는데 영향을 주었다.[13]

1960년대 최초의 토지투기는 1962년 울산공업단지주변에서 처음 발생했으며,[14] 1967년 12월 경부고속도로 건설계획[15]과 1970년 1월 강남개발계획[16]이 발표되자, 말죽거리를 시발로 토지투기가 전국 대도시 지역으로 번져나갔다.[17] 토지투기가가 본격화된 것이다. 그 후 제2차 경제개발 5개년 계획기간(1967~1971년)중에는 공업입국으

10) 상게서, 22면.
11) 1961. 12. 12 국가재건최고회의 통과(동아일보 1961. 12. 13).
12) 1962. 6. 10 화폐개혁 단행(동아일보 1962. 6. 10).
13) 정희남, 김창현, 전게서, 64면.
14) 울산종합공업지구 확정(동아일보 1962. 1. 27).
15) 경부고속도로 명년 2월 착공(동아일보 1967. 12. 2).
16) 제2서울지역 월내발표(동아일보 1970. 1. 7).
17) 국토연구원(1), 국토연구원 30년사, 2008, 152면.

로서의 경제성장을 위한 각종 산업용지의 개발공급에 중점을 두었다.[18] 본격적인 경제개발계획의 추진과 함께 농촌·도시간 인구이동이 급격히 늘어나면서 일부 특정지역의 인구 및 경제밀도가 높아지고 경제력이 전반적으로 상승됨에 따라 택지에 대한 수요증가로 지가의 상승폭도 커지게 됨으로써 토지는 점차 매력적인 투자의 대상이 되었다.[19]

이에 따라 정부는 「부동산투기 억제에 관한 특별조치세법」[20]을 제정하여 부동산투기억제세를 신설하였고,[21] 이와 함께 3차에 걸쳐서 금융기관이 소유하고 있는 비업무용부동산을 조속히 처분하도록 강구하였다.[22] 1971년 1월 정부는 「도시계획법」을 개정하여 개발제한구역(green belt)에 관한 규정을 신설하고, 전국토의 약 5.5%에 달하는 개발제한구역을 지정하였다. 개발제한구역은 경제개발을 위하여 적극적으로 토지를 공급하면서도, 한편으로는 토지개발에 따르는 토지의 보전과 부동산가격 안정화를 도모한 정책[23]이어서 개발제한구역이 지정되면서 토지시장은 안정되었다.[24]

이 시기동안 지가증가율은 연평균 45.4%였으며, 1969년의 지가변동률은 80.7%를 기록했다.[25]

---

18) 김상용(저), 전게서 24면.
19) 이태교, 전게논문, 40면.
20) 제정 1967. 11. 29 법률 제1972호, 폐지 1974. 12. 21 법률 제2690호.
21) 양도소득세의 도입이 원래 기대했던 것만큼 지가를 안정시키는 데는 효과적이지 못했다(정희남, 김창현, 전게서, 64면).
22) 보험회사에 대하여 비업무용부동산 처분촉구, 신규토지취득 억제(경향신문 1970. 4. 16). 금융기관의 비업무용토지 처분방안 강구(동아일보 1970. 8. 19). 은행감독원 금융기관의 비업무용부동산 조속처리 지시(동아일보 1971. 5. 12).
23) 김상용(저), 전게서, 27면.
24) 국토연구원(1), 전게서, 152면.
25) 이 때가 부동산경기에 있어 가장 유래를 찾아볼 수 없을 정도로 투기가 성행했으며 처음으로 부동산 붐(Boom 혹은 투기)라는 용어가 쓰이기 시작했다(이태교, 전게논문, 41면).

〈표 22〉 투기점화기(1962~1971년) 지가변동률 추이 (단위: %)

연도	1964	1965	1966	1967	1968	1969	1970	1971	1972
변동률	50.3	35.3	41.4	43.6	48.5	80.7	29.7	33.4	7.5

주: 1964~1972년까지의 지가는 1980년의 추정 공시지가를 기준으로 지가변동률을 적용하여 산정(정희남, 김창현, 거시경제정책이 토지시장에 미치는 영향, 국토개발연구원, 1997, 48면에서 재인용).
자료: 건설교통부, 지가동향, 각 연도.

2. 주요 정책

(1) 부동산투기억제세 시행

부동산투기억제세는 '비생산적인 부동산에 투자되는 자금을 생산적인 자금으로 유도하고 지가의 안정을 도모하기 위하여 투기적인 부동산투자에 의한 양도로 인하여 생기는 차익에 과세함으로써 불필요한 부동산투자를 억제'[26]하도록 하기 위해 「부동산투기억제에 관한 특별조치세법」을 제정·시행함으로써 시작되었다. 1968년 1월 5일 정부는 서울특별시 전역등 모두 13개 지역을 부동산투기억제세 과세대상지구로 확정시키는 「부동산투기억제에 관한 특별조치세법」 시행령을 대통령령 제3324호(12월 30일자)로 공포했다. 특히 이 법령은 정부계획에 의해 건설되고 있는 서울~부산간의 고속도로 가운데 서울~수원노선에서 좌우 4㎞의 범위안의 지역도 과세대상으로 규정하였다. 그러나 2월 23일 국회는 부동산투기억제세를 시행도 하기 전에 국회는 부동산투기억제 과세대상에서 공한지규정을 삭제하는 내용으로 개정안을 통과시켰다. 1968년 4월 1일 국세청은 시세에 맞지 않는 지역의 시가표준액을 새로 결정하고, 부동산투기억제세를

26) 법제처 국가법령정보센터 제정이유(http://www.law.go.kr).

시행하였다. 1969년 11월 19일 정부와 여당은 실효성이 적고 오히려 폐단이 많다고 부동산투기억제세를 폐기하는 것을 검토하기 시작하였고, 12월 24일 국회는 부동산투기억제를 완화하는 내용으로 부동산투기억제특별조치법 개정안을 처리하였다.

(2) 개발제한구역제도 시행

1971년 1월 19일 국회는 「도시계획법」을 개정하여 개발제한구역제도를 신설하였다. 즉 공공시설의 정비없는 도시의 확산을 막기 위해 이 구역안에서는 공공시설의 설치 등 개발행위를 제한하도록 했다.[27] 1971년 7월 22일 건설부는 시행령을 개정하고,[28] 9월 2일 수도권 개발제한구역을 지정·고시(450㎢)하였다. 개발제한구역제도의 시행에 대하여 전문가들로부터는 졸속한 결정이며 너무 평면적인 시책이라는 비판을 받았으며, 당해 지역의 주민들로부터는 아무 실효없이 사유재산권을 짓밟고 있다는 거센 반발을 불러 일으켰다.

3. 주요 판결

이 시기에 토지투기에 관한 주요 판결은 거의 찾을 수 없다. 다만 헌법재판소가 1989년 12월 토지거래허가제 사건에서 인용함으로써 널리 소개된 독일연방헌법재판소의 판결이 있었다. 1967년 1월 12일 독일연방헌법재판소는 토지거래법(Grundstückverkehrsgesetz)과 관련하

---

27) 전부개정 1971. 1. 19 법률 제2291호, 시행 1971. 7. 20(제21조 (개발제한구역의 지정)), 개정이유는 '도시의 확산방지·도시주변의 자연환경보전등을 위하여 필요한 때에는 도시주변지역을 개발제한구역으로 지정하여, 당해 지정목적에 위배되는 도시계획사업을 할 수 없도록 함'을 들고 있다(법제처 국가법령정보센터 개정이유(http://www.law.go.kr)).

28) 전부개정 1971. 7. 22 대통령령 제5721호, 시행 1971. 7. 22(제20조 (개발제한구역의 지정목적에 위배되는 행위)).

여 토지소유권에 관한 판결을 하였다. '독일기본법은 토지소유권의 거래를 다른 재산권과는 달리 강력하게 제한하고 있으며, 토지는 늘릴 수 없고, 필수불가결하기 때문에 토지이용을 개인의 자유에 완전히 맡기는 것은 금지할 수밖에 없으며 다른 재산보다 법적·사회적 질서를 훨씬 더 요구한다. 토지는 경제적·사회적 의의에 있어서나 다른 재화와 완전히 동일시 할 수는 없다'[29]고 판결하였다. 이와 같이 토지소유권은 토지라고 하는 재산의 특수성으로 다른 재산보다 강한 사회적 구속을 받는다는 것을 인정한 판결은 토지공개념 관련 판결과 토지거래허가제 관련 판결 등에 많은 영향을 미쳤다.

4. 주요 사건

(1) 화폐개혁

1962년 6월 10일 혁명정부는 10일 상오 영시를 기하여 환화를 10대1의 비율에 의하여 원화로 바꾸는 해방후 두 번째의 통화개혁을 단행하였다. 화폐개혁의 목적은 크게 두 가지였다. 음성적으로 축적된 예금을 동결시키고 통화량 증대에 따른 악성인플레의 유발을 미

---

29) 이 판결 중 인용부문의 원문을 옮기면 다음과 같다. 'Das Grundgesetz gebietet entgegen der Auffassung des Beschwedeführers nicht, daß der ländliche Grundstückvekr so frei sein müsse wie der Verkehr mit jedem anderen „Kapital". Die Tatsache, daß der Grund und Boden unvermehrbar und unentbehrlich ist, verbietet es, seine Nutzung dem unübersehbaren Spiel der freien Kräfte und dem Belieben des Einzelnen vollständig zu überlassen; eine gerechte Rechts-und Gesellschaftsordnung zwingt vielmehr dazu, die Interessen der Allgemeinheit beim Boden in weit stärkerem Maße zur Geltung zu bringen als bei anderen Vermögensgütern. Der Grund und Boden ist weder volkswirtschaftlich noch in seiner sozialen Bedeutung mit anderen Vermögenswerten ohne weiteres gleichzustellen; er kann im Rechtsverkehr nicht wie eine mobile Ware behandelt werden.'(Beschluß des Ersten Senats vom 12, Januar 1967, 1BvR 169/63, Entscheidungen des Bundesverfassungsgerichts, Band 21, 1967, s.83).

리 억제하기 위한 것이었다. 그러나 화폐개혁 이후 풀려나온 돈은 증권－귀금속－부동산만을 왕래했기 때문에 경기회복이 쉽사리 되지 않았다. 이러한 화폐개혁은 유동자금은 토지에 묻어두자는 심리를 더욱 확대시켜 토지투기의 시발점이 되었다고 할 수 있다.

(2) 경부고속도로 건설

신문기사에서 경부고속도로는 1966년 6월 20일 '우리나라의 가장 중요한 간선도로인 경부국도조차 완전히 포장되어 있지 못한 형편이다. 경부 총연장 512㎞중 포장이 된 것은 65.2%인 334㎞ 밖에 안 된다. 이런 경부국도에 완전 포장도 이룩되기 전에 건설부는 서울~부산간 고속도로를 건설하겠다고 자랑이다. 시속 80㎞ 논스톱으로 달릴 수 있게 하기 위해 323억원을 들여 건설하겠다고 한다. 그러나 언제 어떻게 건설할 것인지 아무런 구체안도 서 있지 않은 문자 그대로 탁상계획이다'이라는 경향신문기사에서 처음 등장한다. 1966년 11월 24일 건설부는 도로사업의 우선순위를 선정해서 서울~부산간 고속국도를 비롯한 11개 1급 기간국도를 우선적으로 실시하기로 하였다. 1967년 12월 1일 건설부는 경부고속도로 건설계획을 발표하면서 1968년 2월 착공에 들어간다고 하였다. 1967년 12월 6일에는 경부고속도로 일부 서울~수원간 32㎞구간 노선을 확정하였다. 이같은 발표들을 계기로 경부고속도로 주변의 토지투기가 본격화되기 시작하였다.

Ⅲ. 투기확산기: 1972~1980년

1. 시장의 변화

1971~1973년 사이에 지가는 하락하고, 1973년 제1차 오일쇼크[30]로 경기가 후퇴되자, 정부는 부동산투기억제세를 폐지[31]하는 등 투기억제조치를 완화하였다. 아울러 1974년 화폐개혁 소문,[32] 1975년 3월 강남개발계획,[33] 1975년 8월 서울시청이전계획[34] 등으로 지가는 다시 급등하기 시작하였다. 이로 인해 기업은 비업무용토지를 확대해 나가고, 개인은 공한지를 늘려 나갔다. 토지문제에 대한 대책으로 공한지세를 신설하고, 양도소득세로 흡수[35]하는 등 토지문제에 대처하고자 하였다.[36] 투기억제를 위하여 1974년 1월 긴급조치 제3호[37]를 발표하여 사치성 재산과 기업의 비업무용 토지와 공한지에 중과(重課)하는 세제를 도입하였다. 5월에는 기업에 대한 비업무용 토지 강제매각조치[38]를 취했고 양도소득세가 공식 도입되었다. 이러한 조치의 결과로 1974~1976년에 지가는 안정되었다.[39]

제3차 경제개발계획(1972~1976년)이 끝나고, 제4차 경제개발계획

---

30) '원유가 17% 일방 인상 선언'(동아일보 1973. 10. 17).
31) 폐지 1974. 12. 21 법률 제2690호.
32) 1·14 조치가 나오기까지(동아일보 1974. 1. 15).
33) 서울 강남 부동산투기 이상열풍(동아일보 1975. 3. 21).
34) 서울시청 영동이전설(동아일보 1975. 8. 11).
35) 양도소득세는 1974년 12월 24일 「소득세법」의 개정으로 부동산투기억제세를 흡수·통합한 것이다. 1978년 2월부터 특정지역을 고시하여 투기억제기능을 강화하고, 1982년 토지투기가 재연됨에 따라 특정지역을 확대·고시하였다(류해웅, 김원희, 전게서, 32면).
36) 김상용(저), 전게서, 27면.
37) 1974. 1. 14 국민생활안정을 위한 긴급조치(동아일보 1974. 1. 14).
38) 기업공개정책강력추진(동아일보 1974. 5. 29).
39) 국토연구원(1), 전게서, 153면.

(1977~1981년)의 집행에 들어가는 시기에 정부의 산업정책은 기존의 경공업에서 중화학공업으로 선회하였다.[40] 1977년 말 비업무용 토지정책이 종료되고, 중동 건설붐에 의해 해외자본이 유입되는 한편, 중화학공업에 의한 투자로 일반 경기가 되살아나고, 임시행정수도건설,[41] 서울 지하철 2호선 건설,[42] 정부 제2종합청사 건설[43]등으로 1978년에 제2차 투기 붐이 절정에 달했다. 1978년 한 해 동안 땅값은 전국이 49%, 6대 도시는 79%, 서울은 136% 올랐다.[44] 정부는 과열된 부동산시장을 억제하기 위하여 1978년 8월 8일 「부동산 투기억제 및 지가안정을 위한 종합대책」을 발표하였다.[45][46] 이 시기의 특징은 토지투기가 주택투기로 이어졌으며,[47] 복부인[48]을 주축으로 시작돼 사회 전반으로 투기가 확산된 것이었다.[49] 이 시기에 토지투기는 어떠한 일이 있더라도 억제되어야 한다는 사회적인 이해가 싹트기 시작하면서 토지와 토지소유권의 인식에 대한 근본적인 변화

---

40) 중화학공업 건설계획이 1973년 5월 확정되면서 대규모투자가 뒤따랐다. 대규모 산업단지예정지역을 중심으로 투기가 다시 발생했다. 지가변동률이 공식적으로 조사·발표된 1974년 이래 지금까지, 지방의 지가가 서울 등 수도권의 지가보다 빠르게 상승하고, 공장용지의 지가가 택지의 지가보다 빠르게 상승한 때는 이때가 처음이고 유일하였다(국토연구원(1), 전게서, 152-153면).

41) 임시행정수도건설 구상 발표(동아일보 1977. 2. 10).

42) 지하철 2순환선 건설계획(78.1~81년) 확정 발표(동아일보 1977. 10. 6).

43) 제2종합청사 과천 건설 발표(동아일보 1978. 1. 7).

44) 국토연구원(1), 전게서, 153면.

45) 8·8조치의 내용으로는 토지거래허가·신고제 도입, 양도소득세 강화, 기준지가 고시지역 확대 등이 있다.

46) 1978년 10대 국회의원선거(동아일보 1978. 12. 12), 제2차 오일쇼크(산유량격감으로 원유수출정지(동아일보 1978. 12. 27)) 등은 통화량의 증가를 가져왔고, 이는 인플레이션으로 다시 토지투기로 이어졌다(공민달, 김수식, 박홍희, 부동산과 감정평가이야기, 상상미디어, 2015, 58면).

47) 아파트를 포함한 부동산투기가 다시 전국적으로 확산되기 시작하자, 정부는 토지투기를 억제하기 위하여 두 차례에 걸쳐 특정지역고시(1978. 2. 15, 제1차 고시: 158개동. 1978. 7. 19, 제2차 고시: 205개동)를 하여 양도소득세를 실거래가격에 육박하는 수준으로 산정징수할 수 있도록 하였다(김상용(저), 전게서, 27면).

48) 복덕방에는 단골고객인 치맛바람, 즉 복부인들이 있다. 투기를 위해 복덕방을 무상출입하는 상류층 부인들을 가리키는 신조어라고 한다(동아일보 1978. 2. 2).

49) 이태교, 전게논문, 41면.

〈표 23〉 투기확산기(1972~1980년) 지가변동률 추이 (단위: %)

연도	1972	1973	1974	1975	1976	1977	1978	1979	1980	1981
변동률	7.5	5.8	18.7	26.9	26.6	33.6	49.0	16.6	11.7	7.5

자료: 건설교통부, 지가동향, 각 연도.

가 일어났다. 이러한 인식의 변화는 토지투기라는 지극히 왜곡된 토지거래를 체험하고, 토지투기로 인한 토지문제의 심각성을 깨닫고 나서 비로소 일어나게 되었다. 한편 8·8 조치는 바로 이러한 인식의 변화를 촉구하기도 하였다.50)

이 시기동안 지가증가율은 연평균 21.8%였으며, 1978년의 지가변동률은 49.0%를 기록했다.

2. 주요 정책

(1) 국토이용관리법 제정·시행

1972년 5월 22일 정부는 국가의 공권력으로 토지이용의 용도를 설정해 놓고 설정된 이외의 용도에는 일체 이용하지 못하게 규제하는 「토지이용관리법」을 마련중에 있음을 밝혔다. 건설부는 산발적으로 규제하고 있는 도시계획법, 토지수용법등 만으로는 국토종합개발계획(1972~1981년)을 강력히 집행할 수 없기 때문에 새로 농지법, 산지개발법 등 관련 법률을 마련하는 한편, 이같은 개별법들의 모체가 될 종합적인 토지이용관리법의 제정이 시급하다고 발표하였다. 법안의 주요 내용으로는 토지이용법제화, 지가공시제, 개발이익환수제를 담고자 하였다. 법안의 성안과정에서 지가공시제와 개발이익환수제

50) 김상용(저), 전게서, 27-28면.

는 사권에 대한 공권의 제약이라는 큰 비판에 부딪히고 시행에 있어서도 많은 문제점이 예상되자 빠지게 되었다. 1972년 12월 20일 비상국무회의는 「국토이용관리법」을 통과시키고,[51] 1973년 3월 31일 시행에 들어갔다.[52] 그 후 「국토이용관리법」은 2002년 「국토의 계획 및 이용에 관한 법률」로 법률명은 바뀌었지만, 우리의 토지정책의 주요 내용을 담고 있는 중요한 법률로 많은 역할을 담당하며 현재에 이르고 있다.

(2) 양도소득세 시행

양도소득세는 1972년 2월 여당인 공화당이 경기회복책으로 부동산투기억제세를 폐기하는데서 도입이 논의되기 시작했다.[53] 1974년 3월 19일 정부는 부동산투기억제세를 폐지하는 대신 양도소득세를 신설할 방침을 세우고, 6월 20일 세제심의회는 이를 정부에 건의하여, 11월 29일 국회재무위를 통과,[54] 12월 1일 국회는 소득세법을 개정하여 양도소득세를 신설하고 부동산투기억제세 특별조치법 폐지 법률을 통과시켰다. 그 후 양도소득세는 40여년 동안 투기과열시에

---

51) 제정 1972. 12. 30 법률 제2408호, 시행 1973. 3. 31.

52) 국토이용관리법에 규정된 지가고시제도의 첫 대상지역이 발표됐다. 기준지가는 매수가격 또는 그 보상가격의 기준이 되는 것이다(동아일보 1973. 4. 3).

53) 부동산투기억제세는 1967년부터 시행된 것으로 적용범위는 서울, 부산 등 일부 대도시와 고속도로 접도지역등의 토지거래만을 대상으로 하였다(동아일보 1972. 2. 9).

54) 양도소득세의 정부원안은 전국의 모든 토지에 대해 양도차익의 50%, 건물에 대해 30%의 세율을 적용토록 돼 있었으나 국회재무위에서 토지는 50만원에서 1백만원까지는 양도차익에 30%, 1백만원 이상에 50%, 건물은 50만원에서 1백만원까지는 20%, 1백만원 이상은 30%로 하는 등 차등세율을 적용토록 수정했다. 또한 정부안이 전국의 모든 토지에 대한 구입의제시기를 1968년 1월 1일로 잡은데 대해 국회재무위에서는 이를 현행 부동산투기억제 과세대상지역의 토지에서는 그대로 적용토록 했으나, 투기억제세 지역이외의 토지에 대해서는 구입의제시기를 1975년 1월 1일로 고쳤다(이는 부동산투기억제세법을 제정할 때도 마찬가지였다). 결국 국회재무위원회는 당초 정부원안대로 수정하여 통과시켰다(동아일보 1974. 11. 29).

는 양도소득세를 강화하여 투기억제대책으로, 경기불황시에는 양도소득세를 감면하여 부동산경기활성화대책으로 되풀이되어 쓰여 지고 있다.[55]

(3) 토지거래허가·신고제 도입

토지거래허가·신고제는 1978년 8월 8일 8·8조치에 의해 도입된 제도이다. 정부는 부동산투기를 억제하기 위해 부동산투기가 성행하거나 땅값이 오를 우려가 있는 지역은 투기지역으로 지정, 이 지역에서의 일정규모이상 토지거래에 대해서는 이를 허가제로 하는 한편, 그 밖의 지역에서의 일정규모이상 거래는 신고제로 하기로 했다. 정부는 8월 10일 토지거래허가·신고제를 제도화하기 위해 토지심의위원회를 구성하고, 9월 22일 법안을 마련했다. 그러나 법안은 재산권 침해 등을 둘러싸고 부처간 이견 등으로 논란을 거듭하다 11월 국회 소위원회를 통과하여 12월 개정되었다.[56] 시행령도 곧바로 만들어지지 못하고 허가대상규모, 실시시기 등에 대해 논란[57]을 겪다가 토지거래허가·신고제의 구체적 실시시기는 향후에 대통령령으로 정하기로 하고,[58] 1980년 6월 3일 국무회의에서 확정하였다.

---

55) 양도소득세 정책은 <부록 2> 토지투기관련 주요 일지 참조.

56) 국토이용관리법(개정 1978. 12. 5 법률 3139호, 시행 1979. 1. 1(제21조의2 (규제구역의 지정)). 1978년 11월 2일 국회 소위원회를 통과하기까지 과정은 <부록 2> 토지투기관련 주요일지 참조.

57) 논란과정은 <부록 2> 토지투기관련 주요 일지 참조.

58) 국토이용관리법 시행령(개정 1980. 6. 17 대통령령 제9908호, 시행 1980. 6. 17) 부칙 제1조 (시행일) 이 영은 공포한 날로부터 시행한다. 다만, 제3장의2(제18조의14를 제외한다)의 규정은 따로 대통령령이 정하는 날로부터 시행한다.

3. 주요 판결

(1) 부동산투기억제세 관련 판결

1973년 5월 12일 서울 고등법원 특별1부는 투기억제세 1억1천1백만원 취소소송에서 원고 수자원개발공사에 승소판결을 내렸다. 법원은 '수자원개발공사는 공유수면을 메워 1969년 8월 공유수면매립에 대한 준공인가를 얻고, 1970년 1만7천평을 팔아넘겼는데 세무당국은 문제의 매립지가 매립준공당시 지적공부상 하천으로 돼 있고, 팔 때에는 택지로 되어 있어 양도차익이 있었다고 인정, 억제세를 부과했던 것인데 … 재판부는 공부에는 어떻게 돼 있었던 준공인가당시 매립공사가 완료되어 이미 택지로 조성돼 있었고 준공당시와 양도당시에 정부가 결정고시한 토지시가표준액에는 차이가 없었으므로 양도차익을 인정한 세무당국의 부과처분이 잘못…'[59)]이라고 판시했다. 법원은 사실상의 토지이용기준을 중요하게 본 판결이었고, 1972년 투기억제세의 조세수입이 13억9천만원이었던 것[60)]을 감안하면 커다란 사건이었다. 1974년 9월 27일 서울 고등법원 특별부는 투기억제세 4백28만5천백원 취소소송에서 원고에 승소판결을 내렸다. 법원은 '군의 요구에 따라 자기의 땅을 군용지로 국가에 양도하고 그 댓가로 받은 토지에는 부동산투기억제세를 부과할 수 없다'고 판시했다. 부동산투기억제세에 관련하여 대법원의 판결은 1건[61)]이 있다.

---

59) 동아일보 1973. 5. 12. 1973년 6월 29일 서울 고법 특별2부도 같은 취지의 판결을 내렸다(1973. 6. 29).

60) 투기억제세완화 검토의 원근(동아일보 1973. 1. 11).

61) 매수인이 매도인 명의인장 위조사용등에 의해 과중한 부동산투기억제세 부과한 경우 손해배상 인정 판결(대법원 1975. 11. 25. 선고 75다555 판결).

(2) 중간생략등기 관련 판결

중간생략등기는 대법원 종합법률정보에 의하면 1957년 2월 21일 선고한 판결에서 처음 등장한다. 그 후 많은 판결에서 '중간생략등기의 합의'를 주된 내용으로 다루고 있다. 1980년 4월 15일 대법원은 부동산전매 최종취득자가 처음 판 사람에 등기요구를 할 수 없다는 판결을 내렸다. 대법원 민사부는 '문제된 토지를 직접 허씨(최종 취득자)에게 팔지 않은 황씨(처음 판사람)는 곧바로 등기를 넘겨준다는 특약을 한 사실이 없으므로 허씨에게 등기를 넘겨줄 의무가 없다…'[62] 고 판결했다. 이는 전매의 효력을 부인하는 것으로 중간생략등기를 하는 거래에 주의를 주는 것이었다. 그러나 기존의 '3자간의 합의'를 전제로 하는 것이어서 중간생략등기를 전면적으로 부인하는 것은 아니었으며, 이같은 대법원 판결은 미등기전매를 법적으로 허용하는 것과 같은 효과를 부여해 많은 토지투기에서 이용되었다.

(3) 국제연합 주거환경회의 결의

1976년 6월 9일 국제연합 주거환경회의(HABITAT)는 토지개발에서 발생하는 불로소득의 사회환원을 요구하는 국가행동권고안을 채택하였다.[63] 이른바 '밴쿠버 선언'이라고 하는 주거문제에 관한 선언과 국가행동권고안은 헌법재판소의 1989년 토지거래허가제 사건에서 '토지문제에 대해 토지는 인간거주에 있어서 극히 중요한 역할을 담

62) 최종취득자 처음 판 사람에 등기요구 못해(동아일보 1980. 4. 15).

63) '1백34개국 유엔 인간주거회의는 9일 오후 토지투기억제에 대한 세계적인 단속을 촉구하고 토지투기에서 발생하는 이윤의 사회 환원을 요구하는 국가행동권고안을 채택함으로써 중요한 회의목표의 하나를 달성했다. 회의참가국의 만장일치로 채택된 이 권고결의안은 토지투기에 단속이외에 이 결의안은 토지의 용도변경 및 개발에서 과도한 이윤이 발생 개인이 부를 축적시킨다고 지적하고 공공기관에 의해 적절한 이윤회수가 필요하다고 촉구하고 있다…'(동아일보 1976. 6. 11).

당하고 있으며, 시장에 방치되는 보통의 자산으로 취급할 수 없으므로 국가 전체이익을 위한 규제하에 있어야 한다. 토지의 소유, 이용, 개발을 공적으로 규제하는 것은 환경보전·주거수준의 향상을 위하여 불가결한 것이라는 논거로 토지소유권의 규제 내지 제한을 권고하고 있는 것이다'라고 인용되었다.[64] 밴쿠버 선언[65]의 내용은 주거문제에 관한 국제회의(Habitat: United Nations Conference on Human Settlements)의 선언, Ⅰ. 기회와 해결방안(Opportunities and Solutions), Ⅱ. 원칙(General Principles), Ⅲ. 행동지침(Guidlines for Action)으로 구성되어 있고, 제2장 원칙 19가지 중 10번째에서 '토지는 주거의 기본 요소 중 하나이고 모든 국가는 토지이용, 소유, 처분, 보유 등에 관해 제한할 수 있음'을 밝히고 있다. 제3장 행동지침 24가지 중 13번째에서 '토지는 도시와 농촌주거지 개발에 필수적인 요소이고, 토지이용과 보유는 적절한 조치와 입법을 통해 제한할 수 있다. 공공의 결정과 투자로 인한 토지가치의 증가는 사회 전체를 위해 환수되어야 함'을 정하고 있다.[66] 밴쿠버 선언에 따른 국가행동권고안(Recommendations for National Action)[67]은 A. 주거정책(Settlement policies and strategies), B. 주거계획(Settlement planning), C. 사회간접자본(Shelter, infrastructure and services), D. 토지(Land), E. 공공참여(Public participatiion)의 5개 부문으로 나누고 있고, 각 부문별로 전문(Preamble), 권고안(Recommendation)로 되어 있다. 그 중에서 토지부문은 전문에서 1. 토지는 다른 상품

---

64) 헌법재판소 1989. 12. 22. 88헌가13.

65) The Vancouver Declaration on Human Settlements; From the report of Habitat: United Nations Conference on Human Settlements, Vancouver, Canada 31 May to 11 June 1976.

66) 'The increase in the value of land as a result of public decision and investment should be recaptured for the benefit of society as a whole. Governments should also ensure that prime agricultural land is destined to its most vital use'(Ibid., p.8).

67) The Vancouver Action Plan: 64 Recommendations for National Action Approved at Habitat: United Nations Conference on Human Settlements, Vancouver, Canada 31 May to 11 June 1976.

과는 다른 특성과 주거문제에서의 중요성을 강조한 다음, 사적토지 소유권(Private land ownership)은 부의 축적(accumulation and concentration of wealth)과 편중의 주요 수단으로 사회적 불평등(social injustice)을 초래함을 경고하고 있다.[68] 2. 토지이용의 공적 제한은 주거정책과 전략의 장기적 목표달성을 위해 필수적이라고 하고 있다.[69] 3. 토지이용 변화와 공공투자 및 결정 그리고 공동체의 세대증가에 따른 불로소득(the unearned increment)을 사회로 환수(transferring to the community, inter alia through taxation)하는 것이 국가의 임무라고 하고 있다.[70] 4. 정부는 주거문제를 해결하기 혁신적이고 적절한 정책을 이행하는 책임을 강조하고 있다.[71] 이를 위해 7개의 분야로 나누어 토지자원관리(Land resource management), 토지이용변화의 제한(Control of land use changes),[72] 불로소득의 환수(Recapturing plus value),[73] 공공소유(Public ownership), 소유형태(Patterns of ownership), 가용토지의 증대(Increase in usable land), 토지이용정보(Information needs)에 대해 구체적으로 권고하고 있다.

68) Ibid., p.28.

69) Ibid., p.28.

70) Ibid., p.29.

71) Ibid., p.29.

72) Recommendation D.2에서는 도시주변(on periphery of urban areas)의 농지는 공적 제한이 필요하고, 그렇지 않으면 투기와 도시화의 희생(a prey)이 될 것임을 경고하고 있다(Ibid., p.30).

73) 'The unearned increment resulting from the rise in land value resulting from change in use of land, from public investment or decision or due to the general growth of the community must be subject to appropriate recapture by public bodies(the community), unless the situation calls for other additional measures such as new patterns of ownership, the general acquisition of land by public bodies'(Ibid., p.30).

4. 주요 사건

(1) 사법부 강남이전

사법부 강남이전계획은 1977년 2월 14일 한 관계자의 말을 인용하여 발표되었다.[74] 다음날 대법원은 법원후보지로 강남구 서초동의 구획정리지구 일대와 반포동 일대의 10만평을 대상으로 하고 있음을 발표하였다.[75] 이에 따라 서울시는 3월 10일 서초동 토지 8만평을 도시계획사업상 정부기관청사부지로 고시하고, 대법원과 법무부, 청사신축부지로 확정된 서초동 일대 토지 8만평 부지매입에 착수하였다. 대법원은 6월 이를 위한 소요예산 1백억원을 정부에 요청하였다. 1979년 9월 1일 서울시는 서초동 일대 4만평 도시계획사업시행을 허가하고,[76] 11월 19일 대법원은 공사이전 5개년 계획을 확정하

74) '정부는 현재 서울 중구 서소문동에 있는 대법원, 서울고법, 서울민·형사지법, 가정법원, 사법연수원등 사법부와 대검, 서울고검, 서울지검 등의 검찰청사를 강남구로 이전 … 이같은 사법시설 강남이전계획은 오래전부터 … 관계부처와 협의를 계속, 강남구 서초동(산183−186), 반포동(산24등), 우면동 등 3, 4곳의 후보지를 찾아왔으나 아직 결정된 지역은 없다고 말했다. 이같은 계획에 따라 종전에 대법원청사의 이전후보지로 정했던 용산구 한남동의 부지는 최근 매각처분키로 하고….'(동아일보 1977. 2. 14)라고 밝혔다.

75) '법원후보지로는 강남구 서초동 산 183, 산 185, 산185번지등 구획정리지구 일대와 반포동 산27, 산40번지 일대의 10만평을 대상으로 하고 있다…'(동아일보 1977. 2. 15. 매일경제신문 1977. 2. 16)라고 구체적인 계획을 발표하였다.

76) '서울시는 1일 법무시설 강남이전계획에 따라 대법원과 법무부가 요청한 강남구 서초동 957과 185일대 4만평에 대해 도시계획사업시행을 허가했다. 이에 따라 이들 2개 단지는 토지보상문제가 마무리되는 대로 금년내로 법무시설단지조성공사에 착공할 계획이다. 서울시에 의하면 이들 지역은 지난 77년에 이미 법무시설단지로 지적고시까지 난 지역으로 당시 대법원과 법무부가 사들여 사업을 시행하려 했으나 토지보상문제를 둘러싸고 지주측과 합의가 이루어지지 않아 한때 취소설까지 나돌았던 것이었으나 그간 토지소유자들과 원만한 합의가 이루어져 이번에 정식으로 사업시행허가를 하게 된 것이라고 한다. 대법원 사들일 부지는 강남구 서초동 185 일대 3만3백71평(법원단지)이며 법무부가 매입할 대지는 역시 같은 강남구 서초동 957일대 9천6백여평(법무부단지)으로 모두 3만9천9백71평이다'(매일경제신문 1979. 9. 1).

였다.77) 이같은 사법부 강남이전계획은 당시 토지투기의 진원지가 되었을 뿐만 아니라 1993년 3월 고위공직자 재산공개와 2013년 국무총리 후보자청문회78)에서 다시 주목을 받게 되었다.79) 신문기사에 거명된 인사 중에는 2명의 대통령과 당시 국회의원 8명 등이 들어 있었고, 2013년의 국무총리 후보자도 이 지역의 토지를 구입한 것이 문제가 되었다.

(2) 임시행정수도 건설구상

임시행정수도는 1977년 2월 10일 대통령이 서울시를 연두순시하면서 시작되었다.80) 이틀 뒤 건설부는 수도후보지에 대한 기준지가 고시뒤에 그린벨트를 설정할 방침을 밝혔으나, 이미 투기는 시작되고 있었다. 6월 정부는 「임시행정수도건설을 위한 특별조치법」81)을 만들고,82) 임시행정수도건설 예정지역을 중심반경 20~30㎞으로 지정할 계획임을 발표하였다. 행정수도예정지로 꼽혔던 대전권은 투기로 1년 동안 지가가 10배 이상 상승되었으나83) 건설부의 투기억제

77) '이 계획에 의하면 대법원은 연말까지 부지매입과 설계를 모두 끝내고 80년에는 부지정리와 함께 1차로 사법연수원건물을 짓고 81년과 83년 사이에 고법, 지법건물을 모두 완공키로 했다'(매일경제신문 1979. 11. 19).

78) 두 아들 서초동 땅 계약 이틀뒤 '법조타운 조성' 보도(동아일보 2013. 1. 29).

79) '재산공개가 끝난 민자, 민주 국회의원들과 장차관들중 일부가 서울 서초구 서초동 검찰청사와 법원주변의 땅(법조타운)을 개발시기에 집중 매입한 것으로 드러났다. 이들은 지난 73년 5월 관보를 통해 법원과 검찰청사의 이전계획이 발표된 시기 전후로부터 80년대 후반까지 이 일대를 사들인 것으로 밝혀졌다…'(동아일보 1993. 4. 9)고 보도되었다.

80) '서울에서 고속도로나 전철로 약 1시간이면 닿을수 있는 거리의 지점에 인구몇십만정도의 능률적이고 아담한 임시행정수도를 만들려고 구상중 … 아직 그 계획이 구체화되지도 않았고 위치도 미정이지만 … 수도권의 인구 억제를 근본적으로 해결하기 위해서는 통일이 될 때까지 행정수도를 임시수도로 옮겨야 되겠다…'(동아일보 1977. 2. 10).

81) 제정 1977. 7. 23 법률 제3007호, 시행 1977. 7. 23.

82) 6월 17일 국무회의를 통과하여 20일 발표하였다(동아일보 1977. 6. 20).

83) '가을에 접어들면서 이상폭등한 부동산에 두려움을 느낀 서울의 투기업자들이 하

대책 방침이 밝혀지면서,[84] 부동산열기가 식어갔다. 행정수도건설은 1977년 3월 18일 대통령이 '행정수도 실현은 아무리 빨라도 10년, 혹은 그 이상이 걸리고 무리하지 않겠다'고 말한 바와 같이, 2003년 새로운 대통령에 의해 다시 추진될 때까지 연기되었다.

(3) 율산사건

율산그룹의 모체가 된 율산실업은 1975년 6월에 설립되었다. 율산실업은 단돈 백만원의 자본금을 가지고 출발하여 3년 동안에 1백억원 넘는 자본금의 기업으로 성장하여 재벌기업이 되었다. 율산그룹은 수출주도의 정부정책에 따라 수출금융지원을 받고 급성장을 하였다.[85] 그러나 3년 동안의 대출누계는 2조3천억원을 넘었고, 상환하지 못한 은행부채액이 1천534억원을 넘어섰다.[86] 율산그룹은 1978년 말부터 극심한 자금난을 겪어 두 차례에 걸쳐 70억원의 구제금융을 받았으나 1979년 4월 창업자가 구속됨으로써 공중분해되었다.[87] 율산그룹은 무리할 정도로 부동산투기 등 사업확장에 주력하다가[88] 무너지게 되었다.

나둘 철수하면서 매매가 멎기 시작, 값마저 떨어져…'(동아일보 1977. 11. 3).

84) '부동산투기를 완전배제하기 위해 투기가 심했던 지역에 대해서는 최근의 거래가격을 인정치 않고 3년 또는 1, 2년 전의 실제거래가격을 조사…지가조사를 하고 있다'(동아일보 1977. 11. 16).

85) 율산실업, 주식공모 일반청약분 1억8천만원에 2백75억여원 몰려 150대 1의 경쟁률(동아일보 1978. 1. 13), 고속버스터미널 건설계획 발표(1978. 3. 24), 서울시로부터 잠실호수 쇼핑센터부지 9천5백평 평당 75만원에 매입(1978. 7. 22).

86) 율산사건과 경제풍토(동아일보 1979. 4. 9).

87) 율산 두 계열사 처분(동아일보 1978. 11. 9), 율산건설, 마감후결제로 부도 모면(1979. 2. 7), 율산그룹, 금융단서 공동감리(1979. 2. 20), 서울지검, 율산 전대표 업무상횡령 및 외환관리법위반등으로 구속(1979. 4. 4), 구제금융중단에 따라 율산부도(1979. 4. 7).

88) 이한구, 전게서, 269면.

(4) 민간아파트 특혜분양

1978년 6월 말 '경기는 과열, 물가는 폭등'이라는 상반기 결산의 신문기사는 걱정스러운 내용이었다.89) 다음날 청와대 사정당국은 민간건설업체에 압력을 넣어 아파아트 특수분양을 받은 고급공무원 등 2백20명을 적발하였음을 발표하였다.90)

민간아파트 특혜분양 사건은 모재벌그룹의 계열회사가 건설한 아파트를 단지 특수분양한 것에 그치지 않고, 뇌물수수 사건이었으므로 7월 3일 이후 야당은 이를 정치쟁점화했고 대통령도 나서서 철저한 수사를 지시하기에 이르렀다. 5일 검찰총장이 나서서 열흘내 수사할 것을 밝히고, 다음날 해당기업은 아파트사업을 폐업할 것을 신고했다. 열흘 뒤인 7월 15일, 서울지검 특수부는 아파트특혜분양 수사내용과 함께 259명 수사대상자중 공직자 26명을 파면, 사직하고, 일반인 30명을 국세청에 통보하고 투기성이 있는 2채 이상 9명, 전매 44명, 임대 3명의 공직자는 징계대상자로 통보하였다고 수사결과를 발표하였다.91) 그 후 검찰은 8월 1일 그중 4명을 기소하였지만, 1심

89) '폭발적인 건축경기에 활발한 생산활동으로 국내경제는 1.4분기 중 15.8%의 고도성장을 기록했으나 다른 한편으론 그 그늘이 적지 않게 드리워진 반년이었다. 과열로 치닫는 경기, 통화팽창속에 물가폭등, 물자부족사태속에 부동산투기 등등… 오는 6개월도 또한 숨가쁜 하반기가 될 것인가. 지난 반년을 돌아보고 다가오는 날을 점쳐본다…'(동아일보 1978. 6. 29).

90) '고위층의 지시에 따라 지난 4월부터 공직자를 대상으로 한 특수분양경위에 대한 조사를 진행, 민간건설업체들의 사원용 아파아트를 짓는다는 이름아래 일반인에게 아파아트를 분양하지 않고 미리 청탁해온 고급공무원등에게 임의로 특혜를 주어 청약질서를 어지럽게 했으며 이에 따라 특수분양받은 중에는 수백만원이상의 이득을 얻은 경우도 있음'(동아일보 1978. 6. 30)을 밝혀냈다.

91) 수사결과 '서울 강남구 압구정동에 사원용 명목으로 9백50여 가구를 허가받아 7월부터 3백여 가구를 사원에게, 나머지 6백여가구를 비사원용으로 분양'했다고 밝혔다. 나머지 6백여 가구를 비사원용으로 분양했는데 '특수분양을 받은 공직자는 1백90여명으로 고위직으로서 현직 장관은 없으나 차관 1명, 차관급 1명, 차관보 3명, 전직 장관 5명, 전직차관 2명, 국회의원 6명(공화2, 유정 2, 무소속2), 검사 15명, 판사 9명, 장성 3명, 중앙정보부 10명, 상당수의 국장급공무원이 포함돼 있다고 밝혔다. 그밖에 변호사, 언론인, 의사, 교수, 예비역 장성, 국영업체 은행

법원은 10월 4일 4명중 2명은 징역 3년, 2명은 징역 2년 6월에 집행유예 3년을 선고하였다. 이른바 솜방망이 처벌이었던 셈이다. 실형을 받은 2명도 12월 병보석으로 풀려났으며, 아파트사업 폐업신고를 낸 기업은 1년 만에 사업을 재개했다.[92] 이 사건은 1970년대 후반의 재벌기업과 정부의 유착관계와 우리나라의 투기에 대한 법의식 및 처벌수준 등을 보여준 대표적인 사건으로 이 때 거론된 인사중 많은 수가 그 후에도 우리나라의 정치·사회의 지도층으로 계속 활동하였다.

Ⅳ. 투기광풍기: 1981~1989년

1. 시장의 변화

1980년대 초 한국경제는 1960년대 이후 처음으로 -1.7%로 마이너스 성장률을 기록하고, 경기불황이 심각하였다. 경기활성화를 위하여 부동산경기 활성화가 추진되었고, 1978년 이래 도입되었던 다양한 투기억제 정책들이 완화되었다. 이러한 조치들로 인하여 토지시장이 안정되었다. 그러나 1980년 9월 추진하였던 제2차 기업의 비업무용 토지정책[93]이 1982년 종료되고, 이 해에 사채파동(私債波動)을 해결하는 과정에서 금융실명거래제가 추진[94]되자, 토지시장이 다시

이사들과 정부 각부처 국장급이하 공무원들이 다수 있다'(동아일보 1978. 7. 15)고 하였다.

92) 국회에 제출된 건설부자료에 의하면, 이 기업 말고도 7개 아파트 739가구가 특혜분양되었음이 보고되었다.

93) 대책은 한편으로 지가안정을 도모하고, 다른 한편으로 침체된 경제를 활성화하기 위해 그 토지들을 처분해서 발생한 자본으로 기업의 산업투자에 이용하도록 추구하는데 목적이 있었다(국토연구원(2), 상전벽해 국토60년(정책편), 2008, 85면).

94) 1982~1983년에 사채시장의 파동(이철희, 장영자 사건(동아일보 1982. 5. 7)과 1982년 7월 3일 금융실명제에 관한 계획발표는 사채시장과 은행에 가명으로 예치된 자금을 부동산시장으로 유입시켜 지가를 상승시켰다(정희남, 김창현, 전게서, 67면).

과열되었고,[95] 규제완화를 통한 경기부양책은 투기를 다시 일으켰다.[96] 직할시 및 시승격지역, 독립기념관후보지 선정, 정부 제2종합청사 주변의 그린벨트 등이 주요 진원지였다. 토지가격은 1980년 초반 안정추세를 유지하였으나, 1983년 전국 18.5%, 서울 57.5%로 상승하였다. 이에 정부는 투기를 억제하기 위해 1983년 4월 18일 「토지 및 주택문제에 대한 종합대책」 등을 잇달아 발표하였다. 그 결과 토지가격은 1984년 13.2%, 1985년 7.0%로 다시 하락하였다.[97]

1980년대 중반에 이른바 3저 호황(저금리, 저환율, 저유가)으로 발생했던 무역흑자 및 여유자금, 1986년 아시안게임[98]과 1988년 올림픽[99]을 대비하기 위해 추진했던 다양한 개발사업,[100][101] 1987년 말의 대통령선거와 1988년 4월의 국회의원선거중 발행되었던 과다한 통화량 등이 물가를 상승시켰다. 부동산가격 역시 뛰면서 1980년대 후반에 제3차 토지붐이 재발했다.[102][103] 토지투기는 도시지역 뿐만 아니라 임야, 무인도, 그린벨트지역 등 전국으로 퍼졌으며,[104] 토지가격은 1987년 14.7%, 1988년 27.5%, 1989년 32.0%로 지속적으로 상승하였다. 토지투기의 광풍이 전국적으로 불기 시작하였다.

제5공화국의 말기인 1987년 2월 이후부터는 사회 전체가 개헌문제를 둘러싸고 갈등과 대립 그리고 혼란을 거듭하였다. 이와 함께

95) 국토연구원(1), 전게서, 155면.
96) 국정브리핑 특별기획팀, 전게서, 35면.
97) 1983년 「토지 및 주택문제 종합대책」의 일환인 시중 부동자금 흡수대책의 효과가 1985년부터 본격적으로 나타났다(공민달, 전게서, 61면).
98) '서울아시아경기대회개막'(동아일보 1986. 9. 20).
99) '인류축제의 막이 오르다'(동아일보 1988. 9. 17).
100) 중국과의 무역을 진흥시키기 위한 서해안 개발사업을 준비하는 과정에서 토지가격의 상승을 가져왔다(정희남, 김창현, 전게서, 67-68면).
101) 그 밖의 개발사업은 <부록 2> 토지투기관련 주요 일지 참조.
102) 국토연구원(1), 전게서, 156면.
103) 이같은 트지투기붐은 1980년대 중반부터의 사업과 인천 남동공단 배후도시 건설(동아일보 1988. 8. 5), 평촌과 산본지구 272만평 공영개발(1988. 9. 16), 남북화해분위기로 한강이북 토지가격 상승(1989. 1. 28)등이 추가되면서 일어났다.
104) 정희남, 김창현, 전게서, 68면.

재현된 토지 및 주택가격의 폭등은 무주택 가구의 생계를 위협하는 반면, 부동산 투기소득을 향유하는 계층의 과시적 소비형태를 유발함으로써 계층간 분배구조를 둘러싼 갈등을 증폭시키는 결과를 가져왔다. 개헌을 둘러싼 정치적 상황은 1987년 10월 27일 헌법 개정이 이루어지면서 안정되었으나, 노사분규와 더불어 부동산 문제는 사회안정을 위협하는 중요한 문제로 부각되었다.[105)]

정부는 1988년 8월 10일「부동산 종합대책」과 1989년 2월 4일「부동산투기억제대책」 등 강력한 투기억제대책을 연이어 발표하였다. 이와 같은 정부의 노력은 압도적인 여론의 지지속에서 1989년 말 토지공개념 확대도입[106)]으로 이어져「택지소유상한에 관한 법률」,「개발이익환수에 관한 법률」,「토지초과이득세법」,「토지관리 및 지역균형개발 특별회계법」이 국회를 통과·제정됨으로써 결실을 맺게 되었다. 또한 토지공개념 3법 이외에도「공시지가제」,「종합토지세제」 등이 함께 도입되었다.[107)] 이와 함께 정부는 급격한 도시팽창으로 인한 주택문제의 근본적인 해결을 위하여 주택 200만호 건설계획(1988~1992년)을 수립·추진하였다.

이 시기동안 지가증가율은 연평균 14.8%였으며, 1989년의 지가변동률은 32.0%를 기록했다. 토지공개념제도를 중심으로 한 토지수요관리제도를 강력히 시행함으로써 급등하던 지가상승세는 1991년 하반기 이후 안정세를 거쳐 지난 30여년만에 처음으로 하락추세에 접어들었다.[108)]

---

105) 김상용(저), 전게서, 33면.

106) 토지의 공개념은 그 이전에도 토지소유와 토지거래 및 토지이용의 각 측면에서 각종의 규제와 세제를 통한 공공부문의 시장의 참여가 있었으므로 토지공개념과 관련한 제도의 변화는 공개념의 도입이 아니라 확대라고 평가할 수 있다(김상용(저), 전게서, 33면).

107) 상게서, 31－32면.

108) 토지공개념의 확대도입에 대해 '땅부자들의 로비에 걸려 물타기에 물타기를 거듭, 알맹이가 거의 다 빠져 버렸다'는 비판적인 견해(김태동, 전게서, 4면, 김태동, 이근식, 전게서, 163－177면)가 있고, 지가안정에도 심리적인 면을 제외하고

〈표 24〉 투기광풍기(1981~1989년) 지가변동률 추이 (단위: %)

연도	1981	1982	1983	1984	1985	1986	1987	1988	1989	1990
변동률	7.5	5.4	18.5	13.2	7.0	7.3	14.7	27.5	32.0	20.6

자료: 건설교통부, 지가동향, 각 연도.

2. 주요 정책

(1) 활성화대책과 투기억제대책

1981~1989년 사이의 부동산정책은 경기활성화 대책과 투기억제대책이 되풀이되어 쓰여졌는데, 이처럼 정책기조의 전환이 신속히 이루어질 수 있었던 것은 1970년대 말의 부동산 가격급등을 경험하면서 부동산문제에 대한 인식이 광범위하게 형성되어 있었던 때문이다.[109] 그러나 이같은 신속한 정책의 전환은 대부분의 국민들로 하여금 '온탕 냉탕'식의 정책으로 정책의 신뢰성을 떨어뜨리는 부작용으로 나타났다.[110]

(2) 토지거래허가·신고제 시행

토지거래허가·신고제는 1978년 12월 국토이용관리법을 개정하면서 도입이 되었고, 1980년 6월 시행령을 마련하면서도 구체적인 실시시기는 나중으로 미루었다. 1983년 2월 12일 정부는 수도권, 대전권, 제주 지역 등의 토지투기와 서울 강남 일부지역의 아파트투기가 다시 성행하자 투기지역 고시를 검토하면서 대표적인 투기과열지구

는 별로 효과가 없다는 연구결과(박헌주 외, 전게서, 71면)가 있다.

109) 국토개발연구원(편), 전게서, 760면.

110) 이 시기의 활성화대책과 투기억제대책은 <부록 1> 시기별 주요 토지대책 <부표 1> 참조.

1곳을 선정하여 토지거래허가제를 추진할 것을 검토하기 시작하였다. 그러나 정부의 경제대책실무위원회, 국회 건설위위원회에서 추진되던 토지거래허가·신고제는 '부동산거래의 동결'을 우려한 여당[111]에 의해 중단되었다. 1년 동안 논의가 중단되었던 토지거래허가·신고제의 실시는 1984년 건설부의 업무보고로 시작된 대전권의 토지투기[112]로 다시 시작되었다. 2월 9일 건설부가 토지거래허가·신고제 대상토지의 규모를 제시하면서, 규모와 정당성 등에 대한 많은 논의를 거쳐,[113] 5월 국토이용관리법 시행령을 개정하였고,[114] 12월 26일 토지거래신고제가 29개 지역에서 시행되기 시작하였고,[115] 이듬해 7월 27일 충남 대덕연구단지에서 국내 최초로 토지거래허가제가 실시되었다.[116] 제도도입후 7년만의 일이었다. 이후 30여년간 토지거래허가·신고제는 토지투기억제책 또는 경기활성화대책의 주요 정책수단으로 활용되었다.[117]

(3) 공인중개사제 시행

처음 복덕방은 「가쾌(家儈)」 혹은 「가거간(家居間)」이라 불리는 거간들로 구성된 사무소에 불과하였다. 그러나 나중에는 「가쾌(家儈)」, 「가거간(家居間)」이란 명칭은 사라지고 오로지 「복덕방」이란 명칭만

---

111) 민정당 토지거래신고제 실시 신중히 검토(동아일보 1983. 4. 8).
112) 대전권의 토지투기는 <부록 2> 토지투기관련 주요 일지 참조.
113) 토지거래허가·신고제의 논의과정은 <부록 2> 토지투기관련 주요 일지 참조.
114) 개정 1984. 5. 14 대통령령 제11424호, 시행 1984. 5. 14. 부칙 제2조(법 제21조의2의 규정 등의 시행시기에 관한 규정) '법률 제3139호 국토이용관리법중 개정법률 부칙 제1조 단서의 규정에 의하여 법 제21조의2 내지 제21조의 6 및 제21조의15의 규정은 이 영 시행일로부터 시행한다.'
115) 29개 토지거래신고제 대상지역(매일경제신문 1984. 12. 26).
116) 충남 대덕연구단지에 국내 최초로 토지거래허가제 실시(동아일보 1985. 7. 27). 국토이용계획심의회의 의결을 거쳐 8월 5일부터 1988년 8월 4일까지 3년간 토지거래허가제를 발동했다(매일경제신문 1985. 7. 30).
117) 토지거래허가·신고제의 헛점에 대하여는 김태동, 이근식, 전게서, 185-186면 참조.

남게 되었다. 거간에서 출발한 복덕방은 부동산인 토지, 가옥의 매매, 대차 및 전당 등을 중개하기도 했다.[118)119)]

1961년 「소개영업법」[120)]에서 시작된 우리나라 부동산중개업은 1983년 12월 「부동산중개업법」에 의해 폐지될 때까지 일정한 자격규제없이 행정관서에 신고절차 하나만으로 영업이 가능한 자유업이었다. 1982년 이전에도 부동산거래질서를 바로잡고 각종사고방지, 중개업자에 의한 지가조작이나 투기행위를 방지하기 위해 부동산중개업의 제도화에 대한 논의가 있었다.[121)] 1982년 10월 이후 정부는 본격적인 검토를 시작하여 1983년 2월 12일 경제대책실무위원회에서 투기억제방안의 하나로 복덕방허가제의 조기실시방안을 협의하고, 2월 25일 내무부는 공인중개사 제도도입을 중심으로 하는 소개영업법 개정안을 마련하였다. 6월 8일 내무부는 1985년 공인중개사 시험을 실시하기로 확정하고, 전국 3만5천명 복덕방업자는 등록만 하면 영업허가를 내주는 내용을 발표하였다. 공인중개사제도는 1983년 12월 30일 「부동산중개업법」[122)]이 제정되면서 시작되었다.

---

118) 김기수, 한국민사중개계약론 －복덕방을 중심으로－, 법문사, 1973, 19－21면.

119) '우리나라의 부동산중개업은 고려시대의 객주에서 출발－이조중엽에는 「가쾌(家儈)」(거간의 집)이란 용어로 사용되었고, 이조말께 이르러 「생기복덕(生起福德)」이라 하여 큰 복과 덕이 일어난다는 뜻에서 복덕방이란 이름으로 변천…'(동아일보 1978. 2. 11)라는 기사에서 복덕방의 유래를 밝히고 있다. 1920년 이후 신문검색에서 복덕방은 '주택난을 구제코자'라는 제목으로 '경셩의 인구는 해마다 느러만 간다.…아참부터 저녁까지 시내 각 복덕방을 헤매인다 하여도…'(동아일보 1921. 4. 22)라는 기사에서 처음 등장한다.

120) 제정 1961. 9. 23 법률 제726호, 시행 1961. 9. 23.

121) '정부는 지난 78년 부동산경기과열을 식히기 위한 8.8규제조치 당시에도 이 문제를 구체적으로 검토했으나 이로 인한 노인들의 활동영역 위축문제등 선거를 의식한 여당쪽의 반대로 일단 보류했었다…정부가 부동산소개소허가문제를 다시 검토하게 된 것도 이같은 일부지역의 과열현상이 다른 지역에까지 번져 모처럼 안정을 찾고 있는 물가에 악영향을 미칠 것을 우려, 이 기회에 쐐기를 박아놓겠다는 의도에서인 것 같다….'(동아일보 1982. 10. 6).

122) 제정 1983. 12. 30 법률 제3676호, 시행 1984. 4. 1.

(4) 검인계약서 첨부 의무화

부동산등기에 관인(官認)계약서를 첨부하는 논의는 1978년 3월 재무부에 의해 처음 시작되었다.[123] 1978년 12월 「부동산등기법」[124]의 개정으로 등기원인서면으로 검인(檢認)계약서를 첨부하도록 입법화되었으나, 구체적 시행은 대통령령으로 정하도록 부칙에서 규정하였다. 그 후 10년 동안 투기가 성행할 때마다 관인계약서 또는 검인계약서의 의무화는 투기억제대책의 주된 내용이 되었다.[125] 1988년 6월 4일 건설부는 6차 경제사회발전 5개년계획 토지부문수정안을 마련하였는데, 그 내용 중의 하나로 검인계약서 사용의무화를 부동산등기법 시행령을 연내에 개정함으로써 실시하기로 하였다. 1988년 「부동산등기법 제40조 제2항 및 제45조 단서의 적용에 관한 규정」[126]을 제정함으로써 10월 1일부터 시행하게 되었다.[127] 그 후 1990년 「부동산등기특별조치법」[128]을 제정하면서 검인(檢認)계약서는 검인(檢印)계약서로 바뀌어 검인계약서의 제출범위를 매매와 교환에서 부동산의 소유권이전을 목적으로 하는 계약으로 확대하였다(동법 제3조 제1항).

---

123) 그 이전까지는 주택, 토지, 아파트 등 부동산매수자가 자기 이름으로 명의이전을 하려면 사법서사가 작성한 매도증서와 매도자의 인감증명, 위임장, 사법서사의 토지등급확인서를 등기소에 제출하였다(동아일보 1978. 3. 6).

124) 부동산등기법(개정 1978. 12. 6 법률 제3158호, 시행 1979. 3. 1) 부칙 제1조(시행일) '이 법은 1979년 3월 1일부터 시행한다. 다만, 검인계약서(제40조 제2항 및 제45조 단서)는 대통령령이 정하는 날부터 적용한다.'

125) 관인계약서 의무화의 논의과정은 <부록 2> 토지투기관련 주요 일지 참조.

126) 제정 1988. 9. 30 법률 제12527호, 시행 1988. 9. 30.

127) '부동산등기시 관인계약서 필수적 첨부로 세금부담 늘어나 심한 조세저항과 미등기전매 등이 우려'(동아일보 1988. 10. 1).

128) 제정 1990. 8. 1 법률 제4244호, 시행 1990. 9. 2.

(5) 토지공개념 확대도입

토지공개념이 처음 주장되었을 때[129]에는 용어도 다양하여 토지의 공개념, 토지의 공적 개념,[130] 토지소유권의 공개념[131] 등 통일을 이루지 못하고 사용되다가, 1989년 토지공개념의 확대도입으로 일반화되었다.[132] 1978년 8월 투기억제대책이 나올 무렵 토지공개념의 도입이 주장되었고,[133] 1980년 2월 27일 제5공화국 헌법을 준비중이었던 정부헌법연구반에서 새 헌법에 토지공개념을 선언하는 것이 바람직하다는 의견이 모아졌다. 토지공개념 도입의 필요성은 투기가 성행할 때마다 일부 정당[134]과 전문가[135]들에 의해 강조되었고, 정부[136]도 도입을 간헐적으로 검토하기 시작하였다.

---

129) 1960년 이후 신문기사에서 토지공개념은 '토지의 공개념은 시대적 조류'라는 제목의 기사(매일경제신문 1977. 12. 8)에서 '토지정책이 전래의 소유우선의 집착에서 벗어나 이용개발에 중점이 두어져야 한다는 주장이 학계에서 강력히 제기되고 있다. 평가교수단은 현행 토지정책을 전반적으로 검토해야 할 것이라고 건의하고 있다. 토지를 이용개발이라는 측면에서 공개념을 도입해야 한다는 것은 전반적으로 검토해야 할 것이라고 건의하고 있다'라고 처음 등장한다.

130) 김준수, "부동산 거래규제입법의 검토", 대한변호사협회, 대한변호사협회지, 1978. 11, 10면.

131) 서원우, "토지소유권의 공개념", 한국주택은행, 주택금융(통권 제50호), 1978. 6, 4면.

132) 김상용(저), 전게서, 97면.

133) 국무총리 토지투기문제에 대해 토지공개념 언급(동아일보 1978. 6. 15), 국내 토지문제전문가들 토지공개념 도입 주장(1978. 6. 16).

134) 민권당 토지공개념 도입촉구(동아일보 1981. 7. 2), 민권당 개발이익환수제 도입촉구(1982. 3. 31), 민권당토지공개념과 주택공시가격제 건의 성명(1983. 2. 17), 민한당 토지정책 개혁방안 마련(1984. 7. 17), 민한당 12대 총선공약으로 토지소유상한제 실시 및 부동산투기방지법 제정 제시(1985. 1. 10), 민주당 토지공개념 조세저항 최소화 보완촉구(1989. 8. 25).

135) 국토개발연구원 토지정책토론회에서 전문가들 토지공개념 도입 불가피 주장(동아일보 1984. 2. 9), 국토개발연구원 토지보유현황조사, 서울의 경우 인구기준 6.7%, 가구기준 27.6% 토지 보유(소유계층별로는 상위 5%가 전체의 60.7%, 상위 10%가 69.5%를 과다보유, 지가상승 악순환 부채질)(1988. 8. 3)

136) 정부 부동산투기 막고 국토이용효율성 위해 토지공개념도입방안 다시 검토(동아일보 1980. 9. 18), 경제기획원 토지공개념 도입등 투기대책마련에 난산(1983. 11. 26), 정부 토지소유상한제 신중검토(1984. 10. 19)

1988년 1월부터 정부는 토지공개념을 도입할 방침을 세우고 본격적인 준비에 들어갔다.[137] 1988년 8월 10일 대통령의 지시[138]후, 토지공개념제도 확대도입방안이 구체화되기 시작했다. 8월 25일 토지공개념 연구위원회[139]가 만들어지고, 연구결과[140]를 토대로 입법이 건의되었다. 1989년 2월 토지공개념 연구위원회는 '지주 5%가 사유지의 65.2%를 소유하고 있으며, 50만평 이상 소유자가 6백82명에 달한다'는 연구결과를 발표[141]하여 토지문제의 심각성을 일깨웠다.

1989년 하반기부터 정부는 토지공개념 확대도입을 위한 입법화 작업[142]에 들어갔다. 그러나 8월 정부의 입법예고이후 여당과 대기업의 경제단체는 반대[143]하고, 야당과 중소기업 및 시민단체는 찬성[144]

---

137) 정부 신흥개발예정지주변 토지투기억제 위해 수익자부담금제 도입, 개발이익환수 방안 검토(동아일보 1988. 1. 16), 건설부 도시지역 소유상한제 도입 검토(토지일정규모이상 소유 중과세)(1988. 2. 1), 건설부 수도권신축빌딩에 개발부담금 부과등 업무보고(1988. 3. 23), 정부 토지투기 근원적으로 막기 위해 현행 토지관련세제 대폭 보완 및 개발이익환수제도 적극 도입할 방침(1988. 4. 14).

138) '가열되고 있는 부동산투기현상에 대한 대책으로 국민의 재산권을 침해하지 않는 범위에서 토지공개념제도의 확대방안을 적극 검토…'(동아일보 1988. 8. 10)하라고 지시하였다.

139) 토지공개념 연구위원회에 구체적인 내용에 대하여는 김상용(저), 전게서, 32면 참조.

140) 토지공개념 연구위원회의 연구결과는 <부록 2> 토지투기관련 주요 일지 참조.

141) 동아일보 1989. 2. 14. 그 후 국토개발연구원은 1988년 우리나라 전체 민간소유토지(전국토의 72%) 땅값상승으로 발생한 자본소득 총 67조9천억원에 달한다고 발표하기도 했다(1989. 8. 24).

142) 입법화 과정은 <부록 2> 토지투기관련 주요 일지 참조.

143) 민정당 정부 입법예고 법률안에 대해 핵심부분은 모조리 반대 입장(동아일보 1989. 8. 26), 토지공개념 국회심의 난항(국회건설위 의원들 대부분 법률수정주장/대기업 로비활발)(1989. 8. 30), 민정당 재산세 중과로 대체(토지공개념관련법안 조세저항과 개발의욕저하 우려/재산세과표 현실화 시기 93년으로 연기)(1989. 9. 5), 대한상공회의소 토지공개념법안 완화 요구(적용대상 토지축소/세율 대폭인하/실시시기 연기)(1989. 9. 9), 전국경제인연합회 토지공개념확대도입 관련법안 대폭적인 수정보완 요구(1989. 9. 27), 민정당 당직자회의 불로소득자 과소비세 부과(지가일원화 조기 실시/불로소득 양도세 중과/토지초과이득세 도입)(1989. 9. 29).

144) 야당 토지공개념 정부안 지지(평민－민주 원안대로 추진 촉구/택지상한완화 민정당 방침 비난)(동아일보 1989. 9. 6), 평민당 택지소유상한에 관한 법률안 국회제출(서울시와 직할시: 1백50평/시: 2백50평/기타 지역: 3백50평)(1989. 10. 27), 중소기업중앙회 중소기업체 69% 토지공개념 찬성(1백28개사 조사)(1989. 9. 28),

하는 대립[145]으로 입법추진에 어려움이 적지 않았다. 정부는 당초 법률안에서 후퇴[146]하면서도, 토지공개념의 확대도입을 압도적으로 찬성하는 85%의 국민의 지지[147]속에서 12월 18일 국회에서 토지공개념 관련 법률을 마침내 제정하였다. 토지공개념 관련 법률들은 1990년대 지가가 안정되고 1997년 외환위기로 폐지 또는 유보되었다. 그리고 2003년 10월 부동산투기대책의 후속조치로 주택공개념, 부동산공개념을 다시 도입하는 것이 거론되었다.

경제정의실천시민연합 토지정의 5개항 발표(최소한 토지 가질 권리/재산증식 목적으로 소유불가/토지투기척결 토지가격안정/토지불로소득 사회환원/실명거래)(1989. 8. 24), 경제정의실천시민연합 정부안 대폭 강화 주장(1989. 9. 6), 경제정의실천시민연합 토지공개념법안 관철 위한 범국민운동(1989. 9. 9), 경제정의실천시민연합 전경련 토지공개념의견 반박(기득권확보 유지 위한 저의)(1989. 9. 29), 각계인사 59명 토지 및 주택문제에 대한 우리의 견해 성명 발표(토지공개념 실시)(1989. 11. 2).

145) 토지공개념에 대한 찬반논의의 구체적인 내용에 대하여는 김상용(저), 전게서, 107－121면 참조.

146) 정부 토지공개념법안 완화 방침(2백평 이상 택지부담금 하향조정/개발이익환수율 70%서 50%로 하향조정)(동아일보 1989. 9. 6), 당정협의 정부측 수정안 합의(택지소유상한제, 토지초과이득세제 적용대상범위 축소/개발부담금제 부담률 완화/토지기본법안 제출연기)(1989. 9. 11), 정부 토지공개념확대도입에 재계 적극 협조 요청(1989. 9. 12), 경제장관회의 토지공개념법안 일부 수정 통과(택지소유상한 2백평 초과분 2년 처분유예/택지매수청구분 모두 매입/토지초과이득세법안 완화)(1989. 9. 21), 국무회의 토지공개념 관련 법률안 당정협의대로 확정(1989. 10. 5).

147) 경제기획원이 한국갤럽연구소에 의뢰해 전국의 20세 이상 남녀 1,500명을 대상으로 표본조사한 「토지공개념 확대도입에 대한 국민여론 조사결과」이다(동아일보 1989. 10. 21). 1989년 1월 실시된 토지문제에 대한 설문조사(김태복 중부산업대 교수(한국토지행정학회장)가 전국의 1,771명을 대상으로 실시한 결과이다(동아일보 1989. 1. 27)) 결과에 의하면, '토지공개념에 대해서는 도입반대(17%)보다는 향후 부동산문제해결의 기초가 될 것(47%)'이란 응답이 많았으나 10월의 조사에 훨씬 못 미치는 것이었다.

3. 주요 판결

(1) 토지대금 연체료 관련 판결

1984년 3월 13일 대법원특별부는 '지방세법 제130조 3항, 제111조 5항에서 규정한 사실상의 취득가격이라 함은 "과세대상 물건의 취득자가 그 취득을 위해 실질적으로 투자하는 직접, 간접의 모든 소요금액을 말한다"고 해석함이 타당하다고 지적, 따라서 매매대금지급의 지체로 인한 연체료도 토지의 취득을 위해 간접적으로 투자한 금액으로서 사실상 취득가격의 일부를 이루는 것이기 때문에 등록세의 과세표준에 포함시켜야 한다'[148]고 판결하여 국가나 지방단체로부터 토지를 사들인 뒤 값을 제때 못내 연체료를 물게 된 경우 연체료도 토지취득가격에 포함시켜 등록세를 물려야 한다고 하였다.

(2) 아파트채권매입액 관련 판결

1985년 10월 대법원 합의2부는 채권입찰제로 분양한 아파트를 당첨·취득한 경우, 그 채권매입을 위하여 지출한 비용이 취득원가에 포함되는지 여부에 대하여 '그 채권의 매입은 당첨에 있어서는 필수적으로 필요한 것이므로 그 국민주택채권매입을 위하여 지출한 비용은 실질적으로 분양대금과 함께 위 아파트를 취득하는데 소요된 대가로서 취득원가에 포함된다'[149]고 판결하여 양도소득세 부과대상에서 아파트채권매입액은 과세대상에서 제외됨을 밝혔다.

---

148) 대법원 1984. 3. 13. 선고 82누151 판결. 네이버 뉴스라이브러리에서 신문기사로는 '부동산 살 때 기일 넘겨 내는 연체료 취득·등록세 물어야 한다'라는 제목의 기사(매일경제신문 1984. 3. 7)가 나오는데 어느 쪽의 오류인지는 불분명하다.

149) 대법원 1985. 10. 22. 선고 85누254 판결.

(3) 아파트추첨권 관련 판결

1987년 1월 14일 서울고등법원 민사2부는 '날품팔이로 가족을 부양하는 피고 김씨가 자신이 살던 판잣집이 주택정비사업으로 철거되는 급박한 상황에서 투기꾼에게 속아 시가의 10분의 1인 50만원에 아파트추첨권을 팔아넘긴 것은 현저하게 공정성을 잃어 무효 … 이 추첨권을 사들인 이씨에게 명의변경을 해줄 필요가 없다'[150)]고 판결하여 철거민의 궁핍한 사정을 이용한 것으로 무효라고 밝혔다. 이 사건은 당시 주거환경개선사업이나 재개발하는 지역에서 투기꾼들이 아파트분양을 받기 위해 추첨권을 사서 모으는 사회상을 반영한 판결이라고 볼 수 있다.

(4) 특정지역 토지매각 양도세 관련 판결

1989년 3월 15일 서울고등법원 제1특별부는 "취득당시에는 특정지역이 아니었으나 팔 때는 특정지역으로 고시된 경우 양도소득세의 부과기준을 내무부과표로 하느냐 국세청이 조사한 기준시가로 하느냐에 관해 지방세법상의 과표에 따라야 한다"고 하여 양도소득세의 부과처분을 취소하였다.[151)] 서울고등법원 제7특별부는 판결에서 "소득세법 시행령 제115조 제3항은 이러한 경우에 관해 기준시가의 결정을 규정하지 아니하고 그 결정을 재무부령에 위임한 것이어서 그 기준시가결정에 관한 한 이를 포괄적으로 재무부령에 재위임한 위헌의 결정으로서 무효"라고 판시했다.[152)] 이러한 판결에 대해

---

150) 철거민 아파트추첨권 투기꾼 헐값매입 무효(동아일보 1987. 1. 15).

151) 특정지역 토지매각 양도세 부과놓고 법원-국세청 법률논쟁(매일경제신문 1989. 3. 22).

152) 국세청은 서울 고법의 다른 재판부에서 3건을 승소하였다. 6건의 소송이 대법원에 계류되어 있고, 1989년 현재 특정지역이 전국 법정리동의 31%에 이를 정도로 대폭 확대됨에 따라 한 해 동안 20만건에 이르는 양도소득세 과세건수의 최

국세청은 토지투기등 경제상황 고려한 적정조치라고 주장했다.

1989년 12월 12일 대법원은 이에 대해 "양도당시에는 특정지역에 해당되는데 취득당시에는 특정지역에 해당하지 아니하여 배율이 없는 자산에 대한 취득당시의 기준시가의 결정방법만을 재무부령에 위임하고 있음이 명백하므로 기준시가의 결정을 포괄적으로 다시 재무부령에 위임한 것으로서 무효라고 할 수 없고, 일정한 경우 취득당시의 기준시가 결정방법을 정하고 있는 것으로서 모순된다고 할 수도 없다"153)고 판결하여 특정지역의 양도소득세 부과기준을 국세청이 조사한 기준시가로 할 수 있음을 밝혔다.

(5) 증여의제 일부위헌

1989년 7월 헌법재판소는 "상속세법 제32조의2 제1항(권리의 이전이나 그 행사에 등기·등록·명의개서 등을 요하는 재산에 있어서 실질소유자와 명의자가 다른 경우에는 국세기본법 제14조의 규정에 불구하고 그 명의자로 등기 등을 한 날에 실질소유자가 그 명의자에게 증여한 것으로 본다)은 형식상으로나 실질적으로 조세법률주의에 위배되지 아니하고, 위 규정이 실질과세의 원칙에 대한 예외 내지는 특례를 둔 것만으로 조세평등주의에 위배되지도 않는다. 다만 위 법률조항에는 무차별한 증여의제로 인한 위헌의 소지가 있으므로 예외적으로 조세회피의 목적이 없음이 명백한 경우에는 이를 증여로 보지 않는다고 해석"154)한다고 일부위헌의 결정을 내렸다. 이 같은 결정으로 자기재산을 제3자명의로 등기했다 하더라도 탈세목적이 아닌 불가피한 사유에 의한 것이라는 사실만 입증하면 증여세를 물지 않아도 될 수

소한 30% 가량이 이같은 유형에 해당되기 때문에 귀추가 주목되었다(동아일보 1989. 8. 9).

153) 대법원 1989. 12. 12. 선고 88누11940 판결.

154) 헌법재판소 전원재판부 1989. 7. 21. 89헌마38.

있게 됐다.[155] 한편 정부는 1990년 8월 부동산등기특별조치법을 만들어 사실상 명의신탁을 금지했으나, 1995년 부동산실명제가 실시되기 전까지는 실효성이 적었다.

(6) 토지거래허가제 합헌

1989년 1월 15일 서울지법 남부지원은 '규제지역내의 토지거래허가제를 규정한 국토이용관리법 제21조와 제37조는 헌법이 보장한 사유재산권을 침해하는 것이고, 특정지역내의 토지에 관해 소유권, 지상권 등을 이전하거나 설정할 때 관할 도지사의 사전허가를 받도록 하고 이를 어길 경우 거래계약의 무효는 물론 형사처벌까지 규정한 토지거래허가제는 재산권의 주된 내용인 처분의 자유를 제한하는 것으로 사유재산권을 보장한 헌법 제23조에 위배된다고 본다. 이는 재산권행사를 법률로 제한하는 경우에도 처분의 자유등 그 본질적인 내용은 침해할 수 없다는 헌법 제37조에도 위배된다고 본다. 부동산투기는 억제돼야 하지만 이를 위한 정책도 사유재산의 자유에 대한 본질적 내용을 침해하지 않는 범위 내에서 수립돼야 할 것'[156]이라고 제청사유를 밝혔다.

이에 대해 헌법재판소는 12월 22일 '좁은 국토와 많은 인구, 그와 함께 전통적으로 이어져온 토지선호사상 등이 어우러져 전국적인 지가의 상승과 토지투기현상을 방지하고자 정부가 도입하였던 토지거래허가제를 담고 있는 국토이용관리법 제21조의3 제1항에 대하여 합헌결정하였다. 헌법재판소는 토지거래허가제(국토이용관리법 제21조의3 제1항)는 헌법에 위반되지 아니한다고 결정하고(5인 재판관 다수의견), 토지거래허가제 위반자의 처벌조항(국토이용관리법 제31조의2)

---

155) 1989년 증여세부과 5백80억이 대부분 여기에 해당된다(동아일보 1989. 8. 9).
156) 토지거래허가제 위헌심판제청(동아일보 1989. 1. 15).

은 위헌의견이 5인으로 과반수이나 헌법재판소법 제23조 제2항 제1호 소정의 위헌결정의 정족수에 미달이어서 헌법에 위반된다고 선언할 수 없다'[157]고 결정하였다.

4. 주요 사건

(1) 향남제약단지 사건

1983년 2월 서울지방검찰청 특수1부는 전국을 무대로 땅값을 조작, 땅을 여러 차례 전매시킴으로써 10억여원의 부당이득을 취한 자들을 사기혐의로 구속했다. 부동산업자인 투기꾼들은 1982년 9월부터 경기도 화성군 양감면 향남면 일대 3만2천여평과 경남 합천군 초계면 봉산면 일대 2백20만평 일대를 미리 싼값으로 40여만 평을 매입하였다. 그런 다음 투기꾼들은 그 지역에 제약공장단지가 들어선다고 거짓선전으로 소문을 내고는 '중도금까지만 내면 전매하여 평당 4천원의 전매차익을 얻도록 해 주고, 잔금지급은 하지 않아도 된다'고 하여 다른 투기꾼들을 끌어들여 땅값을 조작, 전매하는 방법으로 사기를 해 온 것이다. 이들이 당초 1만원 안팎에 사들인 화성군 일대의 토지는 전매가 계속되면서 평당 3만 7천원까지 오르게 됐다. 전매차익을 노려 이들에게 속은 피해자 중에는 현장을 보지도 않고 부동산소개업자의 말만 믿어 피해를 입었다. 이들에게 속아 땅을 사고판 피해자들은 주로 서울의 가정주부들로 70여명에 이르고, 전매한 사람들로부터 매수 및 전매계약금 또는 중도금 명목으로 모두 10억여원을 가로 챘다. 투기꾼들은 땅값이 전매과정에서 너무 치솟아 더 이상의 전매가 불가능해지자 다시 경남 합천군 초계면 일대 토지

157) 헌법재판소 전원재판부 1989. 12. 22. 88헌가13.

2백20여만평을 평당 1백원~3백원의 싼 가격으로 사들여 전매가 불가능한 피해자들에게 평당 6백원씩에 사들이도록 한 사건이었다.[158] 이 사건은 두 명이 구속되는 사기사건으로 끝을 맺었지만, 이 과정에서 구속되지 않은 투기꾼들은 세금 한 푼 내지 않고 떼돈을 벌었고 이 일대 땅값은 엄청나게 치솟았다. 1983년 2월에는 이들을 처벌할 법규정은 형법상 사기죄 이외에는 특별한 것이 없었고, 미등기전매도 허용하던 때였다. 이 지역은 1986년 농공단지로 지정되어 1986년 상반기에만 24%가 올랐다.[159]

(2) 비업무용토지 재매입 사건

1981년 7월 정부는 비업무용부동산 매각촉진을 위해 토지개발공사에서 매입을 검토하도록 했다. 왜냐하면 1980년 「기업체질강화대책」(9·27조치)에 따라 신고된 주거래은행 대상기업 및 기업인 소유부동산 4억5천3백12만 4천평중 상당수가 비업무용이지만, 1981년 5월말 현재 매각된 것은 5백90만평에 그쳐 재무구조현실화계획에 차질이 우려되고 재무부는 기업이 처분하지 못하는 비업무용 땅을 계속 보유할 경우 재무구조도 문제지만 일반인에게 땅을 팔지 않고 부동산투기를 한다는 인식만 줘 사회적인 측면에서도 문제가 많기 때문이었다.[160] 1982년 기업의 비업무용토지정책이 종료되었는데, 1983년 3월 22일 모기업의 비업무용토지 재매입수사과정에서 고문치사사건이 발생하였다.[161] 26일 야당(민한당)은 인권유린행위가 있었는지 조사를 시작하였고, 조사과정에서 해당 기업이 토지개발공사에

158) 땅값조작 전매사기극(동아일보 1983. 2. 19), 돈 어디로 흐르나(15)(동아일보 1983. 5. 14).
159) 국세청 '86년 하반기 적용 특정지역 기준시가' 고시(동아일보 1986. 8. 22).
160) '팔 수 없는 기업 땅도 토개공서 매입검토'(동아일보 1981. 7. 16).
161) 최초의 기사는 22일 '모기업 이사 조사받다 졸도 경관폭행여부 조사'였다(동아일보 1983. 3. 24).

판 비업무용토지를 부정한 방법으로 재매입을 한 사실이 드러났다.[162] 4월 4일 국무총리는 4개 대기업의 비업무용 토지재매입에 대해 수사를 지시하고, 대검중앙수사부가 수사에 착수하게 되었다.[163] 4월 12일 대검중앙수사부는 4개 대기업의 비업무용 토지재매입에 대한 수사결과를 발표하였다. 수사결과는 '재매입토지 9곳, 임야와 대지등 34필지 7만3천8백평이며 재매입자금은 18억7천6백만원에 달하고 이에 따라 기업대표 4명, 회사직원 3명, 토지개발공사 직원 2명등 9명을 입찰방해와 뇌물수수등 혐의로 불구속입건한다'는 것이었다.[164] 이같은 수사결과는 임시국회일정에 쫓긴 것이라는 비판과 재벌토지처분에 제도적 보완이 필요하다는 지적으로 이어졌다.[165] 이에 따라 은행, 은행감독원, 국세청은 기업의 부동산에 대한 조사를 계속 했고, 정부는 기업의 비업무용 토지보유에 대한 규제를 했지만,[166] 기업의 토지에 대한 끝없는 욕심을 끊을 수는 없었다.

(3) 여당대표위원 투서 사건

1984년 6월 여당등 4개 기관에 여당대표위원의 축재내용을 담은 가명투서가 송달되면서 부동산투기에 관련된 사건이 시작되었다.[167][168]

---

162) '폭행경관 엄벌하라'(동아일보 1983. 3. 30).

163) '9·27조치에 따라 총여신 2백억 이상인 계열기업군 소속업체와 단일기업으로서 총여신 1백억원 이상 또는 대출 50억원 이상인 업체 등 모두 1천2백16개 업체 및 그 임원 등이 신고한 부동산중 매각대상으로 확정된 것은 8천4백63만평이었다. 이중 47.3%인 4천5만여평은 기업에서 자체 처분했고 4천4백58만평은 토개공에 매입을 의뢰했다. 토개공은 매입의뢰된 땅중 2천3백81만여평을 매입, 이중 1천8백22만평을 다시 매각했다. …등은 바로 토개공에 팔았던 땅을 공매과정에서 다시 사들였기 때문에 문제가 됐다…'(동아일보 1983. 4. 5).

164) '4개 기업대표등 9명 입건'(동아일보 1983. 4. 12).

165) '경종만 울린 한계수사'(동아일보 1983. 4. 13).

166) 기업부동산에 대한 조사와 규제는 <부록 2> 토지투기관련 주요 일지 참조.

167) 투서사건 일지는 다음과 같다. 6월 13일 여당등 4개기관에 여당대표위원 축재내용을 담은 가명투서 송달, 6월 19일 일부 언론기관에 투서송달, 6월 23일 여당대표위원이 기자들에게 투서에 대한 자신의 입장 밝힘, 6월 25일 여당 대표위원

6월 29일 서울지검장은 '재산형성과정 불법없었다'는 수사결과를 발표하였고, 여당대표위원은 의원직에서 물러났다. 다음날 여당은 공직자윤리법 운영상 미비점 보완 검토를, 국세청은 여당대표위원 일가 재산증식과정 세무조사 및 모든 재산의 특별관리를 발표했다.[169] 이 사건으로 사회지도층 인사의 토지투기의 실상을 확인하는 계기가 되었고, 국민들의 가치관도 서서히 왜곡되어 갔다.

(4) 대지종합기술 사건

1984년 7월 제주도 당국은 도시기본계획 용역을 맡은 대지종합기술공사가 서귀포의 토지대량매입을 적발했다고 밝혔다. 이 사건은 국내 최고의 도시계획용역회사의 대표가 서귀포 도시기본계획에 참여하면서 제주도 토지 10만여평을 사들인 사건이었다.[170] 그 후 내

경질, 여당 대표위원직 상실, 6월 26일 투서 관련자 7명 모기관에서 검찰에 인계, 검찰조사 착수, 6월 27일 명예훼손 혐의등에 대해 본격적인 조사, 6월 28일 검찰총장이 오후 3시 수사결과를 상부에 보고, 6월 29일 검찰사건 처리결과 발표(동아일보 1984. 6. 29).

168) 여당대표위원의 부동산투기에 관련된 내용은 '본인이 직접 매입한 것으로는 지난 1967년 국유지 임야 8만4천여평, 주택 등이 있다. 이들 부동산은 모두 5공화국 출범이전에 매입한 것들. 가족이 매입한 형태로 돼 있는 것은 모두 7곳, 모두 강남 부동산투기가 한창이었던 1977년부터 1979년 사이에 매입이 이뤄졌다. 아들의 소유르 된 것은 주택 2채와 대지 1백50평으로 여당대표위원이 국회의장직을 물러난 뒤 각각 매입됐다. 매입된 7곳의 대지는 모두 1982년 5월~1983년 1월 사이에 밭에서 대지로 환지정리가 된 것이기도 하다. 가족 중 가장 많은 분량의 부동산을 소유하고 있는 부인과 아들은 모두 주민등록지를 빈번히 옮겨 다닌 사실이 드러나 그 시기 등으로 봐서도 이것이 부동산거래와 관련이 있을 것으로 보인다'(동아일보 1984. 6. 29).

169) '투기억제자의 투기'라는 제목의 기사(동아일보 1984. 6. 30)는 다음과 같이 쓰고 있다. '신문사에 걸려오는 독자들의 소리나 대폿집 또는 시민들의 음성은 … 3성장군출신어다 장관을 두 번, 국회의원을 세 번 지냈고 거기에 국회의장 집권당의 대표위원을 지낸 그의 재산이 1백억원이 넘는다는 것에, 부동산을 사들이면서 남의 이름을 빌고 등기도 거의 부인이나 아들 이름으로 해왔다는 것등에 온통 관심을 쏟고 있다. 정의사회구현을 위해 투기는 뿌리를 뽑아야 한다는 소리를 외쳐댄 … 투기붐을 타고 주민등록지를 이리저리 철새처럼 옮겨다녔다는 사실에 시민들은 분통을 터뜨리고 있다….'

170) 제주도 당국등의 조사에 따르면 '대지종합기술공사는 1981년 7월 서귀포시와 …

무부, 건설부, 국세청등에 의한 조사가 이어졌고, 7월 26일 서울지검에 의해 구속되어 8월 3일 기소되었다.[171] 이 사건은 도시개발계획에 이권개입돼 말썽이 된 사건[172]으로 당시 도시계획과 관련된「기술용역육성법」[173]의 운영의 문제점을 그대로 보여준 사건이었다.[174] 도시계획에 참여했던 인사가 직업의 윤리성을 팽개친채 자기 땅에 도시계획을 세우고, 포함되지 않은 토지는 새로 사서 투기의 대상으

용역을 계약, 개발안을 마련한 뒤 개발대상지구인 서귀포시 1천5백평 등 10여필지의 과수원과 임야 7천5백여평을 사들였다는 것이다. 사들인 땅은 1982년까지만 해도 수천원씩이었으나 도시계획안이 1983년 7월 16일 승인된 후에는 평당 6만~7만원으로 올랐다. 가족들이 외지인이 아닌 것처럼 위장하기 위해 지난 1982년 서귀포시로 위장전입했다가 땅매입 작업이 끝나자 서울로 주민등록을 옮기고 다시 말썽이 나자 제주도로 옮겼다…'(동아일보 1984. 7. 4)고 하였다.

171) 사건의 주요 일지는 다음과 같다. 건설부장관 대지종합기술공사 토지투기규모 2만1천5백27평방m 국회건설위 보고(공청회이전 7천4백39평방m 매입, 공청회이후 1만4천88평방m 매입)(동아일보 1984. 7. 6), 내무부 감사반 현지조사 대지종합기술공사 제주도 토지 11만평(1984. 7. 9), 국세청 대지종합기술공사 전면적 세무사찰 착수(1984. 7. 9), 서귀포 도시기본계획 신도시개발지역 사전확정후 형식적 공청회 개최한 결과(81년 7월 사전누설 공무원제재만 하고 강행)(1984. 7. 10), 제주도 도지사 서귀포 도시기본계획 확정, 변경불가 방침(1984. 7. 10), 야당(민한당) 대지사건 권력형투기, 진상 파헤쳐 공개요구 성명(1984. 7. 10), 서울지검 형사4부 대지종합기술공사 대표 특정범죄가중처벌법위반혐의 구속(부동산 97억원대, 13억 탈세)(1984. 7. 26), 서울지검 형사4부, 대지종합기술공사 대표 특정범죄가중처벌법위반 기소(기술용역육성법 비밀누설죄 적용배제(1984년 발효했기 때문에 적용배제)(1984. 8. 3).

172) 유사한 사건은 '압력…잡음…뇌물…시위…말썽잇단 개발계획'이라는 기사(동아일보 1984. 7. 12) 참조.

173) 개정 1981. 12. 31 법률 제3523호, 시행 1981. 12. 31. 동법 제8조 (비밀누설금지) 용역업무를 수주한 용역업자 및 그 직원과 당해 용역업무에 참여한 기술자는 그 업무상 알게 된 비밀을 누설하여서는 아니된다(전문개정 1981. 12. 31). 동법 제14조 (벌칙) 다음 각호의 1(제8조의 규정에 위반하여 업무상 지득한 사실을 누설한 자)에 해당하는 자는 30만원 이하의 벌금에 처한다(본조신설 1976. 12. 31). 벌칙조항은 1976. 12. 31개정으로 신설되었고, 그 이전에는 그나마도 없었다.

174) '언론탓'(동아일보 1988. 10. 22). 당시 회사대표는 1988년 10월 21일 국정감사장에 동행명령장에 의해 강제출석하여 '모든 원인과 책임을 당시의 언론 때문이라고 주장하며 자신은 아무런 잘못도 사과할 일도 없다고 강변했다. … 서귀포시에 기부채납하겠다고 했는데, 왜 하지 않았나. 기자들이 한 달 이상 쫓아다녀 하도 괴로워 가져가버리라고 했지, 기부채납하겠다는 이야기는 한 적이 없다. … 그 땅을 지금 기부할 생각은 추호도 없다. … 그는 과오시인이나 반성의 말은 단 한마디도 입 밖에 내지 않았다. 오히려 제주도 발전에 나름대로 기여했다고 주장했다….'

로 하는 투기꾼의 뻔뻔함을 다시 보여준 사건이었다.

Ⅴ. 투기진정기: 1990~1997년

1. 시장의 변화

토지공개념제도가 도입된 이후에도 기대와 달리 1990년초 토지시장은 곧바로 안정을 찾지 못했다. 1990년 8월 「부동산등기특별조치법」을 제정하여 지금까지 미등기전매와 함께 쓰여지던 중간생략등기를 한 자에 대해 체형을 가할 수 있도록 하였다. 1990년대에는 토지수요관리 정책만으로는 토지문제를 근본적으로 해결하는 데에는 한계가 있기 때문에 토지수급의 불균형을 완화하기 위한 토지공급확대정책[175)][176)]도 병행하여 추진하기 시작했다.[177)] 이와 함께 새로운 개발정책과 많은 규제완화 정책[178)]들도 세계화를 위한 정책들과 함께 시행하였다.[179)] 문민정부가 들어서면서 1993년 3월에는 공직자재산공개와 8월에는 금융실명제를 실시하였다. 이와는 별도로 1995년에는 그동안 탈법, 탈세, 투기 등의 수단으로 이용되었으면서도 판례로 유효성이 인정되어 오던 부동산 명의신탁을 입법적으로 금지하는 「부동산실권리자 명의등기에 관한 법률」을 제정함으로써 부동

---

175) 토지공급확대정책은 1989년에 발표된 200만호 주택건설계획과 1992년부터의 주택공급 확대정책을 말한다(국토연구원(1), 전게서, 158면).

176) 1990년 4월 4일 「경제활성화종합대책」(동아일보 1990. 4. 4)을 발표하여 금융실명제를 무기한 유보하면서, 공단지역의 준보전임지, 상대농지, 자연녹지 등에 대한 건축기준을 완화했다.

177) 이정식외, 토지정책의 발전방향에 관한 연구, 국토개발연구원, 1996, 28면.

178) 새로운 개발정책과 많은 규제완화 정책은 <부록 2> 토지투기관련 주요 일지 참조.

179) 우루과이라운드(UR)와 세계무역기구(WTO)등에 의해 세계화를 내세운 국제경제여건의 변화에 능동적으로 대처하기 위해 농지관련법률을 대폭 개정 또는 제정하였다(김상용(저), 전게서, 34면).

〈표 25〉 투기진정기(1990~1997년) 지가변동률 추이 (단위: %)

연도	1990	1991	1992	1993	1994	1995	1996	1997	1998	1999
변동률	20.6	12.8	−1.3	−7.4	−0.6	0.6	1.0	0.3	−13.6	2.9

자료: 건설교통부, 지가동향, 각 연도(1990~1993), 국토교통부, 지가동향(www.index.go.kr).

산거래실명제를 실시하였다.

전국의 땅값은 1992년부터 1995년까지 4년 동안 평균 10.4%가 떨어져 1990년 수준으로 되돌아갔다.[180] 부동산시장은 계속 하락하는 추세를 보이다가, 일련의 토지이용규제완화 그리고 1994년 7월의 토지초과이득세에 대한 헌법불합치판정 이후 부동산가격이 상승하는 조짐이 나타났다.[181] 그러나 과거와 같은 토지투기로 이어질 만큼의 상승세는 아니었다. 1960년 이후 처음으로 토지투기가 진정세로 돌아서게 된 시기였다.

이 시기동안 지가증가율은 연평균 3.25%였으며(소비자 물가상승률 평균 6.1%), 가장 높은 지가변동률은 1990년의 20.6%, 가장 낮은 지가변동률은 1993년의 -7.4%를 기록했다.

2. 주요 정책

(1) 활성화대책과 투기억제대책

1990~1997년 사이의 부동산정책은 규제완화를 비롯한 경기활성화 대책과 투기억제대책이 되풀이되어 쓰여지거나 같은 시기에 쓰여지기도 했다. 그러나 주택 200만호의 건설로 주택가격과 토지가격이 동시에 떨어지면서도 투기억제대책을 쉽게 완화하는 형태로 바꾸지는 않았다. 이 시기는 토기공개념의 확대도입으로 인한 효과가

180) 국토연구원(1), 전게서, 159면.
181) 상게서, 161면.

나타나고, 공직자재산공개, 금융실명제, 부동산실명제 등에서 나타나는 바와 같이 대통령의 의지[182]가 돋보이는 특징이 있다.[183]

(2) 종합토지세 실시

종합토지세는 1989년 6월 '토지분의 재산세와 유휴토지 및 비업무용토지를 주요대상으로 과세되고 있는 토지과다보유세를 통·폐합하여 전국에 있는 모든 토지를 소유자별로 합산한 후 누진세율을 적용하는 종합토지세제를 도입함으로써 토지보유정도에 따른 응능과세원칙을 확립하고 과다한 토지보유를 억제하여 지가안정과 토지소유의 저변확대를 도모'[184]하기 위해 신설되어 1990년 10월부터 시행되었다.[185] 이러한 종합토지세는 1984년 1월 '정부는 금년중에 종합토지세를 실시, 일정규모이상 토지(대지)를 가진 사람에 대해서는 초과누진세율에 따라 세금을 무겁게 물리는 방안을 검토중이다'[186]라는 기사에서 처음 등장한다. 그러나 종합토지세는 부동산투기억제세, 양도소득세, 토지과다보유세와 마찬가지로 한차례 공식적인 연기와 논란을 거쳐 시행되었으나,[187] 당초의 취지에서는 많이 벗어나 있었다.[188]

182) '김대통령은 16일 오전 청와대에서 신경제계획위원회 민간위원회 위원 15명과 조찬간담회를 가진 자리에서 "앞으로 토지 건물등 부동산을 갖고 있는 것이 고통이 되도록 세법을 포함한 각종 제도를 개혁하겠다"고 밝혔다 …'(동아일보 1993. 4. 17).

183) 이 시기의 활성화대책과 투기억제대책은 <부록 1> 시기별 주요 토지대책 <부표 2> 참조.

184) 법제처 국가법령정보센터 제정이유(http://www.law.go.kr).

185) 지방세법(개정 1989. 6. 16 법률 제4128호, 시행 1990. 1. 1)으로 시행되다가, 2005년 1월 개정(2005. 1. 5 법률 제7332호, 시행 2005. 1. 5)으로 '현행 종합토지세를 재산세로 통합하고, 주택은 건물과 그 부속토지를 통합과세하는 한편 거래세를 완화하는 등 부동산관련 세제를 합리적으로 개편하여 정상화하며,…'의 이유로 폐지되었다(법제처 국가법령정보센터 제정이유(http://www.law.go.kr).

186) 정부 종합토지세제 연내실시(동아일보 1984. 1. 31).

187) 종합부동산세가 시행되기까지 과정은 <부록 2> 토지투기관련 주요 일지 참조.

188) 올해 처음 시행되는 종합토지세 전국적으로 일제히 부과, 고지(투기진정 기대 못해/기득권층 로비로 세율 낮추고 누진단계 줄여/9,732,001명 대상/상위고액납세자 10만명 전체 부과세액의 70.76% 차지/고액납세 20명만 발표)(동아일보

(3) 토지공개념 확대도입 후속대책

국민들의 전폭적인 지지속에서 출발한 토지공개념 3법을 중심으로 한 정책은 1990년 3월 14일 토지기본법 제정에 관한 공청회[189]까지 이어졌다. 토지초과이득세는 1991년부터 두 번의 예정과세와 1993년 정기과세가 부과되었다. 과세인원은 121,631명이나 예정 및 정기과세의 중복과 환급을 제외하면 과세인원은 99,720명이었다. 1조 4,447억원이 과세되었으나 예정·정기과세의 중복 및 환급액을 제외하면 과세실적은 1조 818억원이었다.[190] 이렇게 과세대상이 확정되고 과세가 실시되자 전국적으로 집단적인 반발이 일어났다. 이러한 집단적인 조세저항으로 정부는 과세대상을 축소하는 등 대책마련을 하였으나,[191] 결국 1994년 7월 헌법재판소에서 헌법불합치 결정을 받게 되었다. 그러나 1991~1992년 사이에도 토지소유자들은 용도변경으로 인해 12조2천2백35억원의 불로소득을 거두었다.[192][193] 토지

1990. 10. 12), 경제기획원, 종합토지세제 개편방향(토지과다보유 상위 10% 종합토지세 중과방침/과표현실화 확대)(1991. 6. 1), 종합토지세제 올해로 시행 3년(과표현실화율 공시지가대비 17% 불과/대상 중 96.6% 10만원 이하 세금/지가안정 기여/비과세 및 세금감면혜택 과다)(1992. 5. 28).

189) 국토개발연구원 토지기본법 제정에 관한 공청회 주최(토지기본법 제정 원칙적 찬성/공공복리우선조항 이견).

190) 박헌주 외, 전게서, 55면.

191) 집단적인 조세저항과 이에 따른 대책은 <부록 2> 토지투기관련 주요 일지 참조.

192) 용도 변경으로 땅값 상승 지주들 12조원 불로소득(동아일보 1994. 2. 13).

193) '땅 (21)토초세 투기과열 잠재울까'라는 제목의 기사(동아일보 1991. 9. 9)에서 토지를 가지고만 있어도 지가상승으로 불로소득을 얻는 사례를 소개하고 있다. '공시지가로만 따져도 1백여평되는 땅의 전체 값은 46억 2천만원에 달한다. 별다른 생각없이 사둔 땅이 K씨를 벼락부자로 만들어준 셈이다. … 올해 처음으로 부과되기 시작한 토지초과이득세가 무려 1억2천여만원이나 나왔기 때문이다. K씨가 소유한 땅의 작년도 공시지가는 평당 3천3백33만원으로 전체 땅값은 33억3천3백만원. 1년 사이 땅값이 38.6% 올라 12억8천7백만원을 앉아서 벌어들인 셈이다. … M씨는 지난 88년 개발설이 나돌던 경기도 영종도에 임야 5천평을 평당 4만원씩 2억원에 매입했다. 이 땅의 올해 공시지가는 평당 7만 9천원으로 전체 땅값은 3억9천5백만원. 이 땅에는 올해 1천4백48만원의 토지초과이득세가 부과됐다….'

초과이득세는 1995년부터 부과되지 않았고, 폐지와 보완의 논란[194]속에서 여당이 폐지를 추진하면서 1998년 폐지되었다.

택지소유상한제의 경우 1992년 3월 1일 유예기간이 만료됨에 따라 1992년 9월 초과소유택지 2백99만2천평에 대해 부과가 시작되었다.[195] 1992년부터 1996년까지 총 61,602건에 대하여 부과되었으나, 55,691건이 징수되고 5,893건이 징수되지 못하였다. 시·도별로는 서울지역이 1조2,109억원으로 부과금액이 가장 많았다(73.4%). 부과금액 1조6,847억원 중 1조3,581억원은 징수되고 3,266억원은 징수되지 못하였다. 징수율이 건수로는 90.4%, 금액으로는 약 80.6%를 기록하였다.[196] 상한초과택지에 대해 초과소유부담금이 부과되기 시작하자 적지 않은 반발이 뒤따랐다. 고율부과에 대한 납부저항은 물론이고, 부과징수와 관련한 크고 작은 민원이 잇달았다. 1992~1993년에만 2,038건의 민원이 접수되었는데, 이 중에서 동일한 내용이 10회 이상 접수된 경우가 22건이었다. 1994년 이후에도 매년 500건 이상의 민원이 접수되었다. 부담금 부과·징수와 관련해 제기된 행정소송도 적지 않았다. 1992~1996년 말까지 총 289건의 행정소송이 제기되었으며, 소송가액이 1천74억2천4백만원에 달하였다.[197] 택지소유상한제는 1995년 정부와 여당이 서울 등 6대 도시의 합산면적 2백평 이상 택지소유자에게 부과하는 택지초과소유부담금 적용을 완화하는 등의 조치를 취하면서,[198] 1998년 폐지되었다.[199]

개발부담금은 1990~1998년 기간중('98.4.30 현재) 11,346건의 개발

194) 토지초과이득세의 폐지와 보완의 논란과정은 <부록 2> 토지투기관련 주요 일지 참조.

195) 서울시 택지초과소유부담금 납부고지서 발부(총 6천3백77건(약 1백46만평)/부담금 962억원)(동아일보 1992. 9. 14), 건설부 택지초과소유부담금 부과현황(총 14,718명(법인 포함)/초과소유택지 2백99만2천평/부담금 1,444억원)(1992. 9. 15).

196) 박헌주 외, 전게서, 51면.

197) 상게서, 29면.

198) '부가세 면세점 2천4백만원'(동아일보 1995. 8. 26).

199) 1992~1997년 말까지 1조6,602억원이 부과됐다(동아일보 1998. 4. 17).

사업에 1조6,397억원이 부과되었다. 1997년에는 2,265건의 개발사업에 대하여 4천1백17억원이 부과되었으며, 대상사업별로는 지목변경이 수반되는 사업이 가장 많았으며(3,111건), 택지개발사업(1,561건)이 가장 큰 비중을 차지하였고, 시·도별로는 개발사업이 많은 경기지역이 가장 많았다(50.3%).[200] 개발부담금은 사업시행자를 대상으로 한 것이어서 상대적으로 반발이 적었으며, 경제상황에 따라 감면하는 경우가 많았다. 1996년에는 국민생활 안정과 기업경쟁력 강화를 위하여 산업단지개발사업에 대하여 개발부담금을 면제하고, 중소기업용 공업단지개발사업, 국민주택용 택지개발사업 및 산지가 70%이상인 개발사업에 대하여 개발부담금의 50%를 경감하였다.

(4) 용도지역 단순화

토지공급확대 정책의 일환으로 1992년 8월 정부는 "국토이용관리법상 현재 10개로 나누어져있는 토지의 용도지역을 4개로 단순화해 개발가능토지를 대폭 확대하고 민간개발업을 육성, 토지의 개발에서부터 분양, 임대, 신탁개발까지를 허용하며 농지와 임야를 토지거래허가지역에서 제외하는 등 현행 국토개발체계와 토지제도를 근본적으로 뜯어고치는 방안이 추진되고 있다"고 발표하였다.[201] 이를 토대로 국토이용체계개편 작업이 추진되어 신경제 토지제도로 마련되었다.[202] 10개의 용도지역으로 세분되어 있는 토지이용체계를 5개 용도로 단순화하여 개발이 가능한 용도지역을 확대함으로써 택지, 공장용지등 개발용지의 공급이 확대될 수 있는 기반이 1993년 8월 「국토이용관리법」[203] 개정안에 반영되었다.

---

200) 상게서, 53면.
201) 8월 29일 오후 '국토개발정책에 관한 간담회'에서 주제발표로 나선 국토개발연구원 이태일 토지연구실장이 발표한 내용이다(동아일보 1992. 8. 30).
202) 용도지역 단순화의 제도화 과정은 <부록 2> 토지투기관련 주요 일지 참조.
203) 개정 1993. 8. 5 법률 제4572호, 시행 1994. 1. 1.

3. 주요 판결

(1) 토지조세 관련 판결

1990년 2월 대법원 특별2부는 '과세관청이 지방세법상의 과세시가표준액에 의하여 양도소득세 및 방위세를 산출하여 이의 납부를 권유하는 사전안내서를 발송하였더라도 이 사건 거래가 투기거래인 사실을 알면서도 그와 같은 내용의 사전안내서를 보낸 것이 아닌 이상 이를 실지거래가액에 의하여는 과세하지 않겠다는 공적 견해를 표명한 것으로 볼 수는 없고, 또 이 사건 거래의 투기성 여부를 판단함에 있어 이 사건 거래이후에 있은 거래를 참작하여 판단하였다 하여 잘못이라 할 수도 없으므로 여기에 신의성실의 원칙을 위배하거나 소급과세금지의 원칙을 위해한 위법이 없다'[204]고 판결하였다. 이 사건은 '원고가 지난 1984년 12월말 임야 7천35㎡를 4백68만원에 산 뒤, 1986년 2월 2천5백53만원에 양도하고 동작세무서가 보낸 사전안내서에 따라 양도소득세등 46만여원을 냈으나 동작세무서가 1년 6개월 후인 1988년 3월 원고의 토지거래가 투기성 거래라고 판단, 양도소득세등 1천4백300여만원을 재부과하자, 소송'[205]을 낸 사건이었다. 투기의 사실에 대한 중과세에 대해 법절차적 문제를 제기하여 연간수익률이 763.7%가 되더라도 부과된 세금이 부당하다고 주장하는 것을 보여주었다.

1990년 5월 대법원 특별1부는 '「세무서장 또는 지방국세청장이 세무조사와 양도소득세공정과세위원회의 자문을 거쳐 투기거래자로 인정한 때」에 그 양도 또는 취득가액을 실지거래가액에 의하도록 규정한 「재산제세 조사사무 처리규정」(1987. 1. 26. 국세청 훈령 제980호)

---

204) 대법원 1990. 2. 13. 선고 89누5584 판결.
205) 투기 소급과세도 적법(경향신문 1990. 2. 19).

제72조 제3항 제8호의 규정은 거래자가 투기거래자인가의 여부를 식별하기 위한 기준을 명시하지 아니하고 과세관청의 주관적인 판단에 의하여 투기거래자로 인정되면 양도 또는 취득가액을 실지거래가액에 의한다고 함으로써 양도가액을 기준시가에 의할 것인가 실지거래가액에 의할 것인가를 결정함에 있어서 과세관청의 자의적인 재량을 허용하고, 반면 납세의무자로서는 양도소득세의 부과처분 전에 자기에게 부과될 과세액을 전혀 예측할 수 없게 한 규정으로서, 과세관청의 자의적인 재량을 배제하여 국민의 재산권이 부당하게 침해되는 것을 방지하고 국민의 경제생활에 법적 안정성과 예측가능성을 부여함을 목적으로 하는 조세법률주의의 원칙에 위배되는 무효의 규정이라 할 것이다'[206]라고 판결하였다.[207] 대법원의 이 같은 판결은 그동안 국세청이 자체규정을 근거로 세무조사등을 통해 적발한 부동산투기혐의자에게 실거래가를 기준으로 무거운 세금을 물려온 관행에 제동을 건 것으로 주목되었다. 이에 대하여 국세청은 5월 10일 '대법원의 판결은 해당 소송사건에만 적용되는 것이며 관련 규정자체가 효력을 상실한 것은 아니다'고 밝히고, 헌법재판소가 해당규정을 위헌이라고 판결하지 않는 한 그동안 실지거래가액에 의해 부과해온 양도소득세액중 일부를 환급해줄 이유가 없다고 강조했다. 국세청은 지난해(1989년) 8월의 소득세법 시행령 개정때 세무서장에게 투기성여부를 판정토록 재량권을 부여한 문제의 규정이 조세법률주의에 어긋난다는 자체 판단으로 이를 제외시켰다, 이에 따라 지난해(1989년) 7월 이전 세무서장의 판단에 의해 투기성 거래로 인정돼 양도세를 무겁게 문 납세자가 양도세부과취소 청구소송을 제기할 경우 국세청은 상당한 곤욕을 치를 것으로 예상

206) 대법원 1990. 5. 8. 선고 89누8149 판결.
207) 이 사건은 '원고 등이 지난 88년 대지와 건물을 팔았으나 서부산 세무서측이 이를 투기거래로 인정, 실거래가에 의해 양도세를 부과하자 소송'(동아일보 1990. 5. 9)을 낸 사건이었다.

되었다.[208)]

1990년 7월 대법원은 '명의신탁의 증여의제에 관한 상속세법 제32조의2 제1항은, 실질소유자가 명의자에게 그 소유명의를 신탁하게 된 이유가 실정법상의 제약이나 제3자의 협력거부 등의 사정으로 인하여 부득이한 것이었을 뿐 이를 이용하여 조세회피를 꾀할 목적으로 하게 된 것이 아니었음이 증명된 경우에는 적용되지 않는 것으로 보아야 하고, 여기에서 조세회피를 꾀할 목적이 없었다는 점에 관한 주장, 입증은 그 명의자가 해야 하는 것이다'[209)]라고 판결하였다.[210)]

1990년 10월 대법원 특별1부는 '국토이용관리법 제21조의7의 규정에 따라 토지 등 거래계약신고를 한 당사자가 아무런 변경신고없이 계약을 체결하면 신고당시에 계약예정금액을 착오로 기재하였거나, 그 예정금액을 합의한 바와 다르게 기대할 수밖에 없었던 사유가 있거나, 거래신고일과 실제거래일 사이에 지가의 등락 등으로 가격을 새로 정할 필요성이 생겨 그 예정금액과 다른 금액으로 계약을 체결하였다는 등의 특별한 사정이 없는 한 신고한 내용대로 계약이 체결된 것으로 추정된다 할 것이고 위와 같은 특별한 사정에 관하여는 이를 주장하는 자에게 그 입증책임을 지우는 것이 상당하다 할 것이다'[211)]라고 판결하였다.[212)]

1990년 11월 대법원 특별2부는 '부동산의 실질적인 매수인이 법인

---

208) 국세청은 단기전매, 미등기전매, 아파트 당첨권양도, 중개업법 위반거래, 허위계약서 작성등 부정한 방법에 의한 거래, 재무부령이 정하는 투기성 판정기준에 해당하는 거래등에 대해서는 앞으로도 계속 실지거래가액에 의해 양도세를 무겁게 물리기로 했다(경향신문 1990. 5. 10).

209) 대법원 1990. 7. 24. 선고 89누8224 판결.

210) 이 판결은 대법원 1997. 3. 20. 선고 95누18383 전원합의체 판결에 의해 판례가 변경되었다가 다시 대법원 2011. 7. 21. 선고 2010두23644 전원합의체 판결에 의해 판례가 변경되어 현재에 이르고 있다.

211) 대법원 1990. 10. 16. 선고 90누1151 판결.

212) 이 사건은 '원고가 지난 87년 4월 토지거래신고구역인 … 50여평의 땅을 8천6백만원에 산뒤, 서울 종로구청에 예정거래가격으로 1억5천만원을 신고했으며 그 후 여의도세무서에 1억원에 팔았다고 신고하자 여의도세무서가 1억5천만원을 기준으로 세금을 부과하자 …'(경향신문 1990. 10. 19) 소송을 제기한 사건이었다.

임에도 불구하고, 양도소득세가 중과되는 것을 피하기 위하여 형식적으로 중간에 개입시킨, 그 법인의 부동산관계 자문을 담당하던 개인을 매수인이라고 인정한 채증법칙위배의 사례'[213]라고 판결하였다.[214]

(2) 토지거래허가효력 관련 판결

1991년 12월 대법원 전원합의체는 "국토이용관리법상의 규제구역 내의 토지등의 거래계약허가에 관한 관계규정의 내용과 그 입법취지에 비추어 볼 때 토지의 소유권 등 권리를 이전 또는 설정하는 내용의 거래계약은 관할 관청의 허가를 받아야만 그 효력이 발생하고 허가를 받기 전에는 물권적 효력은 물론 채권적 효력도 발생하지 아니하여 무효라고 보아야 할 것인바, 다만 허가를 받기 전의 거래계약이 처음부터 허가를 배제하거나 잠탈하는 내용의 계약일 경우에는 확정적으로 무효로서 유효화될 여지가 없으나 이와 달리 허가받을 것을 전제로 한 거래계약(허가를 배제하거나 잠탈하는 내용의 계약이 아닌 계약은 여기에 해당하는 것으로 본다)일 경우에는 허가를 받을 때까지는 법률상 미완성의 법률행위로서 소유권 등 권리의 이전 또는 설정에 관한 거래의 효력이 전혀 발생하지 않음은 위의 확정적 무효의 경우와 다를 바 없지만, 일단 허가를 받으면 그 계약은 소급하여 유효한 계약이 되고 이와 달리 불허가가 된 때에는 무효로 확정되므로 허가를 받기까지는 유동적 무효의 상태에 있다고 보는 것이 타당하므로 허가받을 것을 전제로 한 거래계약은 허가받기 전의 상태에

---

213) 대법원 1990. 11. 13. 선고 90누4099 판결.

214) 이 사건은 '땅소유자가 재벌기업과 밀접한 관련이 있는 부동산중개업자에게 땅을 팔아 이 땅이 곧 바로 그 기업에 전매됐다면 이는 직접 법인인 재벌기업에 땅을 판 것으로 간주, 기준시가가 아닌 실거래가격을 기준으로 양도소득세를 무겁게 물려야 한다…'(동아일보 1990. 11. 14)는 것을 밝힌 판결이었다.

서는 거래계약의 채권적 효력도 전혀 발생하지 않으므로 권리의 이전 또는 설정에 관한 어떠한 내용의 이행청구도 할 수 없으나 일단 허가를 받으면 그 계약은 소급해서 유효화되므로 허가 후에 새로이 거래계약을 체결할 필요는 없다"[215]라고 판결하였다. 이 판결은 토지거래허가의 유동적 무효(schwebend unwirksam)의 이론을 판례로 정립시킨 판결로서 토지거래허가전 계약에 대한 효력을 명확히 한 것으로 그 후 많은 판결이 이에 따르고 있다.

(3) 명의신탁약정효력과 위장전입 관련 판결

1993년 8월 대법원은 "부동산등기특별조치법 제7조 제1항, 제8조의 규정 자체에 의하더라도 등기신청의 원인행위인 같은 법 제7조 제1항 소정의 목적에 의한 계약명의의 신탁약정 자체가 금지된다고는 해석할 수 없으므로 그와 같은 명의신탁약정이 그 사법적 법률행위의 효력까지 부인되는 것은 아니다"[216]라고 판결하였다. 이 판결은 1990년 8월 제정한 「부동산등기특별조치법」의 명의신탁금지규정을 사적자치의 원칙에 입각해 유효한 것으로 본 것으로 해당 조항을 단속법규로 한정하였다.[217]

1993년 9월 대전지방법원 항소부(제2민사부판결)는 「가등기에 기한 본등기」 항소심 선고공판에서 "위장전입으로 이루어진 농지매매는 그 효력이 없기 때문에 소유권이전등기절차를 이행하지 않아도 된다"는 첫 판결[218]을 내기도 했다. 판결요지는 "단지 주민등록만 농

215) 대법원 1991. 12. 24. 선고 90다12243 전원합의체 판결.

216) 대법원 1993. 8. 13. 선고 92다42651 판결.

217) 이러한 대법원의 판결은 부동산등기특별조치법상의 규정이 형사처벌에서만 효력을 가질 뿐 민사분쟁에는 적용할 수 없는 것으로 해석했다. 1995년 부동산실권리자 명의등기에 관한 법률의 제정에 의해 명의신탁이 금지될 때까지 이 판결은 깨지지 않았다.

218) 대전지법 1993. 9. 22. 선고 93나1556 판결(원심판결 대전지법 천안지원(1993. 2. 10 선고 91가단4726 판결)).

지소재지로 이전하였을 뿐 실제로 거주한 사실이 없음에도 농지위원들에게 마치 자신이 농지소재지에서 6개월 이상 실제 거주한 것처럼 속여서 농지위원들로부터 농지매매증명 발급요건을 확인받고 이를 이용하여 농지매매증명을 발급받은 경우 그 농지매매증명은 허위의 방법으로 농지위원의 확인을 받아 발급받은 것으로서 무효이다"라는 것이었다. 이 항소심 판결에 대한 원고의 상고에 대하여 1994년 9월 대법원은 "비농가인 매수인이 위장전입의 방법으로 농지매매증명을 얻는 등 자경·자영의사가 없었다고 인정되어 이 점에 관한 농지매매증명의 추정이 번복되면 매수인은 매도인에 대하여 소유권이전등기절차의 이행을 청구할 수 없고, 이미 소유권이전등기가 마쳐졌다 하더라도 이는 다른 사정이 없는 한 원칙적으로 원인무효로서 비농가인 매수인은 농지개혁법상의 농지소유에 필요한 요건을 구비하지 못한 셈이 되어 농지의 소유권을 취득할 수 없다"219)라고 판결하여 원고의 상고를 기각함으로써 항소심 판결이 확정되었다.

(4) 토지초과이득세 헌법불합치 결정

1994년 7월 헌법재판소 전원재판부는 '기준지가산정기준의 시행령 포괄위임은 조세법률주의에 위배되고, 토지보유기간중 지가하락시 보완규정이 없으며, 단일 비례세(50%)는 소득규모별 실질적 평등에 저해되고, 임대용 토지에 대한 과세기준 및 범위제한이 필요하며, 양도소득세와 토지초과이득세는 이중과세에 해당되며 무주택자 소유의 택지에 대한 택지소유상한법과 부조화된다'는 등의 이유를 들어 토지초과이득세에 대해 헌법불합치 결정220)을 내렸다. 이러한 결

219) 대법원 1994. 9. 13 선고 93다52501 판결.
220) 헌법재판소 1994. 7. 29 92헌바49 등.

정에 대해 야당조차도 민감한 사안이라며 입장을 유보했고, 여당의 모의원은 '토초세는 전국토의 0.36%만을 과세대상으로 삼아 부동산 투기억제효과도 생각만큼 크지 않다'고 하는 반응을 보이기도 했다. 재계는 환영하였고, 시민단체인 경제정의실천시민연합은 '토지투기 문제에 대한 근본적 대책으로 종합토지세의 실효세율을 현행 0.04%에서 단계적으로 0.5% 수준까지 올리고 종합토지세의 과세표준을 공시지가기준 100% 현실화해야 한다'고 주장하기도 했다.

4. 주요 사건

(1) 모재벌 건설부지 비업무용토지 사건

이 사건[221]은 1990년 5·8조치로 재벌의 비업무용토지문제가 불거지면서 본격적으로 드러나기 시작했다.[222] 3년 동안의 기업의 비업무용토지 강제매각에서도 해당 토지는 업무용이라고 줄곧 주장했던 사건이었다. 해당 토지는 1988년 1월 서울시로부터 819억원에 매입한 것으로 송파구에 위치한 2만6천7백평의 토지이다. 1992년 8월 서울고등법원은 모재벌그룹측의 정당한 사유가 인정되므로 비업무용토지가 아니라고 보았다.[223] 1993년 7월 서울고등법원 특별4부도 토

---

221) 신문기사에서 이 사건은 5공 비리 조사대상목록에 2개의 야당이 제출한 '잠실체비지 반액매각'(동아일보 1988. 7. 29)이라는 제목으로 처음 등장한다.

222) 서울시 모재벌 잠실지역 토지 업무용 위장여부 조사(동아일보 1990. 5. 30), 서울시 잠실 건설부지 비업무용토지 판정, 취득세 128억원 중과(1990. 9. 24), 성업공사 잠실 신축부지 공매(2만6천6백71평 1조8백75억원)(1991. 11. 8), 30대 그룹 부동산매입 허용(5.8 조치 적용시한 종료/비업무용 토지 계속 규제/잠실부지 계획대로 매각추진)(1993. 6. 21), 90년 5·8 조치 종료(만 3년만 종료/성업공사 매각위임분 7백28만평 미매각/자체매각분 133만평 미매각/잠실부지 2만6백70평 미매각/재벌그룹 신규취득 부동산 크게 감소/재계 기업의욕저하 주장/향후 여신관리대상 30대 재벌그룹 여신관리규정에 따른 금지대상 부동산만 아니면 취득가능)(1993. 6. 30).

지취득후 고유목적사업으로 사용하지 못한데는 정당한 사유가 있다[224]고 보았다. 1993년 11월 대법원은 '관계 법령상의 각종 제한과 행정절차의 지연으로 인하여 공사를 착공하지 못한 경우 토지를 취득한 날로부터 1년 이내에 고유목적사업에 직접 사용하지 못한 데 지방세법시행령 제84조의4 제1항 소정의 정당한 사유가 있다'[225]고 판결하였다. 이 사건으로 서울시가 모재벌그룹측에 환불해야 할 금액은 취득세 중과분 1백28억원을 포함해 소송기간중 이자분을 가산하면 모두 1백70억2천여만원에 달하고 해당 토지에 건물이 들어설 경우 교통문제 등의 문제를 안게 되었다.[226]

(2) 부동산투기 병원원장 사건

1990년 4월 30일 대통령은 관련부처가 물가 및 부동산문제 등에 대한 특별대책을 세우고 청와대 내에 이를 점검해 나갈 대책반을 만드는 등 경제문제해결에 총력을 기울이라고 지시했다. 국세청은 1990년 5월 11일 1,491명의 투기꾼을 적발하고 137명의 명단을 공개했는데, 여기에 산부인과의사로 유명한 부동산투기 병원원장이 들어있었다. 이들중 부동산투기 병원원장은 사업자금으로 대출받은 돈을 본인명의의 부동산을 취득한데 쓴 것으로 밝혀짐에 따라 명단이 은행감독원에 통보돼 대출금을 즉시 갚아야 하는 것은 물론 8억7천만원의 세금까지 추징당하게 됐다.[227] 그 후 부동산투기 병원원장은

---

223) '지방세법상 비업무용부동산은 취득후 1년이내에 정당한 사유없이 법인고유업무에 사용하지 않은 땅으로 되어있는데 모재벌그룹측이 사업추진노력을 했지만 구청이 이를 받아들이지 않았기 때문에 모재벌그룹측으로 보면 정당한 사유가 인정된다'(동아일보 1992. 8. 13)고 보아 취득세를 부과한 것이 잘못이라고 판결했다.

224) '잠실부지는 비업무용 부동산으로 볼 수 없기 때문에 이를 근거로 부과한 90년도분 법인세등 50억7천만원을 취소하라'(동아일보 1993. 7. 30)고 판결했다.

225) 대법원 1993. 11. 23. 선고 92누14496 판결.

226) '서울시 뒤처리 고심'(동아일보 1993. 11. 25).

227) 부동산투기 병원원장의 투기수법은 '지난해(1989년)초 토지거래가 금지된 임야

국토이용관리법위반혐의로 검찰에 구속되고 재판을 받았는데,[228] 9월 28일 서울지방법원 남부지원은 "검찰 공소장대로 피고인이 국토이용관리법을 위반한 사실은 인정되나 단기적인 차액을 노린 투기라기보다는 자신의 병원이전과 남편이 이사장으로 있는 D고교의 건물신축비용을 마련하기 위해 공소장에 기재된 범법행위를 저지른 것으로 보인다"고 하여 징역 1년 6월, 집행유예 3년을 선고하고 석방했다. 기소된지 두 달이 채 못돼 1심 재판을 마무리한 점이나 피고인을 다른 사건 피고인들과 함께 입장시키지 않고 판결선고시에만 잠시 입정키 한 점 그리고 "실정법을 위반한 점은 인정되나 투기행위로 볼 수 없다"라는 판결이유에서 이 판결은 부동산투기에 대한 우리 사법부의 인식과 전관예우의 모습을 보여준 대표적인 사건이었다. 그 후 부동산투기 병원원장은 1991년 4월 증여세 부과처분 취소소송을 제기하여 12월 승소하였고, 10월에는 종합소득세 고액납세자중 63위를 하였다.[229] 또한 9월 경기도가 국회에 낸 국감자료에

3천7백여평을 매입한 뒤 … 와 짜고 법원에 자신이 토지의 진짜주인이라고 주장하는 소유권이전등기소송을 제기한 다음 법적소유자인 … 가 법정에 출석치 않도록 해 소우권을 이전받는 수법을 썼다. 지난 1월 이 토지중 2천3백여평을 소규모부동산투기꾼 25명에게 지분이전등기수법으로 모두 20억5천만원을 받고 팔아넘긴 혐의를 받고 있다. 또 지난 86년과 87년에 걸쳐 1억2천만원에 매입한 잡종지 4천6백여평이 88년 9월부터 토지거래허가구역으로 묶였는데도 지난해(1989년) 5월 2억 9천여만원에 되팔아 1억 7천여만원의 전매차익을 남긴뒤 토지거래허가구역으로 고시되기 전에 매도한 것처럼 등기일자를 변조했다는 것이다. 이밖에 지난해(1989년) 3월 간척지 5천여평을 매입해놓고도 4월에 증여를 받은 것처럼 위장하였고, 부동산투기붐이 일기 시작한 80년대 초부터 개발예정지인 전국 각지역의 토지를 자신과 가족들의 명의로 싼값에 사들인 뒤 땅값이 오를 때 팔아 막대한 전매차익을 남겼으며 지금까지 모두 4만여평(시가 73억원)의 토지를 매도'(동아일보 1990. 7. 31)한 것으로 밝혀졌다.

228) 서울지검 남부지청 특수부, 부동산투기 병원원장과 딸 구속(동아일보 1990. 7. 31), 서울지검 남부지청 특수부 부동산투기 병원원장 딸 석방(3백만원 약식기소)(1990. 8. 1), 서울지검 남부지청 부동산투기 병원원장 2년 구형(법정최고형)(1990. 9. 17).

229) 증여세등 6억5천여만원 과세부과처분 취소소송 제기(경향신문 1991. 4. 28), 서울고법 특별4부 부동산투기 병원원장 증여세부과취소소송 원고승소(부과한 세금취소)(동아일보 1991. 12. 6), 국세청 1991년 신고분 종합소득세 고액납세자 63위

의하면 팔당상수원 수질보전 특별대책지역인 청평호 주변에 있는 호화별장내 개인선착장이 있는 33명중의 한 명으로 밝혀지기도 했다.[230)]

(3) 부동산투기 의사부부와 병원이사장 사건

1990년 9월 25일 서울지방검찰청 특수2부는 의사부부가 전국에 시가 2백4억원 상당의 부동산을 1백39건이나 매입했다는 통보에 따라 수사중임을 밝히고 또 서울에 있는 병원의 이사장이 재단소유의 돈 9억9천만원을 횡령하여 부동산 3만7천여평을 구입한 사실을 밝혀내고 함께 수사중[231)]임을 밝혔다.

1990년 11월 6일 200억 부동산투기투기 의사부부는 검찰에 자진출두하였고, 서울지검 특수2부는 의사부부중 여자는 구속하고 남편은 귀가조치를 하였는데 부동산투기 부분에 대해 사실상 무혐의 처분을 내렸다. 1991년 4월 26일 서울 형사지방법원 합의 21부는 이들중 여자에 대해서는 '조세포탈부분은 징역 2년 6월, 집행유예 4년에 벌금 15억원을, 주민등록법 위반부분은 징역 8월에 집행유예 2년을

(신고소득 8억2천1백만원, 부담세액 4억원)(한겨레신문 1991. 10. 3).

230) '청평호 주변 개인용 선착장 64곳'(한겨레신문 1991. 9. 26).

231) 의사교수부부 200억 투기(동아일보 1990. 9. 26). 이들의 부동산투기수법은 '의사부부는 수사가 시작되자 지난 12일 잠적했으며, 병원이사장은 지난 17일 미국으로 달아났다고 … 의사부부중 여자는 지난 87년부터 지난해까지 매출액외형을 누락시키는 방법으로 종합소득세 14억7천만을 포탈했으며, 남편과 함께 지난 85년부터 임야 20만평, 밭 5천6백평, 대지 3천6백평, 건물 2천9백평 등 모두 1백39건의 부동산 2백4억원 상당을 사들였으며 이 기간 동안 다른 부동산 21건을 팔기도 했다는 것. 이들은 대학생아들명의로 서울 강남구 역삼동에 대지를 매입하기도 했으며 지난 86년부터 수차례에 걸쳐 주민등록을 허위로 옮겨 놓고 임야와 농지 등을 사들인 혐의도 받고 있다. 이들은 4개 병원을 운영'해 왔다고 하였다. 한편 병원이사장은 '지난 88년부터 지난해(1989년)까지 법인세 4억4천만원을 포탈하고 재단소유의 돈 9억9천여만원을 횡령한 혐의를 받고 있다. 검찰은 …가 이 돈 등으로 지난 86년부터 임야 등 3만7천4백여평을 사들여 부동산투기'를 해 왔다고 하였다.

선고'해 석방했다. 남편에 대해서는 벌금 2백만원을 선고했다. 한편 미국으로 도피하였던 병원이사장은 1991년 3월 13일 서울 지검에 구속되었고, 1991년 5월 10일 서울 형사지방법원 3 단독부는 '조세범처벌법 위반죄를 적용해 벌금 2억원을 선고'했다. 거액의 세금을 포탈하고 횡령한 자금으로 부동산투기를 한 사실이 드러나자 미국으로 달아났다가 뒤늦게 귀국, 구속기소된 병원이사장에게 법원이 이례적으로 벌금형만을 선고, 석방한 사건이었다.

(4) 비업무용토지 감사관 사건

1990년 5월 11일 감사원이 대기업의 비업무용 부동산에 대해 감사를 실시하다 갑자기 감사를 중단한 사실이 신문보도[232]를 통해 밝혀졌다. 다음 날인 12일 중단되었던 감사원 자료에 의하면, 재벌계열 23개사 소유토지의 43.3%가 비업무용 추정된다고 하여 '은행감독원이 작년(1989년) 5월 공식발표를 통해 30재 재벌 5백20개 기업의 비업무용 부동산 비율이 1.2%'라는 수치와 큰 차이를 보였다. 15일 대검찰청 중앙수사부는 재벌기업의 비업무용 부동산 감사내용 공개한 감사관을 공무상 비밀누설 혐의로 구속하였고, 시민단체와 야당 등에 의해 석방촉구대회가 이어지는 등 사회문제로 이어졌다.[233] 5월

---

232) '감사원이 지난해(1989년) 재벌그룹에 소속된 23개 대기업의 비업무용 부동산에 대해 감사를 실시하다 갑자기 감사를 중단한 사실이 밝혀졌다. 특히 감사원의 이 감사중단은 대기업 관계자들의 맹렬한 로비에 굴복해 이루어진 것이라는 감사원 관계자의 증언이 있어 충격을 주고 있다. 이같은 사실은 최근 정부가 10대 재벌을 비롯한 기업들의 부동산투기를 근절하겠다고 발표한 것과 관련, 정부의 정책의지에 근본적인 의문을 제기하는 사례로서 주목된다'(한겨레신문 1990. 5. 11)는 신문보도가 있었다. 이후 비업무용토지 감사관 사건은 1996년 11월 4일 감사관이 복직될 때까지 한겨레신문사에서 계속 추적보도가 있었다. 각 해당 날짜 참조.

233) '경제정의실천시민연합 감사관 구속 비난 성명 발표'(동아일보 1990. 5. 16), '경제정의실천시민연합 재벌 토지투기 은폐기도 규탄 및 감사관 석방촉구 시민대회'(1990. 5. 18), '야 3당 감사관 석방 촉구대회'(1990. 6. 7).

24일 서울형사지법 항소4부는 감사관의 구속적부심을 기각하였으나, 6월 30일 서울 형사지방법원은 감사관에 대한 보석을 결정했다. 1993년 9월 6일 서울형사지법은 감사관에 대해 "감사원 중간감사자료는 그 내용이 상당한 근거에 바탕을 둔 것으로 국가공권력을 실추시키거나 해당 기업에 해를 끼쳤다고 볼 수 없다"고 하여 무죄를 선고하였다. 1995년 2월 21일 서울형사지법 항소4부는 감사관에 대해 "공무상 비밀은 국가의 기능을 보호하기 위해 비밀로 보호할 만한 가치가 있는 것이어야 한다"고 하여 무죄를 선고하였다. 이에 대해 서울지검은 1995년 3월 5일 감사관 사건을 대법원에 상고하였다. 1996년 5월 10일 대법원 형사2부는 감사관 사건에 대해 검찰의 상고를 기각하고 '직무상 비밀 실질적으로 보호할 가치가 있다고 인정할 수 있는 것'이어야 한다고 하여 무죄 확정 판결을 내렸다. 이와는 별도로 1994년 4월 27일 서울고등법원 특별5부는 감사관에 대한 파면처분취소 청구소송에서 '국민적 감시측면에서 공개가 필요하고 정부나 국민에게 이익이 되므로 이를 이유로 파면처분을 내린 것은 징계권 남용'에 해당한다고 하여 감사관 승소판결을 내렸다. 이에 대해 감사원은 1994년 5월 26일 감사관에 대한 서울고등법원의 복직판결에 불복해 대법원에 상고하였다. 1996년 10월 11일 대법원 특별3부는 감사관에 대한 파면무효를 확정하였다. 1996년 11월 4일 감사관은 감사원의 복직을 통보받고 6년만에 출근하였다.

(5) 수서 사건

1991년 1월 3일 한 신문사가 조사한 서울지역 아파트분양현황에 따르면 "상반기에 공급될 아파트는 3만 가구에 달해 지난 87년 이후 가장 많은 물량이다. 택지개발지구의 분양아파트는 수서 등 3곳에서 집중 선보인다. 국민주택규모 4천4백50가구는 지구내 조합주택 택지

배정문제로 아직 윤곽이 드러나지 않고 있다"라고 보도하였다.[234) 그 후 1월 21일 서울시는 수서택지개발지구내 주택조합소유지 3만5천여평을 국회건설위의 청원심사결과에 따라 조합에 특별분양한다고 밝혔다.[235) 서울시의 특별분양조치에 세간의 의혹이 점점 커져갔다. 26개 연합직장주택조합과 조합주택 시공계약을 맺고 있는 재벌기업이 이들의 토지의 소유자였다는 점 때문이었다.[236) 결국 2월 5일 야당이 수서특혜과정 잇단 탈법에 대해 검찰의 수사를 촉구하고, 한편으로는 국정조사권발동을 제의했다.[237) 이후 10여일 동안 수서특혜로 3천여억원 개발이득, 택지공급결정 특혜, 감사원의 감사결과 등이 보도되자 2월 12일 서울시는 수서지구 특별공급방침 전면백지화를 발표하였다.[238) 2월 17일 대검찰청 중앙수사부는 재벌그룹회장과 청와대비서관 그리고 5명의 국회의원과 1명의 고위공무원을 구속하고, 다음 날 수사결과를 발표했으나 축소수사였다는 비난이 쏟아졌다.[239) 이 사건은 모재벌그룹이 수서지역의 택지를 특별분양받기 위해 정관계인사들에게 무차별적인 로비를 펼침으로써 빚어진 특혜사건이었다. 이 사건의 수사중 과거 특혜분양에 반대하던 서울시장이 경질되었다는 사실이 밝혀지기도 했고,[240) 로비에 따라 협조

234) '아파트 3만 가구 분양'(매일경제신문 1991. 1. 3).

235) '서울시는 당초 이들 주택조합의 주택건설부지 특별분양요구에 대해 공영개발지구내 토지를 특정조합에 분양할 법적 근거가 없고, 일반 주택청약예금자들과의 형평에 어긋난다는 이유로 특별분양불가방침을 고수해 왔었다 … 서울시는 당초 건축행위가 불가능한 자연녹지를 택지로 매입해 놓고 공영개발이 시행되자 토지연고권 운운하는 것은 어불성설이라고 이들의 주장을 일축해 왔다 … 앞으로 11개 택지개발지구내에서 유사한 민원이 발생할 경우 나쁜 선례를 남기게 됐다…'(동아일보 1991. 1. 22).

236) 재벌기업은 문제의 땅을 지난 88년 4월부터 89년 6월까지 임원 4명의 명의로 사들인 뒤 수서택지개발지구지정 9개월만인 89년 12월 제소전 화해방식으로 주택조합원공유지분으로 등기를 이전했다(동아일보 1991. 2. 4).

237) 서울시는 백지화할 계획이 없다고 했고, 검찰은 수사에 미온적이었다(동아일보 1991. 2. 5).

238) 수사결과발표까지의 과정은 <부록 2> 토지투기관련 주요 일지 참조.

239) 다음날 정부는 당정개편을 단행했다(동아일보 1991. 2. 19).

240) 수서지구 택지특혜공급사건 당정회의 메모록 공개파장(동아일보 1991. 2. 21).

했던 서울시, 건설부, 정치권에 있던 많은 공직자들은 한순간에 범법자로 내몰리고 말았다.[241]

(6) 공직자 재산공개

1993년 2월 25일 문민정부가 출범했다. 문민정부는 77개 공약으로 정치부문에서는 '깨끗한 정치 강력한 정부'를, 경제부문에서는 '부동산투기 근절'을 밝힌바와 같이,[242] 출범 초기 인사에서부터 이를 관철하고자 했다.[243] 2월 27일 대통령자신부터 등록하기 시작한 공직자재산등록[244]은 공직자윤리법이 개정되기 전까지 자진공개였으나, 6월 개정되면서 의무화되었다.[245] 공직자 재산공개 결과는 힘 있고 출세한 사람치고 부동산 부자 아닌 사람이 없다는 '소문'이 사실임을 입증했다. 많은 행정부, 사법부 내 장·차관급 인사들과 국회의원, 군 장성들이 투기성 불법·탈법 부동산 거래와 보유가 밝혀져 옷을 벗었다[246] 국회의장[247]과 대법원장[248]이 공직자 재산공개 과정에서

241) 공병호, 전게서, 220면.

242) '민자 대선 77개 공약 주요내용'(동아일보 1992. 11. 3).

243) '서울시장 개발제한구역 훼손사실로 사퇴'(동아일보 1993. 3. 4). '보건사회부장관 위장전입에 의한 부동산투기 사실 적발'(부동산 전국 8곳(백억 추정)/탈법상속의 전형적 수법)(1993. 3. 6). '보건사회부장관 부동산투기로 경질'(1993. 3. 8).

244) '김대통령 내외재산 6억원'(동아일보 1993. 2. 27).

245) 공직자윤리법(일부개정 1993. 6. 11 법률 제4566호, 시행 1993. 7. 12) 부칙 제1조에 의하면 '이 법은 공포후 1월이 경과한 날부터 시행한다. 다만, 지방자치단체의 장, 지방의회의원, 교육위원, 지방자치단체의 소속공무원 및 그 관할공직유관단체의 임·직원에 대한 재산등록 및 등록사항공개에 관한 규정은 공포후 2월이 경과한 날부터 시행한다'고 규정하였다.

246) 국정브리핑 특별기획팀, 전게서, 35면, 69면.

247) 국회의장의 부동산투기 공개 여론 비판(전국 21만평 토지소유/아들 1백30억원짜리 빌딩과 75가구 주택 소유/가족명의 1만3천6백여평의 토지매입)(동아일보 1993. 3. 24), 국회의장 의장직만 사퇴(1993. 3. 25), 전국회의장 민자당 탈당(의원직 유지)(1993. 3. 30), 전국회의장 국회의장직 사퇴서 제출(1993. 4. 24), 전국회의장 의원사퇴없이 2개월간 장기외유(1993. 4. 28), 전국회의장 국회의원직 사퇴(1993. 6. 30), 대구고법 형사부 전국회의장을 부동산투기꾼이라고 주장했다가 기소된 사건 벌금 80만원 선고(허위사실유포혐의/항소심선고공판/1심 벌금 1백

사퇴를 하였고, 여야 국회의원들[249]과 많은 공직자[250]들이 사퇴를 하거나 징계 등의 처벌을 받았다. 한편 사퇴나 처벌 등의 제재는 받지 않았지만, 부동산투기의혹이 다분한 재산증식과정[251]과 과거의 발언과 일치하지 않는 경우[252]가 드러나기도 했다. 1994년부터의 재산등록에서는 이와 같은 비난을 의식해서 문제가 될만한 부동산은 사전에 매각을 한다든지 아예 신고를 거부하거나 은닉시키는 특징

50만원)(1993. 5. 12).

248) '대법원장 재산등록 27억7천여만원 신고 투기오해 우려'(동아일보 1993. 8. 12). '대법원장 부동산 과다보유 도덕적 책임 사퇴'(1993. 9. 10).

249) 대검 중수부, 부동산투기 국회의원 구속(탈세 및 업무방해 혐의)(동아일보 1993. 3. 30), 민자당 부동산투기등 문제의원 징계(의원직 사퇴 3명/탈당 2명/제명 1명/공개경고 5명/비공개경고 9명/처분기준 애매모호, 형평성 상실, 진실성 결여 문제로 지적)(1993. 3. 30), 민주당의원 104명 재산공개(부동산투기 14명 해명방침/야의원도 임야 선호)(1993. 4. 6), 국민당 국회의원 재산공개 1주일전 시가 90억원이 넘는 토지소유권이전한 뒤 신고하지 않아 재산은닉 의혹(1993. 4. 9).

250) 경산시장, 울진부군수 투기관련 사표(동아일보 1993. 4. 16), 공직자재산등록대상자 77명 사표(국세청(31명), 대검찰청(19명), 공직유관단체(7명), 경찰청(4명), 관세청(3명), 법무부(2명), 철도청(2명))(1993. 8. 12), 지방 주요공직자 재산등록 마감(지방의원 100억 이상 50명선/등록기피 공무원등 18명 사퇴)(1993. 9. 11).

251) 차관급 공직자 118명 재산공개(차관급 소유토지 여의도 1.5배/집 2채 이상 20여명/무연고지 부동산소유 50여명)(동아일보 1993. 3. 27), 5, 6공 핵심인사 공직이용 부동산투기(1993. 3. 26), 강남지역 부동산과다소유 차관급공직자 투기의혹(토지매입시기 대부분 개발시기와 일치/개발정보 입수 미리 매입)(1993. 3. 29), 공직자 강남 토지 치부 다수(장차관, 의원 60여명/3당 의원과 가족소유 전국 토지 모두 3백9만여평 여의도 10배)(1993. 4. 7), 서초동 법원청사 주변 공직자 투기중심지(공직자 수두룩/공고(73년)후부터 개발까지 집중매입/20년(73~93년)동안 만배 폭등/2명의 전대통령)(1993. 4. 9), 재산공개 고위공직자 1,167명 내용분석(동아일보사/1인 평균 민자당의원(32억6천만원) - 대법관(18억3천만원) - 민주당의원(12억6천만원) - 장관(10억8천만원)순)(1993. 9. 7), 무연고 공직자 56명 제주도 토지 18만평 소유 투기의혹(1993. 9. 8), 재산공개 고위공직자 소유 부동산가액 총1조4천억원(1인당 평균 12억원 부동산재산소유/강남 토지 53,000평 소유/경기·제주지역 2백76만평/1인당 2.6채, 7억원대 주택과 건물 소유)(1993. 9. 8), 재산공개 고위공직자 1,167명중 126명이 강남부동산 소유(토지: 15명이 2,000평 소유(서초동)/건물: 26명이 28채 상가소유(역삼동))(1993. 9. 9), 무연고 공직자 71명 강원도 토지 87만평 소유 투기의혹(1993. 9. 10).

252) 재산공개결과 부동산투기의혹 당사자 토지공개념 입법과정중 발언(토지공개념 혁명부를수도/토지공개념 시종일관 부정적/부동산투기 근절책 제시 요구 호통/투기꾼명단 공개하라 되레 큰 소리/도덕적 책임질 사람이 윗물에 있다)(동아일보 1993. 3. 30).

을 보이기도 했다.[253)]

Ⅵ. 투기변이기: 1998~2013년

1. 시장의 변화

1997년 IMF 외환위기 이후 침체된 경기를 되살리기 위해 대대적인 규제완화와 개발정책이 추진되었다. 토지거래허가구역과 개발제한구역이 대폭 해제되었고, 비업무용토지 중과세제도도 폐지되었다. 경기를 살리기 위한 개발정책은 신도시 개발이 중심이 되었다. 판교, 상암, 화성, 김포, 아산 신도시 등의 개발이 발표되었고, 제주도는 국제자유도시로의 개발이 발표되었다. 그 결과 1999년 12월 IMF관리체제를 벗어나면서 부동산 경기도 서서히 살아나, 토지가격은 2001년 1.3%, 2002년 9.0%로 급격히 상승하였다. 그러나 이와 함께 부동산 투기라는 망국병이 다시 나타나기 시작했다.

2003년 새로 들어선 정부는 부동산투기억제를 위한 토지수요 관리정책과 함께 신행정수도건설, 뉴타운, 신도시, 경제자유구역, 혁신도시, 기업도시개발 등 토지공급확대정책을 추진하였다.[254)] 동시다발적으로 전국적으로 벌어진 개발사업으로 인해 토지수용보상비[255)]

---

253) 고위공직자재산등록 공개결과(9월 7일~12월 31일 변동내역/1,143명/변동 없는 것이 특징/부동산투기자 사전매각 요인)(동아일보 1994. 2. 28), 국회 공직자윤리위원회 국회의원재산등록현황 공개(15대 국회의원 2백99명/신고거부 28명/직계존비속 누락많아 은닉의혹/부동산감소, 금융자산 증액 특징)(1996. 7. 27).

254) <부록 1> 시기별 주요 토지대책 <부표 3> 참조.

255) 국책사업 지가급등 악순환(서수원~평택고속도로 토지보상비 당초 7배 4800억원으로 증가/9개 고속도로 토지보상비 당초의 2~3배로/판교신도시 사업비 2조5000억에서 8조원(동아일보 2005. 6. 8), 4개 공사 2년간 수도권 토지보상비 16조원(대한주택공사, 한국토지공사, 서울시도시개발공사, 경기개발공사/보상비 부동산가격 상승원인 지적)(2005. 6. 20).

는 2000년부터 2005년까지 약 50조원 이상이 지급되었고, 시중 유동자금은 증가되어 다시 투기자금화하고 지가가 상승하는 악순환을 초래하였다. 이로 인해 토지가격은 2005년 5.0%, 2006년 5.6%로 상승하였고,[256] 이로 인해 종전의 부동산 투기가 다시 발생하여 토지공개념의 부활론 또는 부동산공개념론이 재등장하기에 이르렀다.

이 시기의 토지투기는 과거의 투기와는 달리 신도시의 주택투기, 재개발·재건축투기, 개발예정지의 토지투기, 토지보상비에 의한 투기 등이 계속 혼재하였다. 한편 같은 시기에 수도권은 투기억제정책이 필요하였고, 지방은 경기활성화대책이 필요할 정도로 복잡한 모습을 보였으며 정책이 시장에 반영이 되지 않는 내성도 갖게 되었다. 투기에 있어서 돌연변이(突然變異) 내지는 변이(變異)가 온 것이다.

2007년 8월 미국 부동산시장에서 시작된 금융위기[257]는 우리에게도 영향을 미쳐 금융시장 뿐만 아니라 부동산시장에서 거품붕괴론이 등장하기 시작하였다. 수도권 주요 도시의 아파트가격은 국토교통부 실거래가를 기준으로 2006년 말부터 2007년 초 고점 대비 평균 20~30% 가량 떨어져 있어 그동안의 물가상승률을 감안하면 실질 가격으로는 30~40%가량 떨어졌다.[258] 그럼에도 부동산수요는 과거와 달리 늘어나지 않고, 오히려 2008년 현재 전국 13만 가구에 달하는 아파트가 미분양되었으며, 수도권에서도 2만호 이상의 미분양이 적체되는 현상을 보였다.[259] 당시의 아파트 미분양은 IMF전후의 미분양 구조 및 유사한 형태를 보이고 있었다. 또한 법원경매신청건수가

---

256) 주택가격(한국감정원, 전국주택가격동향조사, 각 연도, www.index.go.kr)은 2001년(9.9%), 2002년(16.4%), 2003년(5.7%), 2004년(−2.1%), 2005년(4.0%), 2006년(11.6%)로 나타나 주택매매가격의 평균변동률(7.6%)은 토지의 평균지가변동률(4.7%)에 비해 높다. 이는 1990년 이전과는 다른 모습이다.

257) '세계 증시 급락'(동아일보 2007. 8. 11).

258) 선대인, "하우스푸어와 중산층 위기", 「내일을 여는 역사」, 제41호(2010. 12), 106면.

259) 김태경, "아파트 미분양사태의 원인과 대책", 경기개발연구원, 「CEO Report」, No. 18(2008. 9), 1면.

최대를 기록하기도 했고,[260] 대형건설사업이 줄줄이 무산되기도 했다.[261]

1997년 말 우리 경제가 극심한 외환위기를 겪으며 IMF관리체제에 편입된 이래[262] 국내 경기의 침체와 함께 부동산 시장의 침체는 심각하였다. 부동산 가격의 폭락은 기업 및 가계의 자산가치를 급격히 감소시킴으로써 투자수요, 소비수요 등 경제의 수요기반을 약화시키면서 소득감소, 수요감소의 악순환을 형성하는 복합불황의 우려를 자아내게 하였다.[263] 이러한 위기를 벗어나기 위해 정부는 토지거래허가·신고구역의 전면 해제, 각종 토지거래규제의 완화, 토지공개념 관련제도의 대폭 완화·폐지[264]를 통해 지금까지의 수요관리 내지 투기억제 일변도의 정책기조를 변화시켰다.[265] 토지가격은 1997년 외환위기로 인하여 1998년 −13.6%로 하락하였으나,[266] 1998년 5월 「5·22 주택경기활성화 대책」의 효과로 1999년 2.9%로 살아나기 시작하였다.

토지가격은 2007년 8월 미국 서브프라임 사태와 정부의 정책이 맞물려 2008년 −0.3%로 2012년까지 하락세를 유지하다가 2013년 1.14%로 서서히 상승세로 돌아섰다.[267] 이 시기동안 지가증가율은 연평균

---

260) 대법원 경매정보 통계 1월 전국 법원 경매신청건수 1만1615건(2009년 4월 1만2059건 이래 월별 최대/깡통전세 경보(감정가 대비 낙찰가율 70% 중반)(동아일보 2013. 3. 11).

261) 대한건설협회 부동산 경기침체로 공모형 프로젝트 파이낸싱(PF) 사업 28곳 중 사업중단 19곳(대형사업 줄줄이 좌초/무너지는 부동산시장/무대책 문제)(동아일보 2013. 3. 24).

262) 정부 국제통화기금(IMF)에 긴급 금융지원 요청(동아일보 1997. 11. 21), IMF지원 조건 재협상 타결(1997. 12. 2).

263) 건설교통부, 국토이용에 관한 연차보고서, 건설교통부, 2002, 210면.

264) 택지소유상한제와 토지초과이득세를 폐지하였으며, 개발부담금은 1999년 12월 31일까지 부과를 중지하였다.

265) 김상용(저), 전게서, 38−39면.

266) '부동산 가격 급락세'(97년 11월 대비 주택가격 20% 하락, 토지가격 30%이상 하락)(동아일보 1998. 4. 10).

267) 주택가격은 2007년(3.1%), 2008년(3.1%), 2009년(1.5%), 2010년(1.9%), 2011년(6.9%), 2012년(0.0%), 2013년(0.3%)로 나타나 주택매매가격의 평균변동률(2.4%)은 토지

〈표 26〉 투기변이기(1998~2013년) 지가변동률 추이 (단위: %)

연도	1997	1998	1999	2000	2001	2002	2003	2004	2005	2006
변동률	0.3	−13.6	2.9	0.7	1.3	9.0	3.4	3.9	5.0	5.6
연도	2007	2008	2009	2010	2011	2012	2013	2014	2015	2016
변동률	3.9	−0.3	1.0	1.0	1.2	1.0	1.1	2.4	2.8	2.7

자료: 국토교통부, 지가동향(www.index.go.kr).

1.7%였으며, 가장 높은 지가변동률은 2002년의 9.0%, 낮은 지가변동률은 1998년의 −13.6%(외환위기), 2008년의 −0.3%(금융위기)를 기록했다.[268)]

2010년부터 2011년까지 2년간 지가변동률이 연평균 1% 내외 수준이고, 거래량도 2년 연속 감소하면서 부동산시장은 침체되었다.[269)] 정부는 부동산시장의 안정화 또는 활성화를 위해 부동산 규제제도의 완화와 관련 세제의 감면정책을 취하는 동시에 경기부양을 위한 개발정책, 공급억제정책, 금융정책 등을 쓰기도 하였다.[270)]

2. 주요 정책

(1) 활성화대책과 투기억제대책

1998~2013년 사이의 부동산정책은 1997년 IMF 외환위기의 탈출과 2007년 8월 미국 부동산시장에서 시작된 금융위기이후의 탈출을 위해 규제완화를 비롯한 경기활성화 대책과 투기억제대책이 거듭해

의 평균지가변동률(1.3%)에 비해 높다.

268) 주택가격은 1998년(−12.4%), 2008년(3.1%)로, 지가하락률에 비해 낮지 않게 나타나고 있다. 이 시기 전체(1998~2013년)로 보아도 주택매매가격의 평균변동률(−4.65%)은 토지의 평균지가변동률(−6.95%)에 비해 높다.

269) 국토해양부 보도자료, 2011. 5. 24.

270) <부록 1> 시기별 주요 토지대책 <부표 3> 참조.

서 되풀이되어 쓰여졌다. 특히 2003년부터 2007년까지는 투기억제대책과 공급확대정책이 함께 같은 시기에 쓰여져서 개발로 인한 투기가 혼재하는 악순환을 겪기도 했다. 또한 대통령[271]을 중심으로 한 정책결정자들이 부동산문제를 이념으로 풀려다 부작용이 많이 드러나기도 했다.[272][273]

(2) 행정수도 건설

행정수도 건설은 2002년 9월 민주당 노무현후보에 의해 공약으로 제시되었다.[274] 2002년 12월 19일 제16대 대통령 선거에서 노무현후보가 당선되자 정부는 행정수도 후보지역인 충남 아산신도시와 공주시 장기지구를 집중 관리하기 시작했다. 이어서 2004년 10월 헌법재판소에서 위헌 결정을 받을 때까지 행정수도를 중심으로 한 투기를 방지하기 위한 여러 조치들이 취해졌다.[275] 헌법재판소는 '서울

---

271) '2003년 10월 노대통령이 국회시정연설에서 부동산가격 안정대책으로 부동산공개념을 언급하였다(동아일보 2003. 10. 13). '노대통령은 6일 서울 세종로 정부중앙청사 별관에서 열린 신행정수도건설 국정과제 회의에서 (충청권) 신행정수도 건설을 주제로 내가 지난 대선에서 좀 재미를 봤다 …'고 밝혔다(동아일보 2003. 11. 6).

272) 한국건설산업연구원은 6일 현 정부의 부동산 정책을 평가하고 차기 정부에 개선 방안을 건의하는 '주택 부동산 분야의 향후 정책 과제' 보고서에서 이같이 주장했다(동아일보 2007. 12. 7).

273) 이 시기의 활성화대책과 투기억제대책은 <부록 1> 시기별 주요 토지대책 <부표 3> 참조.

274) '노 후보는 출범식 연설에서 "수도권 집중 억제와 낙후된 지역경제 문제의 근본적 해결을 위해 충청권에 행정수도를 건설, 청와대와 중앙부처부터 옮겨 가겠다"고 공약했다. 노 후보는 충청권의 행정수도 후보지로 대전을 염두에 두고 있는 것으로 알려졌다…'(동아일보 2002. 9. 30).

275) 전국 87개 시군구, 토지투기지역 지정(강북 뉴타운개발사업 후보지/행정수도 후보지)(동아일보 2003. 2. 2), 수도권신도시 후보지 토지거래허가구역 지정(2003. 4. 22), 신행정수도 건설을 위한 특별조치법안 입법예고(행정수도 주변 2010년까지 개발 제한/행정수도 토지보상가격 2003년 1월 1일 공시지가 기준)(2003. 7. 21), 신행정수도건설추진위원회 신행정수도 연기·공주 확정 발표(입지탈락 충북 진천·음성, 충남 천안, 충남 공주·논산 개발행위허가와 건축허가 제한, 토지거래허가구역, 토지거래특례지역 등 해제/연기·공주 각종 개발행위허가 및

이 우리나라의 수도인 점은 불문의 관습헌법이므로 헌법개정절차에 의하여 새로운 수도 설정의 헌법조항을 신설함으로써 실효되지 아니하는 한 헌법으로서의 효력을 가진다. 따라서 헌법개정의 절차를 거치지 아니한 채 수도를 충청권의 일부지역으로 이전하는 것을 내용으로 한 이 사건 법률을 제정하는 것은 헌법개정사항을 헌법보다 하위의 일반 법률에 의하여 개정하는 것이 된다. 한편 헌법 제130조에 의하면 헌법의 개정은 반드시 국민투표를 거쳐야만 하므로 국민은 헌법개정에 관하여 찬반투표를 통하여 그 의견을 표명할 권리를 가진다. 그런데 이 사건 법률은 헌법개정사항인 수도의 이전을 헌법개정의 절차를 밟지 아니하고 단지 단순법률의 형태로 실현시킨 것으로서 결국 헌법 제130조에 따라 헌법개정에 있어서 국민이 가지는 참정권적 기본권인 국민투표권의 행사를 배제한 것이므로 동 권리를 침해하여 헌법에 위반된다'고 하여 위헌결정을 내렸다.[276] 2005년 3월 새로 만들어진 「신행정수도 후속대책을 위한 연기·공주지역 행정중심복합도시 건설을 위한 특별법」[277]에 의하여 연기·공주지역에 건설되는 행정중심복합도시가 수도로서의 지위를 획득하는지 여부에 헌법재판소는 행정중심복합도시는 수도가 아니라고 결정하자,[278] 행정중심복합도시는 본격적으로 건설되기 시작하였다. 2010년 6월 29일 국회에서 행정중심복합도시의 건설을 재검토하였으나

건축허가제한조치 계속)(2004. 8. 11), 행정도시 투기방지대책(개발행위 및 건축허가제한/부동산투기대책본부 재가동/투기조짐시 토지거래허가구역, 투기과열지구, 주택 또는 토지투기지역 지정방침)(동아일보 2005. 3. 9), 행정도시 예정지와 주변지역 확정 발표(충남 연기군과 공주시 5개면 33개리 2210만 평/주변지 6월부터 주택신축 허용/늦어도 10년 내엔 각종 개발행위 가능/6월중 부처이전 세부계획 확정/행정기관 이전(2012년~2014년))(2005. 3. 23).

276) 헌법재판소 전원재판부 2004. 10. 21. 2004헌마554.

277) 2005. 3. 18. 법률 제7391호, 시행 2005. 5. 19.

278) '행정중심복합도시는 수도로서의 지위를 획득하는 것으로 평가할 수는 없고, 이 사건 법률에 의하여 수도가 행정중심복합도시로 이전한다거나 수도가 서울과 행정중심복합도시로 분할되는 것으로 볼 수 없다'(헌법재판소 전원재판부 2005. 11. 24. 2005헌마579)고 각하결정을 내렸다.

계속 추진으로 확정되었고,[279] 세종시의 지위 및 관할구역 등을 골자로 하는 「세종특별자치시 설치 등에 관한 특별법」[280]이 제정되어 세종시의 모습이 구체화되었으며, 2012년 7월 1일 세종특별자치시가 출범되었다. 2015년 말까지 총 4만6천여호가 입주하였다.[281][282]

(3) 종합부동산세 시행

종합부동산세는 '고액의 부동산 보유자에 대하여는 부동산보유세를 과세함에 있어서 지방세의 경우보다 높은 세율로 국세인 종합부동산세를 과세하여 부동산 보유에 대한 조세부담의 형평성을 제고하고 부동산의 가격안정을 도모함으로써 지방재정의 균형발전과 국민경제의 건전한 발전을 기하려는 것'[283]을 목적으로 제정된 「종합부동산세법」[284]에 의해 신설된 국세이다.

종합부동산세는 2003년 5월 23일 「주택가격 안정대책」에서 부동산 과다보유자(5만~10만명)에 대해 개인별 종합과세로 세금을 중과하겠다고 하는데서 출발하였다. 종합부동산세는 토지와 주택소유자에 대해서 일정 기준까지는 지방자치단체가 종합토지세를 부과하고, 일정 기준을 초과하는 경우에는 국세청이 별도로 누진세율을 적용해 부과하는 것을 내용으로 하였다. 그 후 종합부동산세는 입법화될 때까지 투기억제대책에서 빠짐없이 언급이 되었고, 부과대상자, 지자체, 야당 등은 이에 대해 집단적으로 반대하였다.[285] 2005년 12월

279) 세종시 수정법안 부결(국회의원 275명중 105명 찬성, 164명 반대, 6명 기권).
280) 제정 2010. 12. 27 법률 제10419호, 시행 2012. 7. 1.
281) 국토교통부, 2016년 국토의 계획 및 이용에 관한 연차보고서, 92면.
282) 과천 공무원 81% 수도권 주택 계속 보유(2006년 공무원 307명 대상 한국토지공사 설문조사/본인만 이사 41.7%/행정도시 건설취지 무색)(동아일보 2007. 2. 14).
283) 법제처 국가법령정보센터 제정이유(http://www.law.go.kr).
284) 제정 2005. 1. 5 법률 제7328호, 시행 2005. 1. 5.
285) 종합부동산세제 추진과정과 집단적인 반발은 <부록 2> 토지투기관련 주요 일지 참조.

7일 여당인 열린우리당은 국회에서 「종합부동산세법」 개정안을 표결 통과시켰다.[286] 종합부동산세의 부과대상은 부과기준을 6억원 이상으로 할 때 2006년 기준으로 35만1000명이었다.[287]

종합부동산세에 대하여는 위헌의 여지가 있다고 지적되었고,[288] 서울 행정법원의 판결[289]도 엇갈렸다. 헌법재판소는 2006년 5월 서울시 강남구 등 22개 구청 권한쟁의 심판청구에서 사건을 각하결정하였다.[290] 2007년 12월 23일 대통령 당선자는 종합부동산세와 양도소득세 감면을 약속했다. 2008년 9월 18일 헌법재판소는 세대별 합산 부과가 위헌이라는 헌법 소원에 대해서는 공개변론을 열었으며,[291] 11월 헌법재판소는 "특정한 조세 법률조항이 혼인이나 가족

286) 종합부동산 기준 6억 전격통과(한나라당 퇴장/과세기준 기준시가 6억원 이상으로 인하/가구별 합산과세 전환/과표적용률 2009년까지 연차적으로 100%로 인상)(동아일보 2005. 12. 7).

287) 행정자치부와 한국조세연구원 종합토지세 부과 대상자 1636만명(2003년(1581만명)보다 3.5% 증가/100만원 이상 납부 대상자 17만명(1.1%), 작년(0.8%)보다 0.3% 증가)(2004. 11. 30). 국세청 종합부동산세 납부대상자 7만4212명(2만6696명(36%) 서울 강남거주/납부 최고액: 법인 300억, 개인 18억)(2005. 11. 30). 국세청, 종합부동산세 신고안내서 발송(대상자 35만1000명(법인 1만4000개 포함)/신고세액은 1조7273억원(2005년 2.7배 수준)/서울 15만4300명(65.2%)/신고대상자 10명중 7명 다주택자(16만9000명)(2006. 11. 27). 2007년 종합부동산세 전망(종합부동산대상자 13만9000명(2006년(6만8000명)의 2배)/다주택자의 보유주택수 점유비 89.4%/재산세부담 가중: 현재 50% 재산세 과표적용률 2017년까지 100% 조정)(2007. 3. 15).

288) 보유세 가구별 합산과세 위헌 논란(1주택 비과세도 가구기준(합헌)/기혼자만 차별대우 받는셈(위헌))(동아일보 2005. 8. 23), 한국경제연구원 종합부동산세 세대합산 과세 위헌 소지 주장(주요 국가의 세대 단위 합산과세 폐지 사례로 본 한국 종부세의 문제점 보고서)(2006. 8. 17).

289) 서울행정법원 행정4부 종합부동산세 정당 첫 판결(위헌법률심판제청신청 기각/토지와 주택 공공성 강조)(동아일보 2007. 6. 8), 서울행정법원 행정5부 종합부동산세 정당(1주택 종부세는 재산권 침해 우려/세심한 입법규율 필요/위헌법률심판제청신청 기각)(2007. 8. 15), 서울행정법원 행정5부 부부-가구원들 조세 부담 가중 종합부동산세 위헌법률심판제청신청 수용(2008. 4. 17).

290) 헌법재판소는 '종합부동산세법이 자치재정권을 침해하고 국회를 상대로 한 권한쟁의 심판청구에서 청구시한이 지났다는 절차상 요건에 하자가 있다'(헌법재판소 전원재판부 2006. 5. 25. 2005헌라4)고 재판관 전원일치된 의견으로 각하하였다.

291) 청구인 측은 "종부세는 부동산 소유를 과도하게 제한해 시장경제질서를 해친다.

생활을 근거로 부부 등 가족이 있는 자를 혼인하지 아니한 자 등에 비하여 차별 취급하는 것이라면 비례의 원칙에 의한 심사에 의하여 정당화되지 않는 한 헌법 제36조 제1항에 위반된다 할 것인데, 이 사건 세대별 합산규정은 생활실태에 부합하는 과세를 실현하고 조세회피를 방지하고자 하는 것으로 그 입법목적의 정당성은 수긍할 수 있으나, 가족 간의 증여를 통하여 재산의 소유 형태를 형성하였다고 하여 모두 조세회피의 의도가 있었다고 단정할 수 없고, 정당한 증여의 의사에 따라 가족 간에 소유권을 이전하는 것도 국민의 권리에 속하는 것이며, 우리 민법은 부부별산제를 채택하고 있고 배우자를 제외한 가족의 재산까지 공유로 추정할 근거규정이 없고, 공유재산이라고 하여 세대별로 합산하여 과세할 당위성도 없으며, 부동산 가격의 앙등은 여러 가지 요인이 복합적으로 작용하여 발생하는 것으로서 오로지 세제의 불비 때문에 발생하는 것만이 아니며, 이미 헌법재판소는 자산소득에 대하여 부부간 합산과세에 대하여 위헌 선언한바 있으므로 적절한 차별취급이라 할 수 없다"라고 하여 위헌 및 헌법불합치결정을 내렸다.[292)][293)] 다음 날인 14일 정부는 헌

가구별 합산 과세는 혼인 및 가족생활을 보장한 헌법에 위배된다"고 주장했다. 이에 국세청 측은 "종부세는 불필요한 부동산 소유를 억제해 다수 국민에게 주거 혜택을 준다. 가구별 합산은 공평한 세부담을 실현하고 소득 재분배 효과도 있다"고 맞섰다(동아일보 2008. 9. 18).

292) 종합부동산세 세대별 합산 부과 위헌, 거주목적 1주택 장기보유자의 종부세 부과 헌법 불합치 결정(헌법재판소 전원재판부 2008. 11. 13. 2006헌바112등). 헌법재판소는 금융종합과세 및 사업소득에서의 부부합산과세 규정도 위헌으로 결정(헌법재판소 2005. 5. 26, 2004허가6)하였다.

293) 이같은 헌법재판소 결정에 대하여 '불로소득인 개발이익을 사회로 환수하고자 하는 목적이 양도소득세와 동일함에도 불구하고, 부부간에 명의신탁을 하여 1세대 2주택인 경우에 종합부동산세에서 부부합산을 하지 아니하면 개발이익의 사회환수제도를 실현할 수 없는 점이 명백하다. 부부간의 명의신탁을 한 경우에 등기부에 명의신탁이 전혀 공시되지 아니한 점에 비추어 보면, 부부간의 명의신탁에 의하여 주택이 2동으로 된 경우에 양도소득세와 종합부동산세에 있어서 서로 모순적임을 알 수 있다. 부부별산제의 민법상의 원칙을 고수하려면 양도소득세의 부과도 부부가 별도로 비과세 혜택을 받도록 하여야 할 것이며, 개발이익의 사회환수를 통하여 부동산투기를 억제하겠다는 취지를 살리려면 종합부동

법재판소 종합부동산세법 일부 위헌 결정에 대한 후속조치에 들어갔다.[294)]

(4) 혁신도시 건설

혁신도시 건설은 2004년 6월 국가균형발전 5개년계획을 마련하면서 시작되었다.[295)] 2006년 7월 10개 혁신도시건설을 위해 1,306만평을 확정하였고,[296)] 2007년 1월 「공공기관 지방이전에 따른 혁신도시 건설 및 지원에 관한 특별법」[297)]을 제정하였다. '수도권 과밀문제를 해소하고 국가균형발전을 도모하기 위하여 수도권에서 지방으로 이전하는 공공기관을 수용하는 혁신도시의 개발절차, 혁신도시 건설을 위한 지원사항, 혁신도시위원회의 설치 및 혁신도시건설특별회계 등에 관한 사항을 정함으로써 공공기관의 지방이전을 원활하게 추진하고, 지역적 특성을 고려한 새로운 형태의 혁신도시를 효율적으로 조성하기 위한 법적 토대를 마련'[298)]하기 위해 제정하였다.

2010년 4월 21일 지역발전 활성화 대책을 확정하여, 2012년까지 완공하여 10개 혁신도시에 157개 공공기관을 이전하기로 하였다. 혁신도시별로 우선 1공구 조성공사에 대해 2007년 9월 제주와 경북을 시작으로 2009년 말까지 10개 혁신도시 42개 전공구를 착공하여 2015년 12월말 기준 전체평균공정률 99.9%로 2016년 완공을 목표로

산세는 부부합산과세를 함이 마땅하다'라는 견해(김상용(3), 민사법연구(10), 화산미디어, 2017, 11−12면)도 있다. 타당한 견해이며 양도소득세와 종합부동산세에 대한 모순적인 판결은 정리가 되어야 할 것으로 생각된다.

294) '20만명 6,300억 환급'(동아일보 2008. 11. 14).

295) 국가균형발전 5개년 계획(공공기관 지방이전(수도권 180~200개 기관 지방이전(직원 3만5000여명) 미래형 혁신도시 10~20곳 건설/산업단지 혁신클러스터화(지방산업단지 활성화)/)(동아일보 2004. 6. 1).

296) 175개 공공기관이 들어설 부지 453만평을 축소하였고, 2012년까지 지방이전을 목표로 하였다(동아일보 2006. 7. 12).

297) 제정 2007. 1. 11 법률 제8238호, 시행 2007. 1. 12.

298) 법제처 국가법령정보센터 제정이유(http://www.law.go.kr).

하였다.[299)]

(5) 부동산거래신고제 및 실거래가 등기 실시

1989년 마련된 토지공개념 제도중 「지가공시 및 토지 등의 평가에 관한 법률」[300)]이 제정되기 전까지 우리나라에서 공적 지가는 일물일가의 법칙이 적용되지 않았다. 공시지가제도는 다원화된 공적지가 체계의 문제점을 해소하고 각종 조세 등 토지정책의 실효성을 제고하는 기반이 되었다는 의의가 크다.[301)] 그러나 공시지가는 실거래가격과 괴리됨으로 인해 공시지가에 대한 객관성 및 공정성을 저해하고 보상평가 및 조세부과 등 모든 분야에 불만요인으로 작용하고 있어, 이를 해소하고자 정부에서는 공시지가 현실화·적정화를 2004년도(76%)와 2005년도(91%)에 걸쳐 추진하였다. 공시지가 현실화·적정화를 통하여 부동산 투기억제 등 부동산가격 동향에 따른 적절한 정책추진과 조세부과의 형평성 및 적정성을 제고하고 공시지가의 신뢰성을 확보할 수 있도록 하였다.[302)]

부동산거래신고제는 2005년 8월 31일, 소위 8·31 부동산정책에 의해 생겨난 제도이다. 부동산거래신고제는 「공인중개사의 업무 및 부동산 거래신고에 관한 법률」[303)]로 변경하여 대체하였다. 본 법률의 개정이유는 '부동산투기 및 탈세의 원인이 되고 있는 이중계약서 작성을 금지하고 실거래가격에 기초하여 과세가 이루어지도록 하기 위한 제도적 장치를 마련하는 한편, 투명하고 공정한 부동산 거래질

---

299) 국토교통부, 2016년 국토의 계획 및 이용에 관한 연차보고서, 103면.

300) 제정 1989. 4. 1. 법률 제4120호. 시행 1989. 7. 1.

301) 졸저, 부동산공법의 이해, 법원사, 2013, 528면.

302) 건설교통부 부동산평가팀, 2005 지가공시에 관한 연차보고서, 63면.

303) 전부개정 2005. 7. 29 법률 제7638호, 시행 2006. 1. 30. 이 법률은 공인중개사법(일부개정 2014. 1. 28 법률 제12374호, 시행 2014. 7. 29)과 부동산 거래신고 등에 관한 법률(제정 2016. 1. 19 법률 제13797호, 시행 2017. 1. 20)로 분리되었다.

서를 확립하여 국민의 재산권을 보호'[304]하는 데 두고 있다.[305]

실거래가 등기는 「부동산등기법」[306]과 「부동산등기규칙」[307]을 개정하여 2006년 1월 1일부터 부동산실거래가의 등기를 위해 검인계약서 대신에 부동산거래신고필증을 첨부서면으로 하면서 시작되었다.[308] 거래가액을 등기하는 취지는 당사자가 실제로 거래한 금액을 등기부에 공시함으로써 거래의 투명성을 확보하고, 적정한 세금을 부과하는 등 부동산투기를 방지하는데 두었다.[309]

실거래가 신고와 실거래가 등기는 2005년 8·31정책을 형성하는 핵심 축 가운데 하나였지만 당시 언론은 '투기억제' 부문에만 초점을 맞췄을 뿐, 이 두 가지 투명성 제고 조치에는 별로 주목하지 않았다. 언론의 외면과는 달리 두 제도의 효과는 상당했다. 수십 년 동안 '거짓신고 가격'에 둘러싸여 무엇이 진실인지 알 수 없었던 부동산거래 내용이 투명하게 드러나기 시작했다.[310]

실거래가 신고에 의해 축적된 자료의 공개대상은 거래대상자나 중개업자가 신고한 2006년 1월부터 거래된 아파트 단지를 대상으로 실거래가격을 제공하였다.[311] 2008년 5월 현재 아파트의 경우 공개대상을 500호 이상 단지 중 10건 이상 거래된 전체 아파트단지로 제한하였다. 그 이유는 특이 거래에 의한 정보 왜곡을 방지하기 위해 어느 정도의 거래량을 확보할 수 있는 단지를 선정할 필요에 의한

---

304) 법제처 국가법령정보센터 제정이유(http://www.law.go.kr).

305) 건교부 부동산 실거래 위반 첫 과태료 부과(1월 도입/부동산 실거래가 신고 3만3000여 건 중 허위신고의심 144건 적발/16건 거래당사자 총 1억4211만원 과태료 부과)(동아일보 2006. 5. 16)

306) 일부개정 2005. 12. 29 법률 제7764호, 시행 2006. 6. 1.

307) 일부개정 2006. 5. 30 대법원규칙 제2025호, 시행 2006. 6. 1.

308) 부동산 실거래가 신고제 2단계 등기부등본 실거래가격 기재 의무화(동아일보 2006. 6. 1)

309) 졸저, 부동산등기법, 법우사, 2017, 241면.

310) 국정브리핑 특별기획팀, 전게서, 86면.

311) 건교부 12만9,000건 실거래가 공개(아파트가격 안정세/인위적 가격인상 줄 것 전망)(동아일보 2006. 8. 24).

것이다. 아파트로 제한하여 공개하는 이유는 아파트는 토지나 단독주택 등과 달리 상대적으로 상품의 동질성이 크고 비정상적인 거래가 적어, 공개시 일반인이 거래 참고자료로 활용 가능하기 때문이다.[312)]

3. 주요 판결

(1) 토지공개념 관련 판결

1998년 12월 24일 헌법재판소는 개발제한구역제도에 대해 '헌법상의 재산권은 토지소유자가 이용 가능한 모든 용도로 토지를 자유로이 최대한 사용할 권리나 가장 경제적 또는 효율적으로 사용할 수 있는 권리를 보장하는 것을 의미하지는 않는다. 토지재산권은 강한 사회성, 공공성을 지니고 있어 이에 대하여는 다른 재산권에 비하여 보다 강한 제한과 의무를 부과할 수 있으나, 그렇다고 하더라도 다른 기본권을 제한하는 입법과 마찬가지로 비례성원칙을 준수하여야 하고, 재산권의 본질적 내용인 사용·수익권과 처분권을 부인하여서는 안된다. 입법자가 도시계획법 제21조를 통하여 국민의 재산권을 비례의 원칙에 부합하게 합헌적으로 제한하기 위해서는, 수인의 한계를 넘어 가혹한 부담이 발생하는 예외적인 경우에는 이를 완화하는 보상규정을 두어야 한다. 이러한 보상규정은 입법자가 헌법 제23조 제1항 및 제2항에 의하여 재산권의 내용을 구체적으로 형성하고 공공의 이익을 위하여 재산권을 제한하는 과정에서 이를 합헌적으로 규율하기 위하여 두어야 하는 규정이다. 특히 개발제한구역 내

---

312) 전국의 500호 이상 단지(400만호)는 총 아파트 수(688만호)의 58%를 차지한다. 2006년 12월 1일 공개되는 아파트 실거래 자료 37만 9천 건은 적정성 검증을 거친 자료로 기준가액보다 상당히 낮게 신고한 가격은 분석 및 공개 대상에서 제외하고 있다(www.rt.mltm.go.kr). www.onnara.go.kr.

농지와 대지 및 장기 미집행 도시계획시설용지에 대한 보상의 필요성을 강조하여, 입법자는 되도록 빠른 시일 내에 보상입법을 하여 위헌적 상태를 해결할 의무를 부여하고, 행정청은 새로 개발제한구역을 지정할 수 없도록 하였다'[313]고 헌법불합치 결정을 하였다. 이 판결에서 헌법재판소는 토지이용에 있어서 공익적인 성격을 강조하면서도 '보상의무 있는 재산권내용규정'에 의한 재산권 형성에 있어서 입법자를 기속하는 헌법상의 재산권보장원칙, 특히 존속보장을 강조하였다.

1999년 4월 29일 헌법재판소는 택지소유상한제에 대해 '재산권은 개인이 각자의 인생관과 능력에 따라 자신의 생활을 형성하도록 물질적·경제적 조건을 보장해 주는 기능을 하는 것으로서, 재산권의 보장은 자유실현의 물질적 바탕을 의미하고, 특히 택지는 인간의 존엄과 가치를 가진 개인의 주거로서, 그의 행복을 추구할 권리와 쾌적한 주거생활을 할 권리를 실현하는 장소로 사용되는 것이라는 점을 고려할 때, 소유상한을 지나치게 낮게 책정하는 것은 개인의 자유실현의 범위를 지나치게 제한하는 것이라고 할 것인데, 소유목적이나 택지의 기능에 따른 예외를 전혀 인정하지 아니한 채 일률적으로 200평으로 소유상한을 제한함으로써, 어떠한 경우에도, 어느 누구라도, 200평을 초과하는 택지를 취득할 수 없게 한 것은, 적정한 택지공급이라고 하는 입법목적을 달성하기 위하여 필요한 정도를 넘는 과도한 제한으로서, 헌법상의 재산권을 과도하게 침해하는 위헌적인 규정이다'[314]라고 위헌결정을 하였다. 그 후 대법원은 2002년 7월 택지초과소유부담금 미납자 재산에 대하여 '위헌결정으로 규정 역시 그 날로부터 효력을 상실하게 되었고, 위 규정 이외에는 체납 부담금을 강제로 징수할 수 있는 다른 법률적 근거가 없으므로,

313) 헌법재판소 전원재판부 1998. 12. 24. 88헌마214, 90헌바16, 97헌바78(병합).
314) 헌법재판소 전원재판부 1999. 4. 29. 94헌바37외 66건(병합).

위헌결정 이후에는 별도의 행정처분인 매각처분, 분배처분 등 후속 체납처분 절차를 진행할 수 없는 것은 물론이고, 기존의 압류등기나 교부청구만으로는 다른 사람에 의하여 개시된 경매절차에서 배당을 받을 수도 없다'[315]고 판결하였다. 2002년 7월 31일 서울지방법원 민사24부는 '국가는 택지소유상한에 관한 법률 위헌 결정 이후, 압류재산에 대한 공매처분 등 후속 체납처분 절차를 진행할 수 없다. 관할 구청이 부담금을 내지 않을 경우 압류된 땅을 공매시키겠다는 통지서를 발송하는 등 납부 압박을 가한 것은 절차에 따른 강제징수로 봐야 한다. 부담금 부과 및 압류처분이 1999년 위헌결정 이전에 확정됐다 하더라도 이후의 공매처분은 별개의 행정처분인 만큼 법률적 근거가 사라진 상태에서 국가가 징수한 부담금은 부당이득에 해당한다'고 판결하였다.

(2) 부동산실명제 관련 판결

2001년 5월 31일 헌법재판소는 명의신탁의 사법적 효력을 부인하는 입법목적에 대해 '명의신탁의 효력과 관련된 위 규정들은 사적자치의 원칙 및 재산권보장의 원칙의 본질을 침해하였다고 볼 수 없다. 그리고 명의신탁의 사법적 효력을 부인하는 입법목적은 정당하고, 위와 같은 입법목적을 달성하기 위하여 명의신탁약정의 사법적 효력을 부인하는 것 또한 그 수단으로서 적절한 것으로 판단'된다고 하였다. 한편, 과징금에 대해서는 '부동산실명법 시행 후 법을 위반한 명의신탁자 및 법 시행일로부터 1년 이내에 실명등기를 하지 아니한 기존 명의신탁자 등에 대하여 부동산가액의 100분의 30에 해당하는 과징금을 부과할 수 있도록 규정한 것은 지나치다고 보여지고, 100분의 30이라는 부과율은 명의신탁의 숨은 의도가 어느 정도 반사

315) 대법원 2002. 7. 12. 선고 2002두3317 판결.

회적인지, 위탄의 유형에 따른 차등부과의 방법은 없는지, 다른 참작 사유는 없는지 등의 여부에 관계없이 일률적인 비율로 정하여 놓은 것이므로, 구체적인 경우에 따라 지나친 제재가 될 수 있다는 염려가 있으며, 실명등기의무 지체의 기간이 얼마나 되는지 등의 다양한 요소들을 고려하여 과징금을 차등적으로 부과할 수 있는 가능성을 전혀 배제한 것은, 과잉금지의 원칙은 물론 평등의 원칙에도 반한다고 할 것이므로, 유예기간 내에 실명등기를 하지 못한 경위, 당해 명의신탁의 반사회성의 정도 등을 고려하여 적정한 과징금을 부과할 수 있도록 하는 입법이 되어야 한다. 과잉금지의 원칙에 반할 뿐만 아니라, 명의신탁의 경우와 똑같은 과징금의 부과규정을 두었다는 측면에서 평등의 원칙에도 위반'[316)]고 헌법불합치 결정을 하였다.

2003년 12월 9일 서울지방법원 민사합의 20부는 '원고들이 법적 효력이 없는 명의신탁을 이용해 토지를 매입했다 해도 이미 소유권 이전등기가 마쳐진 이상 토지반환 청구를 허용할 수 없다. 부동산실명제법상 명의신탁이 불법임을 알면서도 이를 감행한 것은 반사회적 탈법행위이므로 법적 보호를 차단하는 것이 바람직하다. 이번 판결이 명의수탁자에게 부당이득을 주게 될 수도 있지만 사회질서 확립이 더 중요하다'[317)]고 덧붙였다. 이 판결이 그 후 원고가 상급심으로의 소송을 포기하였는지, 상급심에서 이 판결을 그대로 인용하여 확정하였는지 대법원 종합법률정보에서는 찾지 못하였다. 다만 2017년 3월 출판된 문헌[318)]에서 이 같은 판결을 언급하지 않은 것으로 보아 상급심에서는 기존과 같이 명의수탁자에게는 다시 소유권이전

316) 헌법재판소 전원재판부 2001. 5. 31. 99헌가18등.

317) 신문기사에서는 '토지를 구입하면서 부동산실명제법을 어기고 제3자에게 명의신탁을 했다면 토지 매입자의 소유권을 인정할 수 없다는 판결이 나왔다. 이번 판결은 부동산 등기제도를 악용한 투기 및 탈세를 막기 위해 불법행위에 대한 민사상 구제를 불허해야 한다는 입장을 취한 것이어서 상급심의 판단이 주목된다'(동아일보 2003. 12. 10)고 하였다.

318) 김상용(2), 전게서, 82−89면.

의 의무는 없지만 매수자금에 대한 부당이득반환의무는 인정[319]하였으리라고 생각된다.

(3) 기타 판결

1998년 7월 14일 대법원은 '범죄 자체를 보도하기 위하여 반드시 범인이나 범죄 혐의자의 신원을 명시할 필요가 있는 것은 아니고, 범인이나 범죄 혐의자에 관한 보도가 반드시 범죄 자체에 관한 보도와 같은 공공성을 가진다고 볼 수도 없을 것이다. 평범한 시민으로서 어떠한 의미에서도 공적인 인물이 아닌 이상 일반 국민들로서는 피고 언론 각사가 적시한 범죄에 대하여는 이를 알아야 할 정당한 이익이 있다 하더라도 그 범인이 바로 A와 B라고 하는 것까지 알아야 할 정당한 이익이 있다고 보이지 않는다'[320]라고 판결하였다. 이 판결로 인해 공공성이 있지만 범죄 피의자의 신원에 대해서 보도하는 것은, 범죄 피의자가 공적인 인물이 아닌 이상, 공공성이 없다고 함으로써 신문보도 등 언론에서는 다른 범죄자들과 마찬가지로 부동산투기꾼도 모자이크 처리를 하거나 비실명 보도로 전환하게 되었다.

4. 주요 사건

(1) 인사청문회

인사청문회는 1989년 2월 '청문도마에 오른 청문회'라는 신문기사에서 처음 등장한다.[321] 그렇지만 인사청문회는 2000년 6월 「인사청

---

319) 대법원 2014. 8. 20. 선고 2014다30483 판결.

320) 대법원 1998. 7. 14. 선고 96다17257 판결.

321) 한국의회발전연구회의 세미나에서 토론자중 한 사람이 '모든 비리는 인사문제

문회법」[322]이 제정되기까지 10여년이 걸렸다. 2000년 인사청문회법이 시행됨에 따라 총리 등 고위공직자들이 국회에서 청문회를 거칠 때마다 빠짐없이 등장하는 항목이 부동산투기 관련 의혹이었고,[323] 2000년 이후 인사청문회 과정에서 낙마한 인사는 약 30명이고, 이중 부동산투기가 14건으로 가장 많았다.[324] 신문기사에서는 논란, 의혹 제기 등으로 사퇴한 경우가 대부분이지만, 그대로 임명된 경우도 적지 않게 나타난다.[325]

2005년 10월에는 장관급 39명중 25명이 투기성으로 부동산을 보유 또는 거래한 사실이 밝혀지기도 했고,[326] 2007년 2월에는 특정부

로 귀결되는 만큼 미국처럼 인사청문회제도를 도입해야 한다'(경향신문 1989. 2. 16)는 주장에서 비롯되었다.

322) 제정 2000. 6. 23 법률 제6271호, 시행 2000. 6. 23.

323) 국정브리핑 특별기획팀, 전게서, 35면, 69면.

324) 바른사회시민회의, 인사청문회 도입 이후 낙마사례와 유형, 2017. 6, 6면.

325) 보건복지부장관, 부동산투기로 사퇴(동아일보 1998. 4. 27), 국가인권위원회 위원장 부동산투기로 사의표명(2005. 3. 19), 임대소득세 탈세 헌법재판소 재판관 사임(2005. 6. 3), 지식경제부 장관후보자 부동산투기 논란(부인 쪽방촌 투기)(2010. 8. 20), 문화체육관광부 장관후보자 부동산투기와 위장전입 논란(1993년 12월~2010년 7월/부동산 17차례 매매(단타 거래))(2010. 8. 24), 지식경제부 장관후보자, 문화체육관광부 장관후보자 부동산투기로 낙마(2010. 8. 29), 지식경제부 장관후보자 부동산투기의혹 제기(부인 그린벨트 매입 거액 차익)(2011. 1. 6), 문화체육관광부 장관후보자 부동산투기의혹 제기(부인 임야매입 거액 차익)(2011. 1. 13), 보건복지부 장관후보자 부동산투기 논란(농지투기/토지22년간 보유 팔아 40배 매매차익)(2011. 9. 6), 통일부 장관후보자 부동산투기 논란(건교부 국토이용계획 심의회 위원 활동/부인 구입 지목변경, 2년만에 값 5배 상승)(2011. 9. 8), 문화체육관광부 장관후보자 부동산투기 논란(대구 거주 은마아파트 매입)(2011. 9. 14), 대법관 후보자 부동산투기 논란(위장전입과 다운계약서 작성)(2012. 7. 11), 국가인권위원장 후보자 부동산투기 의혹 제기(위장전입과 알박기투기)(2012. 7. 11), 대법관 후보자 부동산투기로 자진사퇴(1987년 10월 29일 국회의 대법관 인사청문·임명동의 제도가 생긴 이래 최초)(2012. 7. 26), 국무총리 후보자 부동산투기 논란(두 아들 서초동 토지계약 이틀 뒤 법조타운 조성 보도(서울시 인구 억제시안)/가족 부동산 9곳 투기의혹)(2013. 1. 24), 국무총리 후보자 부동산투기로 자진사퇴(2013. 1. 29), 국방부장관 후보자 부동산투기 논란(8세 아들 명의로 토지매입 편법증여/재건축아파트 매입/대학부지 매입 16억 시세 차익)(2013. 2. 19), 국방부장관 후보자 부동산투기로 자진사퇴(2013. 3. 22), 검찰총장 후보자 부동산투기 논란(가족 광양지역 토지매입 편법증여/농지매입)(2013. 10. 30).

326) 한나라당 이종구 의원 발표자료(정부공직자윤리위원회 재산공개목록 근거/현정부 행정부처 장관급 이상 고위직 공무원 39명중 1가구 2주택 이상 보유, 실수요

서의 고위직 74%가 버블세븐 지역에 거주하고 있는 사실이 밝혀지기도 했다.327)

(2) 분양가공개

2007년 7월 17일 건설교통부의 자료를 분석하여, '16대 대통령 정부(2003~2008년)가 출범한 2003년 2월 말부터 지난달까지 전국에서 택지개발예정지구로 지정된 면적은 2억3041만m²로 한강 둔치와 바닥을 제외한 서울 여의도 면적(294만m²·89만평)의 약 78배와 맞먹는 크기'라는 보도가 있었다.328) 분양가공개는 아파트분양가의 공개가 주된 내용이지만 택지개발사업을 하면서 택지가격 또한 문제로 제기되었다.329) 2004년 2월 4일 서울시 도시개발공사가 건설한 아파트의 분양원가를 공개했는데 40% 이익을 남겼다는 것에 대해 시민단체는 건축비가 적정기준을 넘어섰다고 했고, 업계는 경영자율을 침해해서 시장을 왜곡시킨다는 비판적인 태도를 취했다.330) 이때부터 분양가

가 없는 부동산 보유, 미입주 매도 등의 사례)(동아일보 2005. 10. 3).

327) 한나라당 정희수 의원 A부서 고위직 74%(82명) 버블세븐 지역 거주(A부서(110명)와 B부서(147명) 4급 이상 공무원 257명 거주지 조사/B부서 4급 이상 49%(73명)/2005년 3월 조사한 결과(40.5%)와 비슷)(동아일보 2007. 2. 14).

328) 이는 경기 성남시 분당, 고양시 일산신도시 등 1기 신도시 5개를 건설하기 위해 택지지구 지정이 많았던 13대 대통령 정부(1988~1993년) 시절(1억5616만 m²·4724만평)의 1.5배에 달한다. 또 15대 대통령 정부(1998~2003년) 시절(9403만m²·2844만평)의 약 2.5배, 14대 대통령 정부시절(1993~1998년) 시절(9737만 m²·2945만평)의 약 2.4배나 된다(동아일보 2007. 7. 18).

329) 신문기사에서 분양가는 '분양가 이렇게 올려도 됩니까'라는 기사(동아일보 2002. 2. 7)에서 본격적으로 나타난다. 기사는 '서초구는 97년 588만5,000원에서 2001년 1,257만4,000원으로 113%나 뛰었다. 강남구도 비슷하다. 분양가 상승세는 수도권 전역으로 확산되는 추세다. 건설업체는 원가가 올랐다… 주택전문가는 분양가 구조를 투명하게 밝히도록 해 과도한 이익을 꾀하는 업체에 대해서는 소비자 단체들이 실력을 행사하도록 하는 등의 방법이 좋을 것'이라고 제안했다고 끝을 맺고 있다.

330) 공개한 대상은 서울 마포구 상암동 아파트 7단지 40평형의 경우이다(동아일보 2004. 2. 5).

를 둘러싼 논란이 아파트수분양자를 중심으로 정부와 업계 그리고 시민단체 간에 끊임없이 이어졌다. 법원의 판단은 명확한 이유가 없는 한 공개하라는 것으로 한결 같았다.[331] 토지조성대금이 높게 책정되었다는 것을 인정해서 부풀린 원가에서 차액을 반환한 첫 사례도 나타났다.[332]

---

331) 서울행정법원 행정1부 한국토지공사 개발 토지원가 공개 판결(경기 파주시 파주출판문화정보산업단지/정부기관 영업활동 투명강조/토지공사 사업위축 우려)(동아일보 2005. 11. 3), 대법원 인천삼산지구 분양원가 정보 공개 판결 확정(명확한 이유없는 한 공개)(2007. 2. 13), 대법원 고양시 풍동 주공아파트 분양가 산출 근거 공개 판결(2007. 6. 1), 대법원 3부 대한주택공사 임대아파트 분양원가 공개 판결(2008. 5. 6), 대법원 임대주택사업자 적정가격 초과이득 분양계약자들에게 반환 판결(임대분양전환가격 오류/LH 초과이익 반환 확정)(2011. 4. 21).

332) 한국토지공사가 구리 토평지구에서 차액 150억을 지역개발협력금 형태로 보상한 사례이다(동아일보 2007. 10. 10).

제 6 장

결 론

제6장 결 론

지난 1964년부터 2013년까지 50년간 지가상승은 토지투기와 수많은 토지정책과 법제도를 만들어 냈다. 투기억제를 위한 수많은 토지정책과 법과 제도들은 투기를 당해내지 못했다. 이익을 위해서 미등기전매, 차명거래, 허위거래 등 갖은 유형과 수법을 동원해 투기를 하는 사람들 앞에서는 무력하기만 했다.

지금까지 살펴본 것처럼 그 이유는 구조적 원인, 경제적 원인, 정책적 원인, 사법적 원인에 있었고 선량한 국민을 제외한 각계각층의 사람들은 그 사실을 다 알고 있었다. 토지투기는 도시화, 산업화에서 오는 당연한 결과였는데, 토지정책과 법제도는 항상 뒤쳐져 있는 원인도 그들에 의한 나라였기 때문이었다. 그들은 완벽하지 못한 토지정책과 법제도를 만들어내었고, 사회변화에 따르지 못하고 법실증주의, 형식논리에 치중하여 보수적인 입장에서 판결을 하였다. 토지정책은 경우에 따라서는 단기적 효과를 발휘하기도 하였지만, 근본적인 해결을 하지 못하였다. 많은 시간이 흐르면서 토지투기억제정책에 관한 한, 국민들은 냉소적이고 무감각해지고 때가 되면 바뀌는 것으로 인식하게 되었다.

토지투기의 억제는 애초부터 불가능했을지 모른다. 조선후기의 실학자들이 토지제도의 모순을 어떻게 바로 잡을 것인가의 문제에 대하여 고심에 찬 개혁안을 제시하였지만 어느 하나도 현실에서 관철되지 못한 것과 그 이유와 결론이 같은 것으로 생각된다. 가장 근본되는 요인은 나라를 이끌어 나가는 사람들이 자신들의 이익에 어긋나는 방향으로의 개혁은 거부하였기 때문이다.

1985년 토지거래허가·신고제가 실시될 때까지 토지투기를 억제할 수 있는 방법은 중과세를 물리는 방법밖에 없었고, 1990년까지 소유권이전을 하고 등기를 하지 않아도 처벌할 수 있는 방법은 없었다. 지금까지도 3자가 합의를 하면 중간생략등기가 가능하고, 들키지만 않으면 명의신탁이라는 방법을 통해 다른 사람을 통해 토지를 소유하는 것은 얼마든지 가능하다. 재벌그룹이 600여명의 각계 각층의 실력자들에게 뇌물로 아파트를 분양하기도 했고, 도시계획을 하는 기업이 토지를 사놓고 자기 땅에 도시계획을 하기도 했다. 또 개발이 안되는 토지를 사놓고 로비를 통해서 특혜분양을 받으려는 시도를 하기도 했다. 심지어 대기업의 비업무용 토지를 감사하다가 감사원의 감사관이 중단지시를 받기도 하였고, 드라마 작가가 토지투기에 대한 내용을 방송하다가 제작을 중단당하기도 하였다. 전국민의 전폭적인 지지를 받고 제도화한 토지공개념 관련 제도들은 10년을 버티지 못했고, 부동산을 과다보유한 자들에게 부과한 세금들도 이래저래 흐지부지되었다. 그 피해는 오로지 선량한 국민들에게 돌아갔다.

지금까지 토지투기에 대응한 정책수단은 크게 규제와 관련된 것, 세제와 관련된 것, 직접 개입하는 것 등으로 나누어 볼 수 있다. 첫째 규제와 관련된 것은 지가규제, 토지거래허가·신고제 등을 들 수 있다. 둘째 세제와 관련된 것은 부동산양도소득세, 공한지세, 토지과다보유세, 종합토지세, 재산세, 취등록세, 택지초과소유부담금, 토지초과이득세, 개발부담금, 종합부동산세 등을 들 수 있다. 셋째, 직접 개입하는 것으로는 지가공시제, 토지선매제, 부동산실명제, 부동산실거래가격 신고제 등을 들 수 있다. 넷째, 기타로는 전산망에 의하여 투기사실이나 투기자금을 밝히는 금융실명제, 공직자 재산등록

제, 인사청문회 등을 들 수 있다. 1990년대 이후 전국적인 토지투기가 더 이상 성행하지 않는 것은 토지가격의 안정에도 기인하지만 이들 여러 가지 투기억제대책도 기여한 바가 적지 않았다고 생각된다.

저성장시대, 저출산에 따른 인구감소, 고령화, 1인 가구의 증가, 부의 양극화 등 과거와는 사회적·경제적 환경이 다르고, 부동산가격 폭락까지 우려되는 상황에서 토지투기가 재연될 가능성은 없을지도 모른다. 그렇지만 '20년 후에도 수도권 주택실수요는 계속 늘 것'이라는 전망도 있고, 국지적이고 일시적인 개발수요는 항상 잠재해 있는 것이고, 통일이라는 민족적 과제가 남아있는 한, 토지투기에 대한 인식과 투기억제대책에 대한 평가의 재정립은 필요하다고 생각한다.

특히 2015년 11월 1일 기준으로 전체의 44%에 해당하는 841만2천가구가 무주택 가구이지만, 상위 1%는 주택을 평균 7채 가까이 보유하고 있는 부동산 자산의 쏠림 현상은 주목할 필요가 있다. 이 같은 부동산의 편중현상은 1989년 토지공개념 확대도입시보다 더욱 심해지고 있기 때문이다. 여기에 지금까지 앞에서 살펴본 것과 같은 조세의 불평등과 불로소득의 미흡한 환수까지 고려한다면 부의 불평등을 넘어 정치적·사회적인 문제로 번져갈 수도 있을 것으로 보인다.

토지투기를 우리의 법질서 전체에 비추어 보아 부정적 평가가 내려지는 행위로써 비난가능성이 있는 행위라고 본다면 마땅히 이에 대한 규제와 억제조치가 있어야 할 것이다. 경제성장을 위해서 토지투기 또는 주택투기가 용납되는 경우가 있어서는 안 될 것이다. 1967년 독일연방헌법재판소의 '토지는 늘릴 수 없고, 필수불가결하기 때문에 토지이용을 개인의 자유에 완전히 맡기는 것은 금지할 수밖에 없으며 다른 재산보다 법적·사회적 질서를 훨씬 더 요구한다. 토지는 경제적·사회적 의의에 있어서나 다른 재화와 완전히 동일시할 수는 없다'라는 판결의 의미는 우리에게는 여전히 유효하고, 특히 최근 주택투기의 경우에서 더욱 그러하다. 현행 법률에 '금지한다'는 규정을 해놓고, 판례에 의해서 인정하고 있는 중간생략등기나 명의신탁도 이제는 바뀌어야 하며, 민감한 사안에 대해서 쉽게 판단하지 못하고 있다가 형식논리만을 내세워 판단하는 것도 이제부터는 지양해야 할 일이다.

향후에 토지투기를 억제하는 토지정책, 법제도들은 경기조절용이 아니며 토지는 투기에 쓰여서는 안 되고 생활과 생산에만 쓰여야 한다는 전제 아래, 토지투기로 인한 토지가격상승을 방지하고, 누구나 주거생활에 필요한 토지를 보유할 수 있도록 하여야 할 것이다. 또한 투기로 인한 불로소득은 사회에 환원되어야 하며, 토지를 비롯한 재산에 적정한 과세가 되어야 할 것이다. 개인의 노력에 의해 이룩한 '부(富)'가 존경받을 수 있는 투명한 사회, 정직한 사회가 되도록 해야 할 것이다.

〈부록 1〉 시기별 주요 토지대책

1. 투기광풍기(1981~1989년)

〈부표 1〉 투기광풍기 주요 토지대책

연도	활성화대책	투기억제대책
1980	• 당면경제활성화대책(양도세율 인하/서민주택단지조성)(9. 16) • 기업체질강화대책(대기업 모든 부동산 신고 의무화)(9. 27) • 부동산경기활성화대책(양도소득세 탄력세율 도입)(12. 13)	–
1981	• 주택경기부양책(양도세 공제율 15%/투기지역 해제)(6. 26)	–
1982	• 경기활성화대책(금리 1% 인하/양도세 탄력세율 84년 3월까지/국민주택자금 금리 13~15%/소규모 임대주택 3천가구 신축)(1. 14) • 공공주택 전매금지 기간 6개월로 단축(2. 22) • 대도시 재산세 중과 일부 완화(3. 24) • 금리인하(대출 14%, 예금 12.6%)(3. 29) • 국민주택자금금리 대폭 인하(4. 8) • 경기활성화대책((취득, 등록세 30% 감면/양도세 일률 5%로 인하)(5. 18 조치) • 경기활성화대책(금리인하(대출 10%, 예금 8%)/법인세율 20%로 인하/기계부품 업체 천개 이상 선정 집중지원)(6. 28 조치)	• 투기억제대책(투기지역 집중세무조사/실무대책위원회 상설운영/전매자색출 중과·고발/주공아파트 입주위반땐 환수(11. 8 조치) • 주택투기억제대책(전매금지기간 1년으로/청약제도개선)(12. 22)
1983	–	• 부동산투기억제대책(특정지역 고시(성남, 과천, 개포, 제주)/아파트분양가현실화(민영아파트 경쟁입찰분양)/세무조사반과 동향점검반 상설운용/인감증명 매입자 명기/토개공 택지개발사업 확대)(2. 16 대책) • 대전지방 10곳 750만평 시가화조정지구 첫고시(3. 3)

연도	활성화대책	투기억제대책
1983	–	• 토지 및 주택문제에 대한 종합대책(대단위 주거단지 공영개발방식조성/양도소득세 강화/임대주택건설 의무화/공공주택 전매금지기간 2년으로 연장/토지종합재산세 도입/지가체계 정비)(4. 18). • 부동산투기억제대책(서울, 수도권 특정지역 고시/개인별 토지보유실태 조기 전산화)(9. 5)
1984	–	–
1985	• 고용안정과 주택건설부진타개방안(소형아파트분양가 상한선 철폐/5천3백만평 공단농지조성/공동개발유도/건축규제완화/주택금융확대)(9. 5)	• 부동산종합대책(토지종합세제 내년 실시/공한지 합산/양도세 강화)(5. 20)
1986	• 주택건설촉진대책(2주택 면세 2년으로 연장/5년 이상 임대주택 양도세 감면/사원주택 세제감면/국민주택규모 24평 축소)(2. 12) • 주택경기활성화 방안 국회보고(2가구 이상 주택소유자 5년 이상 임대 양도소득세 감면)(6. 18) • 여당 토지종합합산제 실시반대 전면보류(9. 29)	• 개발계획 수립시 부동산투기억제대책 동시 마련 지시(2. 3) • 부동산투기 계속될 경우 7월초 토지거래허가제 확대실시 예정(중부고속도로 주변, 시화지구, 평택, 안성, 대전등 중부권, 수도권/투기우려지역 토지거래 신고제 확대실 • 시/표준지가 이하 신고할 경우 선매권 발동/대기업 토지소유실태 조사)(5. 15 대책) • 국내경기의 과열우려에 과소비 및 투기 강력억제 방침(대기업 비업무용토지매입자금출처 조사강화/투기우려지역 토지거래허가제 즉각 실시/서울 내년까지 도시재개발 신규지정 유보)(7. 9)
1987	–	• 물가안정종합대책 마련(유가 평균 10.2% 인하/토지거래허가제 실시지역 확대검토/착공시점이 미확정된 개발계획 발표 자제)(10. 15)

연도	활성화대책	투기억제대책
1988	–	• 부동산투기억제대책(특정지역 추가고시/상습대규모토지투기자 조사)(1. 12) • 부동산투기 중과세로 근원봉쇄(조세 및 금융제도 개편)(3. 16) • 부동산투기소득과세강화 및 서민주택 공급확대방안 확정(특정지역 천곳 추가 고시/올 하반기 공시지가 적용전까지 투기억제/재산세과표 대폭 인상/부동산평가사 통합, 일원화)(5. 6) • 부동산종합대책 확정(토지종합세제 90년부터 실시/개발이익환수/관인계약서 사용/등기의무화/토지센서스/기업의 부동산투기 강력 규제/특정지역 1천개 추가지정/아파트당첨권 프리미엄 기준 시가고시 확대)(7. 20 대책) • 부동산투기종합대책 확정(1가구 1주택 비과세요건 강화/양도세 면세요건강화/재산세 중과/토지거래허가·신고제 확대/부동산정책위원회 구성/1천5백만평 택지개발지구 지정/택지보유상한제 검토/개발이익환수제 검토/악덕 중개업자 체형)(8. 10 대책) • 선진화합경제 추진대책(유가 전기료 내달 인하/토지공개념 구체적 실천방안 내년 3월까지 마련/금융실명제와 금융자산 종합소득세제를 오는 91년부터 전면실시/종합토지세제 내년 실시/비업무용 부동산 보유억제/임야매매증명서 첨부 의무화)(10. 14) • 1993년까지 재산세 과세표준 시가의 50~60% 이상 인상(임야매매증명서 첨부 의무화/보전임야 소규모필지분할매매규제/작년말 현재 전국 산주(山主)의 34.2% 부재산주(부재산주비율 지난 71년 16%)/대단위개발사업에 대해 개발부담금환수제 우선 적용)(10. 26)

연도	활성화대책	투기억제대책
1989	–	• 1989년도 부동산투기억제를 위한 종합 세무대책(부동산투기 일제조사(2~3월 중)/특정지역 5~6월 추가고시/기준시가 내달 전면 재조정/부동산투기조사 상설전담기구 대폭 확대)(1. 27) • 부동산투기억제대책(택지 5천7백만평 확보(분당, 평촌등 6대 신도시건설)/택지개발예정지구 조기 지정/유휴지 실태조사/양도소득세대상 고급주택의 범위확대/대형고급주택 중과세 조기 실시/강남지역 학군재조정)(2. 4)

2. 투기진정기(1990~1997년)

〈부표 2〉 투기진정기 주요 토지대책

연도	활성화대책	투기억제대책
1990	• 종합경제대책수립(금융실명제 전면보류 대신 범위 축소 또는 단계적 실시 보완/토지공개념확대실시 예정대로 시행)(3. 23) • 경제활성화 종합대책 발표(금융실명제 실시유보/여신규제완화/상습부동산투기행위자에 불이익가중/투기행위정보 관리센터/토지공개념 강력추진/부동산 매입자금출처조사강화)(4. 4)	• 부동산투기억제대책(업무용부동산인정 범위 축소/부동산등기의무 위반 체형 검토/임야매매증명 6백평 이상/6월까지 20개 합동단속반 투입/서해안등 초과 이득세 매년부과/중소도시, 녹지에도 토지거래허가 확대)(4. 13 대책) • 부동산투기억제와 물가안정을 위한 특별대책(49개 재벌 비업무용 및 과다보유부동산 강제매각/제삼가다자명의 부동산 취득기업에 대한 정밀세무조사/여신관리)(5. 8 대책)
1991	• 주택공급 원활화대책 보고(주택 2백만가구 건설계획의 차질없는 추진/택지 1천6백40만평 개발·공급/저소득층 주거안정/주택전산화 추진/가수요억제방안강구)(1. 15)	• 부동산가격안정대책(토지거래허가제 강화/2개월 전국투기단속/주택전산화 완료/신규아파트분양자격제한 및 불법당첨자색출/1가구 2주택 이상 양도세부과/임대소득 과세/대기업 비업무용부동산 처리)(2. 7) • 건설경기 과열 진정 위해 신도시아파트 착공연기(4. 9) • 건설경기 진정대책(정부사업 9월까지 중단/상업용 건물 건축허가제한/2주택 이상 융자금 회수)(5. 3)
1992	–	• 국민복지증진과 생활환경대책(가구별 주택전산화와 택지초과소유부담금제 실시로 부동산투기 억제/민영아파트 18평 미만 40% 의무화/토지이용효율 위해 복합건물 및 고층화 유도/경부고속전철 천안~대전 착공/무허가 중개행위자 처벌 근거 마련)(1. 22)
1993	• 규제완화(재무: 가계대출한도 폐지, 재벌 부동산신규취득제한조치 조기해제/건설: 토지거래허가시 가격심사제 폐지, 농업진흥지역등 허가대상 제외)(3. 16)	• 금융실명제 도입(전국 토지거래허가구역(93.8%) 3개월 한시)(8. 13)

연도	활성화대책	투기억제대책
1994	-	• 부동산대책(내년 종합토지세 과표 20% 인상/지방세법 개정 세율조정/부동산 종합전산망 내년초 운용/토지관련 규제완화 중지)(3. 23)
1995	• 미분양주택 해소대책(5월부터 18~25.7평 미분양주택 구입자금 최고 2천5백만원 융자/주택건설업체 운전자금 5천억원 지원(대출금리 연 13~14%, 대출기간 3년))(4. 13) • 주택시장 안정 및 건설산업 경쟁력 강화 대책(주택건설업체 경영난 해소/미분양주택 구입혜택/주택업체자금 지원/소형주택건설의무화비율 완화/중장기로 주택분양가 자율화)(11. 7) • 주택업체 보유토지 매입(10월말 현재/부도건설업체 730개/미분양아파트 15만가구/중소규모 건설업체 보유토지 186만평/재원마련: 토지개발공사 7천억원, 주택공사 5천억원)(11. 27)	• 부동산실명제 도입(명의신탁약정 무효화/ 실명전환유예 1년간/실명등기)(3. 30) • 부동산투기방지대책(신도시투기 강력단속/1월~7월 3회 이상 토지거래/6,067명 국세청 통보/전국평균지가변동률 1.5배 이상이면 투기대상지역 지정 특별단속)(9. 19)
1996	-	-
1997	• 토지공급확대방안(투기방지등 토지수요억제정책에서 토지공급확대정책으로 전면 전환/토지개발 민간참여 허용/토지거래세 대폭 인하)(6. 15) • 부동산 및 건설산업지원대책(토지거래신고구역 전면 해제/소형주택 의무건설비율 폐지/아파트표준건축비 4.5% 인상/토지거래허가구역 98년1월 해제방침/공공택지 양도허용/토지채권 1조 발행 기업보유 토지매입/토지거래신고필증 폐지)(12. 12) • 금융종합과세 무기한 유보(3당 정책위의장 합의/무기명 장기채 발행/금융감독위원회 설치 합의)(12. 20) • 토지거래신고구역 전면해제(전국토 37% 해당)(12. 20)	• 부동산대책(토지초과이득세 4년만에 부과/토지관련 세제강화/미니신도시 개발(서울 상암, 인천 논현/투기단속강화/택지공급확대(4백30만평)/서울 용적률 1백50% 고밀도 추진)(1. 20)

3. 투기변이기(1998~2013년)

〈부표 3〉 투기변이기 주요 토지대책

연도	활성화대책	투기억제대책
1998	• 토지거래허가구역 대폭 해제(기업 자금난 해소/토지거래 활성화/존치구역: 택지개발지구 주변, 고속철도역 주변, 관광온천지역, 산업단지 주변, 인천국제공항 건설지역/전국토의 2.5%)(1. 22) • 기업자금난 타개대책(국민주택규모 이하 미분양주택 양도세 경감/중소기업 대출 연장/주택신용보증 25조 확충)(2. 16) • 기업 비업무용토지 판정기준 완화(구조조정 위해 매각땐 업무용으로 인정)(4. 6) • 경기 성남시 판교일대 1백90여만평 도시개발예정용지 지정(2000년 이후 전원형 신도시 개발 예정/8만5천명 수용)(4. 13) • 건교부 1998년 주요업무보고(영종도 2천만평 규모 국제투자자유도시 건설/임대주택 분양전환 허용/택지소유상한제 폐지/개발부담금 완화/기업보유토지매입/그린벨트 제도개선/부동산증권화)(4. 16) • 중소기업 자금난 해소 및 금융경색 완화대책(금리하향안정유도/금융시장개방확대/중소기업 자금지원강화/주택금융 지원확대/미분양주택분양촉진 9천억원 지원)(5. 15) • 건설 및 주택경기 활성화방안(99년까지 국민주택규모 이하 아파트 구입 양도세 5년간 면제/취득·양도세 25% 감면/국민주택채권 매입의무비율 50% 감면/토지거래허가·신고제 폐지)(5. 22)	–

연도	활성화대책	투기억제대책
1998	• 수도권 3개시 그린벨트 일부 해제방침(의왕, 하남, 과천시/개발권양도제 추진)(6. 12) • 주택경기 활성화를 위한 자금지원방안(3조6,400억원 지원/신규 분양주택 입주예정자 중도금 대출자금/임대주택사업/재개발사업)(6. 22) • 소득세법등 8개 관련법 개정중심 세제개편안(양도소득세 10% 인하/법인 특별부가세율 5% 인하 등)(9. 4) • 주택경기 부양책 확정(중도금 대출지원 3조원/신규주택 분양자 중도금 대출(연리 12%, 3년 거치 10년 분할상환)/미분양 6,400여 가구 주택공사 매입)(9. 7) • 건설산업활성화 방안(중도금 추가지원/민영주택 분양가 자율화)(9. 25) • 국토계획 및 토지분야 규제완화방안 마련(토지거래신고제 20년만에 완전폐지/유휴지제도 폐지/도시기반시설 갖춘 준농림지 용적률 상향)(11. 20) • 주택경기활성화 대책(아파트분양가 추가자율화/전세금과 중도금 대출지원확대/양도세 한시 감면범위 확대)(12. 12)	–
1999	• 제주도 국제자유도시 기본구상안(3. 15) • 제주도 국제자유도시 개발(3. 30) • 비업무용 토지 중과세 폐지(2001년 8월부터 공장면적률 축소 업무용 확대)(5. 11) • 7개 권역 그린벨트 해제(양도세 중과/투기억제)(7. 22)	–
2000	• 서울시 상암 새천년 신도시 조성계획 발표(2010년까지 서울 상암동 200만평 신도시 건설)(4. 25)	–

연도	활성화대책	투기억제대책
2000	• 전국 5곳 신시가지 조성(천안, 대전, 목포, 브산, 대구, 전주/311만가구 건설/2003년 아파트 분양)(12. 29) • 경기 화성 신도시개발 기본계획안(화성 4만가구 건설/2003년 분양/투기방지 토지거래동향 파악)(12. 31)	-
2001	• 건설·부동산경기 활성화대책(지방 신시가지 조성(6개 지방대도시)/미분양 산업단지 할인매각/국민임대주택 추가건설/주택개량사업 지원)(1. 4) • 건설경기 활성화대책(신축주택 양도세 면제 확대/업체 등록기준 강화)(5. 23) • 판교 신도시건설 사실상 확정(280만평 저밀도 신도시건설)(6. 29) • 7대 광역도시권 그린벨트 해제방안 확정(해제지역 대부분 공영개발방식정비/토지거래허가구역 상당기간 유지/거래동향 수시파악/개발부담금 및 양도소득세 중과)(9. 3) • 판교 신도시 개발계획 확정(2만가구 건설/2005년 분양/벤처단지 20만평)(9. 28) • 화성 신도시 개발계획 확정(4만가구 건설/2007년 분양/벤처단지 30만평)(12. 16)	-
2002	• 김포시 도시기본계획 조건부 승인(김포 322만평 주거지개발/2016년까지 인구 40만명 수용)(1. 6) • 건교부 2002년 업무추진계획 발표(아산 876만평 신도시(1만5,000여가구 건설)/생애최초 주택구입 자금지원/수도권 제2순환 고속도로 건설)(1. 23) • 택지개발예정지구 212만평 지정(국민임대주택택지/수도권 8개 지역과 광역시 3개 지역 개발제한구역 해제예정지)(6. 27)	• 주택시장 안정대책(11개 도시 그린벨트해제예정지역 260만평 택지조성/수도권 10만호 주택건설/강남지역 투기우려 및 투기과열지역 지정/분양권전매 세무조사강화/기준시가 상향조정/재건축 시기 분산조정)(1. 8) • 주택시장 안정대책(서울시 투기과열지구 지정/특별 관리/서울지역 양도소득세 기준시가 수시고시로 전환/실수요자 중심의 소형주택공급 방안/분양권전매제한/분양권전매 추가세무조사/떳다방 단속강화/선착순 분양업체에 대한 불이익)(3. 6)

연도	활성화대책	투기억제대책
2002	• 아산신도시 1단계 택지 107만평 택지개발예정지구 지정(1만2,500가구 건설/2004년 상반기 분양)(9. 25)	• 주택시장 안정대책(강남지역 기준시가 인상/재건축구역지정/아파트 매입자금 출처조사)(8. 9) • 8·9 주택시장 안정대책 후속 방안(천안~아산 신도시일대 토지거래허가구역 추가지정/분당, 일산등 5개 신도시 투기자금 출처조사/서울 개발제한구역(그린벨트) 조정지역과 인천 경제특구 예정지역 토지거래 동향 감시구역 지정)(8. 27) • 부동산 종합대책(투기과열지구 아파트 청약제한/판교, 동탄 신도시 조기건설/1가구1주택 양도세 비과세요건 1년 거주 3년 보유로 강화/3주택 이상 양도세 실거래가 적용 과세/주식시장 활성화/특수목적고 설립)(9. 4)
2003	• 김포와 파주 신도시 발표후 아파트값 급등(김포－파주 투기지역 유력)(5. 21) • 인천 송도·영종도·청라지구 경제자유구역 지정(6,336만평/2020년까지 인구 49만명 계획도시 개발)(8. 5) • 판교신도시 주택 1만가구 추가건설(8. 14) • 광양권 경제자유구역내 관광단지 300만평 조성(부동산 투기 대비: 토지거래허가구역, 투기지역, 투기과열지구 지정 준비)(10. 19)	• 물가안정대책(행정수도 외지인 투기사전차단/대전등 충청지역 11개 시군 19억평 토지거래동향 감시구역 지정/5년간 250만가구 건설/수도권 2, 3개 자족형 신도시 건설)(1. 15) • 대전지역 부동산시장 안정대책(대전 전지역 투기지구 지정/분양권 전매제한/주택투기지역 지정)(2. 3) • 수도권·충청권 주택시장 안정대책(강남 재건축시장과 충청권 집값 잡는 데 초점/강남, 광명시 투기지역지정 추진/대전 서구, 유성구, 천안 투기과열지구 지정)(4. 18) • 주택시장 안정대책(강동, 송파 등 투기지역 확대지정/양도세 탄력세율/투기혐의자 358가구, 600명 세무조사/투기지역내 1가구 2주택 이상 소유자 특별부가금 신설 검토)(5. 13)

연도	활성화대책	투기억제대책
2003		• 재정경제부, 부동산시장 안정대책 발표(부동산 세제 개혁(장기대책)/투기세력 색출(단기대책)(5. 21) • 주택가격 안정대책(수도권 전역과 충청권으로 투기과열지구 확대/이 지역 부동산중개업소에 국세청 조사요원 3,000명 투입/주상복합 분양권 전매금지/재건축 후분양제 도입/부동산 과다보유자(5만~10만명) 개인별 종합과세 세금중과)(5. 23 대책) • 주택가격 안정대책 발표(재건축, 중소형 60% 의무화/수도권 1주택 내년부터 2년 거주 비과세/재건축아파트 조합원 분양권전매 금지)(9. 5 대책) • 주택시장 안정 종합대책(주택거래신고제 도입/20가구 이상 주상복합아파트 분양권 전매 금지/투기과열지구내 국민주택규모 이하 무주택가구주 우선공급 비율 75%로 확대/분양권 전매 금지/토지거래허가구역 확대/개발부담금 확대/서울 강북권 뉴타운 12, 13개 추가 선정/경기 광명시, 충남 아산시 고속철도 역세권 주택단지 개발/수도권 공공기관 지방이전계획/1가구 3주택자 양도세율 60% 인상/종합부동산세 조기 시행/지가급등지역 종합토지세 과표 조기 현실화/투기단속/투기지역 주택 대출담보인정비율 40% 하향 조정)(10. 29)
2004	• 천안아산역 배후신도시 1단계 택지개발계획 확정(107만평/7천780가구 건설/2007년 9월 입주)(1. 4) • 서울시 그린벨트 258만평 해제(뉴타운 사업과 국민임대주택 건설)(1. 5)	• 금융실명법 시행령 개정안 마련(부동산투기 모든 계좌 추적/부동산 투기꾼 금융일괄조회(미등기 전매자, 부동산을 직접 거래하는 중개업자, 다른 사람 명의로 부동산을 취득해 양도한 사람, 분양권 전매자 등)(1. 13)

연도	활성화대책	투기억제대책
2004	• 서울시 문정지역 종합개발구상안 확정(37만8천여평/청계천 상가이주단지 포함한 대규모 상업단지 조성/2007년까지 조성공사 마무리)(1. 27) • 택지개발예정지구 9곳 549만평 지정(2004년 공공부문 확보 공공택지 약 1800만평/89년 3,173만평 이후 최대 규모)(12. 27) • 택지개발예정지구 수도권 4곳 268만평 지정(12. 31)	• 토지시장안정대책(토지거래허가구역내 농지, 임야 전매금지/분당, 청원등 44곳 투기지역 지정/수도권, 충청 투기혐의자 국세청 통보)(2. 4 대책) • 개발부담금제 연내 재도입 추진(개발이익 25% 환수/전국으로 확대)(2. 8) • 부동산시장 안정대책 발표(토지투기지역 탄력세율 도입/토지투기지역 조기 지정체제 구축/투기사전조치 대폭 강화/상업용지 전매제한/기반시설부담금/농지전용부담금/종합부동산세 내년 시행/공시지가 현실화율 85% 상향조정/수산자원보호구역 단계적 조정/주택공개념 대책(토지거래허가기준면적 강화, 재건축개발이익환수방안, 주택거래허가제)(3. 10 대책)
2005	• 서남해안 개발사업 추진안 발표(해남·영암지역 매립지등 9000만평/관광레저·물류단지·지식산업형 기업도시등이 포함/복합레저관광도시 건설)(1. 17) • 수도권 신도시지역 부동산 가격불안조짐 투기지역 추가 지정(3. 25) • 주택관련규제 개선방안(아파트 동시분양 상반기중 폐지/13년만에 수시분양 전환(판교 제외)/민간기업 택지개발 쉽게/부동산투기 우려)(3. 31) • 3차 뉴타운 후보지역 9곳 발표(공공성 강화/임대아파트 건립 규모 확대/2008년 착공)(8. 29) • 천안 아산신도시 2단계 사업 본격 추진(탕정지구 510만평 개발/2009년 하반기4만8천가구 주택건설/토지거래허가구역, 건축등 개발행위제한)(9. 29)	• 판교 신도시 투기방지 및 주택시장 안정기조 유지 종합대책(25.7평 초과아파트 채권-분양가 병행 입찰/11월 일괄분양/옥정-별내-삼송 3곳 판교급 신도시 개발/재건축초과이익환수제 조기 시행/재건축 초고층 불허/6개 주택거래신고구역 실태조사/부동산규제지역 해제 중단)(2. 17) • 부동산정책(부동산보유세 2008년까지 2003년 두배로/1가구 2주택 실거래가로 양도세/취득세, 등록세 세율 2, 3년 주기 인하/사무실 상가 빌딩 공시지가로 과세/민영아파트 청약예금-부금 통합)(5. 4 대책) • 토지시장 안정대책(토지거래 허가제 강화/투기지역 매월 지정)(5. 6) • 토지시장 안정대책(토지거래허가제 강화/토지수용때 채권-대토 보상 투기차단/종합부동산세 대상 확대/기반시설부담금제 조기 도입)(8. 19)

연도	활성화대책	투기억제대책
2005	• 양주 신도시 319만평 개발(8·31 부동산종합대책 후속 조치/김포 신도시 203만평 확대/기존 양주·옥정 신도시(185만평)인접 경원선 복선전철 역세권 주변지역 134만평 추가개발/4만6,000가구 2009년 하반기까지 건설)(11. 23) • 평택시 539만평 복합신도시 건설(6만4천여가구 건설)(12. 22) • 송파 신도시 개발계획 확정(205만평/4만6,000가구 건설)(12. 27)	• 부동산 종합대책(공공택지내 원가연동제 적용/토지거래허가구역 신고포상제/전세금 대출금리 인하/생애최초주택 구입자금/실거래가 등기부 기재/주택 취득·등록세율(개인 간 거래) 2.5%/분양권 전매제한/토지비축/서울 송파·거여지구 200만평 미니신도시/개발제한구역 260만평 해제 국민임대주택 2만6,000채 건설/1가구 2주택자 양도세 실거래가 과세(27만여 가구)/양도차익 50% 단일세율/종합부동산세 가구별 합산, 기준시가 6억원 초과 확대(16만가구 대상)/투기상시감시조직)(8. 31 대책)
2006	• 전국 군사시설보호구역 전면해제 또는 완화(139개 지역 7,146만평/해제지역 522만9,000평/전체해제지역 80% 수도권/여의도 면적 73배)(1. 13) • 충남도청 이전후보지 선정(보령, 아산, 논산, 청양, 홍성, 당진 6곳 선정/토지거래허가구역 지정요청/투기행위 집중단속)(1. 26) • 충남도청 예정지 홍성·예산 확정(100만평 또는 300만평 규모 신도시 조성사업/2013년 입주시작)(2. 12) • 송파 신도시 205만평 택지개발예정지구 지정(4만6천가구 건설/2009년부터 공급)(7. 20) • 신도시 추가개발계획 확정(검단지구 축소(340만평, 5만6,000가구)/파주 신도시 분당급 확대(559만평, 2만8,470가구 추가건설)(10. 27) • 부동산시장 안정대책(신도시 아파트 분양가 인하/다세대-다가구 건축 활성화/오피스텔 규제 완화/금융기관 담보인정비율(LTV), 총부채상환비율(DTI) 감독 강화)(11. 3)	• 부동산 대책(재건축 개발부담금/재건축 규제강화(강남4구 8만5,000여채 재건축 타격)/주택담보대출 강화/분양가 인하/저소득층 주거안정/강북 등 구도심 개발지원/주택거래신고제 강화)(3. 30 대책) • 부동산시장 안정화방안(공공택지 분양가 25% 인하/6억 초과 주택 총부채상환비율 규제 확대/신도시에 12만 가구 추가공급/공공택지내 주택공급물량 2010년까지 86만채로 확대/장기모기지론 금리 인하)(11. 15) • 부동산대책(반값아파트 내년 시범분양(내년 9월 공공택지 시범실시/분양가 상한제 내년 9월 민간택지 전면 도입/공영개발 확대/후분양제 1년 연기)(12. 22)

연도	활성화대책	투기억제대책
2007	• 지방 주택건설경기 활성화 방안(아파트 분양원가 공개/ 지방 제외)(4. 12) • 지방 주택건설경기 활성화 방안(지방투기과열지구 조속히 해제)(8. 31) • 경기도 동탄 2신도시 2,180만㎡ 택지개발예정지구 지정(10만5,000가구 건설/26만 2,000명 수용)(12. 14) • 경제자유구역 3곳 추가 지정(황해경제자유구역, 대구−경북 경제자유구역, 새만금−군산 경제자유구역)/부동산투기 사전차단 위해 토지거래허가구역 지정/필요시 투기과열지구 및 주택거래신고구역 지정 추가대책 강구)(12. 21)	• 부동산대책(민영아파트 최대 7년간 전매금지/민간택지 분양원가 공개(수도권과 전국투기과열지구 적용)/채권매입 상한액 80% 인하/주상복합 채권입찰제 적용/청약가점제 9월 실시(다주택자 청약 봉쇄))(1. 11) • 주택시장 안정과 주거복지 향상을 위한 공공부문 역할 강화 방안(장기임대주택 260만 채 2017년까지 추가공급(임대주택펀드 설립)/국무총리실 산하 택지확보태스크포스 구성/아파트 담보대출 규제 강화(투기지역 DTI 40~60% 차등적용))(1. 31 대책)
2008	• 주택투기지역−투기과열지구 모두 해제(수도권지역 제외/주택투기지역 6곳/토지투기지역 2곳/투기과열지구 3곳/수도권 72개 지역 투기지역)(1. 25) • 서울시 역세권 주변 재개발시 용적률 추가 혜택(장기전세주택 활용/투기조장 우려)(3. 18) • 미분양아파트 대책 당정책위원회 건의사항 마련(수도권 전매제한 최장 5년으로 단축/1주택 10년 이상 보유자 양도세 전액면제 추진/1주택자 양도세 비과세 요건 완화/대출규제 완화 추진/국민연금 임대주택 투자방안)(8. 7) • 부동산시장 활성화 대책(재건축 규제완화/전매제한 기간단축/신도시 추가지정/지방 2주택 양도세 중과 면제)(8. 21 대책) • 그린벨트 조정 및 관리계획(308.5km² 해제(수도권 143km²)/산업단지등 지역현안사업 추진/주택공급 확대/환경훼손 및 지가상승 우려/해제예정지 토지거래허가제 강화)(9. 30)	−

연도	활성화대책	투기억제대책
2008	• 투기지역 단계적 해제(주택투기지역(72개), 토지투기지역(88개)/총부채상환비율(DTI) 40%, 주택담보인정비율(LTV) 40%, 완화/토지개발채권발행으로 민간건설사 자체조성 택지 3조원 매입)(10. 21) • 가계 주거부담 완화 및 건설부문 유동성 지원·구조조정방안(2주택 양도세 비과세 기간연장/가계주택담보대출 금리부담 완화/건설기업자금 9조원 지원/공정 50% 지방 미분양아파트 2조원 매입)(10. 21) • 국토이용의 효율화방안(수도권 공장 신·증설 전면허용/공장총량제 적용 공장 연면적 500㎡ 이상 확대/자연보전권역 관광지조성사업 규모제한해제, 공장 신·증설 허용)(10. 30) • 경제난국 극복 종합대책(부동산 및 건설경기 활성화방안/재건축, 임대주택 의무비율 폐지/소형평형 비율 축소/토지투기지역 폐지/주택투기지역 해제(서울 강남, 서초, 송파구 제외/수도권 전매제한기간 완화(기존 분양분에까지 소급 적용)/양도소득세 감면(지방주택 구입 기간상관없이 비과세)/지방 미분양주택 취득시 세제혜택)(11. 3 대책) • 한국은행 기준금리 3.0%로 1.0%포인트 인하(한국은행 한꺼번에 1.0%포인트 내린 것 처음/기준금리 3.0%도 역대 최저치인 3.25%(2004년 11월) 0.25%포인트나 낮은 것)(12. 11) • 세제개편안(2주택자 양도세 일반세율로 완화/주택 5년 보유땐 종부세 20% 감면/종부세 세율 0.5~2%로 인하)(12. 13)	–

연도	활성화대책	투기억제대책
2008	• 3차 국가균형발전위원회 회의(향후 5년간 100조원 투입/4대강 살리기사업 추진/지방이전 기업 법인·소득세 감면 기간 10년으로 연장/동·서·남해안과 접경지역 그리고 내륙축 중심 초광역 개발권단위 개발)(12. 15) • 국토부 2009년 업무보고(공공주택 전매제한 1~5년으로 단축/부동산 리츠·펀드투자 손실 보전/도심 소형·임대주택 1,500가구 공급/혁신도시 인근 토지거래허가구역 해제)(12. 22) • 강원도 고성군 49.08㎢ 개발촉진지구 지정 및 개발계획 확정(2017년까지 1조6,012억원 투입)(12. 25)	–
2009	• 도심 역세권 주택공급 확대(재정비촉진지구(일명 뉴타운) 유형 신설/지구지정 요건 완화/용도지역 상향, 용적률 완화 등 인센티브 부여/2018년까지 1~2인용 주택 12만가구 건설)(1. 7) • 전국 토지거래허가구역중 1만225㎢ 해제(해제 면적 서울 크기(605㎢) 16.9배/전국토의 8.9%로 대폭 축소)(1. 23) • 정비사업 임대주택 및 주택규모별 건설 비율 개정(재건축 소형의무비율 폐지)(2. 1) • 공정시장가액제도 시행(토지·건축물·주택에 대한 재산세 과세표준을 시가표준액의 100분의 40부터 100분의 90까지)(2. 6) • 미분양 해소를 위한 세법 개정안(미분양아파트 및 새로 분양하는 아파트 올해 안 취득할 경우 5년간 양도소득세 면제 또는 50% 감면/주택청약종합저축 신설/민간택지 분양가상한제 폐지와 분양원가공개 폐지)(2. 12)	• 금융당국, 수도권 전역으로 총부채상환비율(DTI) 규제 확대방안 적극 검토(주택대출 증가 주택가격 상승억제/담보인정비율(LTV) 강화 동시시행)(8. 30) • 금융감독원, 총부채상환비율(DTI) 수도권 비투기지역까지 확대 적용(현재 강남·서초·송파구 등 투기지역에만 적용)(9. 4)

연도	활성화대책	투기억제대책
2009	• 미분양주택 취득·등록세 감면 1년 연장(2010년 6월까지 1년간)(2. 12) • 주택법 개정안 발의(의원입법/민간주택 전매제한 해제(강남 3구 제외)/민간주택분양가상한제 폐지)(2. 16) • 서민 주거안정대책(수도권 새 택지 5, 6곳 연내 지정/용적률 완화/수도권 보금자리주택 공급 확대(주변시세 절반 분양)/근로자생애최초주택청약제도 도입/그린벨트 조기 해제/5년간 매년 2조원씩 10조원 추가 지원/전매제한 7~10년 강화)(8. 27) • 울산 가천, 충주 안림2, 김천 송천 등 3개 지구 총 203만㎡ 택지개발예정지구 지정(1만3,757가구 건설/1만638가구(80%) 전용면적 85㎡ 이하 중소형 주택 건설)(9. 17) • 오산 세교3지구 택지개발예정지구 지정 및 개발계획 확정(5.1㎢/2만3,000가구 건설)(9. 17) • 군사시설보호구역 6곳 404만m² 해제 또는 완화(춘천 소양로 등 6개지역/협의없이 건물 신·증축 가능)(10. 19)	
2010	• 지방주택활성화 지원방안(9만3,000가구에 달하는 지방 미분양주택의 양도세 감면 시한 2011년 4월까지 연장/지방 미분양주택 취득 리츠·펀드 법인세와 종부세 감면/민간택지건설 주상복합 분양가상한제 폐지)(3. 18) • 도심내 소형주택공급 활성화 대책(1~2인 가구 증가 대응 도시형 생활주택과 준주택 공급 확대/도시형 생활주택 300가구까지 확대/오피스텔 욕실 설치기준 폐지/도시형 생활주택 사업승인 대상 20가구 이상에서 30가구 이상으로 완화)(4. 15)	–

연도	활성화대책	투기억제대책
2010	• 지역발전 활성화 대책(7차 지역발전위원회 전체회의/10개 혁신도시 이전 157개 공공기관 2012년까지 완공/남해안 일대 2020년까지 집중개발)(4. 21) • 서울시 용산국제업무지구 도시개발구역 지정, 개발계획 고시(4. 21) • 주택 미분양 해소 및 거래 활성화 방안(56차 비상경제대책회의/5조 투입 미분양아파트 2만채 매입/새 아파트 입주예정자 DTI규제 완화)(4. 23 대책) • 전국 10개 비행장 주변 고도제한 완화(성남비행장(서울공항)등 전국 10개 비행장 주변 일괄 완화)(5. 12) • 실수요 주택거래 정상화와 서민·중산층 주거안정 지원 방안(주택가격안정과 거래활성화 두가지 목표/무주택자, 1주택자 총부채상환비율(DTI)규제 한시적 폐지(내년 3월까지)/9억 이하 대상(강남3구 제외)/양도세 중과완화 2년 연장(내년 12월까지)/취득·등록세 50% 감면(원래 2년) 1년 연장(내년 12월까지)/서민층 생애최초주택구입자최대 2억원 5.2% 저리융자/전세자금 지원 5,600만원까지 확대)(8. 29 대책)	–
2011	• 전국 토지거래허가구역 2,153.55km² 해제(전체 4,496km²의 48%/현 정부 출범 이후 86.3% 해제)(5. 24) • 서민주거안정 및 건설경기 활성화 대책(투기과열지구 해제(9년 8개월)/주택 매매 취득세 50% 감면/분양가 상한제 폐지/다주택자 양도세 중과 폐지/재건축 초과이익부담금 2년간 부과중지/청약제도 개선/장기 미사용 용지 활용/토지거래허가구역 해제/후분양 공급택지 선분양 허용/뉴타운 기반시설 지원확대/다주택자 양도세 중과 7년 만에 폐	–

연도	활성화대책	투기억제대책
2011	지/생애 첫 주택자금 대출금리 0.5%P 인하/수도권 보금자리 중소형 민영주택에 청약가점제 확대 도입/민영주택 재당첨 제한 적용배제 연장/청약 3순위 인터넷 신청가능/저소득가구 전세자금 지원확대/청약통장 등 불법거래 처벌 강화/최저가 낙찰제 건설경기 침체 고려 2014년 이후로 연기)(12. 7 대책)	–
2012	• 대규모 신도시 추가 지정중단(2015년까지/사실상 신도시 포기 선언)(1. 12) • 전국 토지거래허가구역 1244km² 해제(3년간 지가변동률 연평균 1% 내외 안정/신도시 주변지역 제외/총 93% 해제 제도 유명무실)(1. 30) • 서울시 뉴타운 정비사업 신정책 구상 발표(뉴타운 출구전략(신규 뉴타운 지정 금지, 기존 뉴타운 해제조건 완화, 해제시 매몰비용 일부 재정지원, 세입자 상인보호)/1,300곳중 610곳 원점 재검토/610곳 실태조사)(1. 30) • 수도권 공공주택 전매제한 대폭 완화(85m² 이하 3년서 1년으로/보금자리 2~8년으로 단축/5·10 후속대책)(7. 17) • 분양가상한제 사실상 폐지(주택전매 허용)(9. 11) • 9억원 이하 미분양주택 양도세 5년간 전액 감면 법안 통과(전국 아파트 699만902채 중 9억원 이하 98%(683만1,130채))(9. 24) • 민영주택 재당첨 제한 폐지(보금자리 제외)(9. 24) • 동해안권 경제자유구역 예비지정 확정(9. 25) • 지방세특례제한법 개정안 통과(연말까지 12억 이하 주택 구입시 취득세 50% 감면)(9. 26)	–

연도	활성화대책	투기억제대책
2013	• 서울시 개발제한구역 2만7527㎡(약 8,327평) 해제(경계선 관통대지, 소규모 단절토지/재산권행사 불이익 토지)(3. 3) • 주택시장 정상화 종합대책(공급 조절, 수요 확대/양도세(9억원 이하) 5년 면제/고층아파트 리모델링 수직증축 허용/주택공급 축소(보금자리주택 지구지정 중단)/다주택자 주택청약 허용/생애최초주택(6억원 이하) 지원(취득세 전액 면제, 주택가격 70%(주택담보인정비율(LTV) 70% 상향) 주택담보대출)/주택바우처/하우스푸어 주택지분 일부 넘기고 대출상환가능)(4. 1) • 전월세 대책(모기지유형별로 주택가격 40~70% 대출(2억 한도)/수익공유형/손익공유형/다주택자 양도세 중과폐지/취득세 영구폐지)(8. 28 대책)	–

〈부록 2〉 토지투기관련 주요 일지

1960년

3. 31 재무부, 고액부동산투자 약 3천건에 대해 자금출처 조사방침(1958년 6월~1959년 9월 거래분)

1961년

12. 12 국가재건최고회의, 제1차 경제개발 5개년계획(1962~1966년) 통과

1962년

1. 26 정부, 울산종합공업지구 확정

6. 10 정부, 화폐개혁 단행

1966년

7. 7 경제기획원, 제2차 경제개발 5개년계획(1967~1971년) 발표

1967년

12. 1 건설부, 경부고속도로건설계획 발표(1968년 2월 착공)

1968년

1. 5 정부, 서울특별시 전역등 모두 13개 지역 부동산투기억제세 과세대상지구로 확정

1969년

11. 19 정부 여당, 부동산투기억제세 폐기 검토

1970년

1. 7 서울시, 강남개발계획 발표. 제2서울지역 월내 발표

3. 20 정부, 예금금리 연 22.8% 대출금리 24% 확정

4. 16 재무부, 보험회사에 대하여 비업무용부동산 처분촉구, 신규토지취득 억제

8. 11 재무부, 27개 재벌에 부동산처분지시

8. 19 한국은행, 금융기관 비업무용토지 처분방안 강구

1971년

5. 12 은행감독원, 금융기관의 비업무용부동산 조속처리 지시

1972년

5. 22 정부, 토지이용관리법 추진(토지이용 법제화, 지가공시제, 개발이익 환수제)

12. 19 국토이용관리법 제정

1973년

4. 3 건설부, 지가고시제도의 첫 대상지역 발표

5. 12 서울 고법 특별1부, 투기억제세 1억1천1백만원 취소소송 수자원개발공사에 승소판결

6. 28 건설부, 영동지구 개발촉진지구로 고시

6. 29 서울 고법 특별2부, 투기억제세 1억2천6백만원 취소소송 수자원개발공사에 승소판결

10. 17 제1차 오일쇼크(원유가 17% 인상 선언)

1974년

1. 14 국민생활의 안정을 위한 대통령 긴급조치(1·14 조치)

5. 29 기업공개와 건전한 기업풍토의 조성을 위한 대통령 특별지시(5·29 조치)

8. 1 서울시, 잠실지구 340만평에 대한 개발계획 발표

1975년

3. 21 서울 강남 부동산 투기 이상열풍

8. 11 서울시, 서울시청 영동이전설 부인

1976년

6. 9 유엔 주거환경회의(HABITAT), 토지개발에서 발생하는 불로소득 사회환원 국가행동권고안 채택

1977년

1. 20 주택건설촉진방안으로 양도소득세 완화 찬반 논란

2. 9 재무부, 양도소득세 완화하지 않을 방침

2. 10 대통령, 임시행정수도건설 구상 발표
2. 14 정부, 사법부 강남이전계획(대법원, 서울고법, 서울민·형사지법, 가정법원, 사법연수원/ 대검찰청, 서울고검, 서울지검)
3. 17 정부, 주택건설촉진 위해 양도소득세 완화 방침
5. 18 서울시, 사법연수원 부지로 강남구 서초동일대 2만3천여평 공공청사부지로 확정, 지적고시
10. 6 서울시, 지하철 2순환선 건설계획(1978~1981년) 확정 발표

1978년

1. 5 정부, 투기억제 등을 위해 가계예금금리 15.6%서 18%로 인상
1. 7 정부, 제2종합청사 과천 건설 발표, 37만평 기준지가 고시
2. 15 국세청, 전국 부동산투기지역(부동산투기지역: 토지투기지역 158개동, 아파트투기지역 서울 4개 지역(여의도, 반포, 잠실, 영동)) 고시(1차)
6. 28 재무부, 부동산투기억제책으로 양도소득세 강화, 부동산담보대출규제 방안 마련
6. 29 대법원, 서울고법등 강남구 서초동 법원·검찰신축예정지로 이전, 소요 예산 1백억원 1979년도 예산에 반영, 정부 승인 요청(1979년초 착공예정)
6. 30 사정당국, 민간아파트 특혜분양 적발
7. 12 한국은행, 서울 땅값 15년 동안 60배 증가 결과 발표
7. 19 국세청, 부동산투기지역 161개동 추가(부동산투기지역: 토지투기지역 319개동(서울의 30%), 아파트투기지역 없음) 고시(2차)
8. 5 정부 여당, 부동산투기수익 양도소득세로 흡수, 대기업 재산증식 위한 비업무용 토지중과세 방향으로 소득세법, 법인세법 개정 방침
8. 8 부동산투기억제 및 지가안정을 위한 종합대책(토지거래허가·신고제 도입/양도소득세 강화, 기준지가 고시지역 확대)(8·8 조치)
8. 29 정부, 양도소득세 감면, 환급제 도입
9. 19 국무회의, 부동산소유권이전 관인계약서 의무화
9. 28 정부, 국토이용관리법개정안 경과규정에 따른 유휴지 대상 다소 완화

9. 28 국회법사위, 토지매매허가제 논란
9. 29 정부, 토지매매허가제 부처간 이견
10. 17 국무회의, 국토이용관리법개정안 확정 보류(재벌유휴지 규제완화등 논란)
10. 18 공화당, 국토이용관리법개정안 의견붙여 정부 이송
10. 18 국무회의, 국토이용관리법개정안 원안 확정
10. 20 신민당, 국토이용관리법개정안 반대로 당론 확정
10. 28 서울 제1변호사회, 국토이용관리법개정안 건의문 국회 제출(사유재산권 침해)
11. 1 국회건설위 소위, 국토이용관리법개정안 수정 보완
11. 2 국회건설위, 국토이용관리법개정안 수정 통과(유휴지 유예등 원안)
12. 27 제2차 오일쇼크(산유량 격감으로 원유수출정지)

1979년

4. 7 구제금융중단에 따라 율산부도
4. 17 경제기획원, 경제안정화 종합시책 발표(재형, 정기적금 금리인상/토지거래허가, 신고시행령 내달마련/관인계약서 의무화등 연내입법)
6. 7 건설부, 토지거래허가제 대상규모 최소대지면적으로 할 방침
6. 12 신민당, 토지거래허가제 철회 촉구
6. 12 경제장관협의회, 국토이용관리법 시행령 개정(거래허가, 신고대상확정)
6. 14 정부, 대기업 비업무용 토지 강제처분 방침
6. 15 건설부, 부동산투기과열되지 않으면 토지거래허가제 유보 방침
9. 1 서울시, 서초동 일대 4만평 도시계획사업시행 허가(법무시설단지 연내공사)
11. 19 대법원, 서초동에 사법연수원 신축, 1983년까지 서울지법, 서울고법 이전(3만평)
11. 22 건설부, 부동산투기 재연시 토지거래허가·신고제 실시 방침

1980년

2. 14 건설부, 토지거래신고제 조기 실시 검토
2. 27 정부헌법연구반, 새헌법에 토지공개념 선언하는 것이 바람직하다는

의견 수렴

3. 8 특별경제대책차관회의, 부동산투기억제 위해 기준지가 고시지역 확대, 관인계약서 첨부제, 토지거래신고 및 허가제등 단계적 실시 방침

4. 15 대법원, 부동산전매 최종취득자 처음 판 사람에 등기요구 부인 판결

9. 16 종합경제대책(금리 평균 2% 인하/양도세율 5%~20% 인하/연10% 물가상승율 공제/서민주택단지조성)(9·16 경제활성화조치)

9. 27 정부, 기업체질강화대책 발표(대기업 모든 부동산신고 의무화)(9·27 조치)

10. 3 1979년말 현재 기업비업무용 토지 전국 2천8백98만평

10. 28 정부, 부동산양도소득세 내년부터 대폭 완화 방침

12. 13 부동산경기활성화대책(양도소득세 탄력세율 도입/양도세율 15% 인하)(12·13 조치)

1981년

6. 26 부동산경기부양책 발표(양도세 물가상승 공제율 15%/투기지역 7월 전면해제/25.7평 이상 아파트가격 자율화/소형아파트 건설의무 해제)(6·26 조치)

7. 16 정부, 비업무용부동산매각 촉진 토지개발공사서 매입 검토

1982년

1. 14 당면경제대책(금리 1% 인하/양도세 탄력세율 1984년 3월까지/국민주택자금금리 13%~15%/소규모 임대주택 3천가구 신축)

2. 22 공공주택 전매금지기간 6개월로 단축(1981년 7월 이후 분양분까지 소급 적용)

3. 24 내두부, 대도시 재산세 중과 일부 완화

3. 29 한국은행, 금리인하(대출 14%, 예금 12.6%)

4. 8 건설부, 국민주택자금금리 대폭 인하

5. 18 경기활성화대책(취득, 등록세 30% 감면/양도세 일률 5%로 인하)(5·18 조치)

6. 28 투자촉진을 통한 경기활성화대책(금리인하(대출 10%, 예금 8%)/법인세율 20%로 인하/기계부품 업체 천개 이상 선정 집중지원)(6·28 조치)

11. 8 투기억제대책(투기지역 집중세무조사/실무대책위원회 상설운영/전매자 색출 중과·고발, 주공아파트 입주위반땐 환수(11·8 조치)

12. 22 주택투기억제대책(공공아파트 전매금지 1년/분양가 차등제 민간적용/공정 10%이후 분양/민영 0순위 폐지/부동산소개소 허가제 1984년 시행)(12·22 대책)

1983년

2. 16 부동산투기억제종합대책(특정지역 고시(성남, 과천, 개포, 제주)/아파트분양가현실화(민영아파트 경쟁입찰분양)/세무조사반과 동향점검반 상설운용/인감증명 매입자 명기/토지개발공사 택지개발사업 확대)(2·16 대책)

2. 18 서울지검 특수1부, 10억여원 부당이득 전문투기꾼 2명 사기혐의 구속(피해자 68명 복부인)

2. 25 내무부, 공인중개사 제도 도입(6대 도시와 신흥개발지역 허가제, 기타지역 신고제/소개영업법 개정)

3. 25 모(某)기업 비업무용토지 재매입수사과정에서 고문치사사건 발생

4. 18 토지 및 주택문제에 대한 종합대책(대단위 주거단지 공영개발방식 조성, 양도소득세 강화, 임대주택건설 의무화, 공공주택 전매금지 기간 2년으로 연장, 토지종합재산세 도입, 지가체계 정비)

5. 14 논밭, 임야 투기과열(서산 두 달새 10배/지리산일대 논값 5배/초지조성자금신청 증가)

5. 17 5개 시중은행, 거래대상 기업의 업무용 부동산 조사

5. 19 건설부, 21개 기업 3백83만평 토지재매입신고(4월 12일~5월 13일) 결과 발표(검찰수사분 합쳐 22개 재벌, 24개 기업, 재매입사례 40건)

7. 1 양도소득세 강화(부동산 2년 미만 50%, 2년 넘으면 40% 과세/1가구 1주택 3년 이상 보유조건 면세)

7. 25 6개 생명보험회사 비업무용 부동산 투자 2백억 초과

9. 5 부동산투기억제대책(투기지역 과세강화/재산재평가법 시행령 연내 개정/주요상가 및 빌딩임대료 안정 유도/토지거래신고제 조기실시/내년 6월까지 개인별 토지보유실태 전산화 추진)(9·5 대책)

1984년

1. 24 은행감독원, 기업들의 부동산투기억제 위해 업무용 부동산 2년 이상 사용안하면 여신중단등 강력 규제(주거래은행의 업무용 및 비업무용부동산판정기준 개정)

1. 26 국세청, 부동산과다소유 기업세무조사 방침

1. 31 건설부, 행정교육중심지로 대전시 개발 업무보고

2. 3 대전시 일원 투기조짐

2. 3 국세청, 대전권 대규모 부동산보유자 파악, 투기조사전담반 파견

2. 3 행정기관 대전시 이전 부처간 심한 이견

2. 3 건설부, 대전권 부동산투기 우려, 부동산실사반 현지 파견

2. 9 건설부, 국토이용관리법시행령 개정시안 마련(주거지역 대지 백평 이상 거래신고/토지거래허가제 투기과열시 규제지역으로 고시하면 즉시 실시)

2. 9 건설부, 비업무용 토지는 규모 관계없이 유휴지로 우선 결정(금융기관 여신관리협정)

3. 7 대법원특별부, 토지대금 연체료도 등록세 과세에 포함

3. 28 차관회의, 토지거래신고제 4월 실시 진통

4. 3 민정당, 토지거래신고제 적용대상 면적 상향조정 촉구

4. 3 경제기획원, 토지거래신고제 적용대상 면적 하향조정 의견 제출

4. 13 경제장관회의, 토지거래허가·신고제 대상 확정(허가: 주거전용, 상업, 생산녹지 60평, 주거 및 준주거 27평, 전용공업 및 공업 1백평, 자연녹지 1백82평, 농지 3백3평, 임야 6백평 이상/신고: 주거 1백평, 녹지 2백평, 공업 3백30평, 농지 1천5백평 이상)

4. 16 정부, 충북 청원에 새 국제공항 건설 예정

6. 11 관광레저타운 소문 강원도 평창, 횡계 부동산투기붐

7. 4 제주도 당국, 도시기본계획 용역맡은 대지종합기술공사 서귀포 토지대량매입 적발

7. 16 개발계획 본격화 대전권 생기(대기업 토지매입경쟁 지가상승 자극)

11. 5 건설부, 서울~대전 새고속도로주변 투기조짐 거래허가제 발동 방침

1985년

1. 10 경제기획원, 수도권 유휴지제도 실시등 업무보고(종합토지세제 도

입/양도소득세 강화/공한지 및 비업무용범위 조정/토지거래신고제 탄력적 운용)

1. 24 대전 신종 부동산투기성행(택지개발촉진법 및 주택개발촉진법 공영개발 연고권 얻기 위한 최소면적단위 토지분할이전 성행(주거지역 90.1㎡, 생산녹지 1백98㎡ 토지소유))

1. 26 충남지사, 대전을 행정·과학·전원도시로, 천안을 성장거점도시로 개발 업무보고

2. 14 건설부, 대전 둔산동·진잠 일대에 신도시 640만평 규모로 건설(45만명 수용규모로 1991년까지 건설)

3. 15 건설부, 4월부터 토지거래신고제 확대 실시(서울, 인천, 부천)

4. 18 건설부, 5백60만평 택지개발예정지구 지정(서울 상계지구, 중계지구, 인천 연수지구, 대전 둔산지구)

4. 20 내무부, 지방세제 대폭 개편보강 방침(취득세, 재산세, 등록세등 지방세의 과세대상 및 세율 조정/종합토지세제 도입)

5. 20 부동산 종합대책(토지종합세제 내년 실시/공한지 합산 2백평 넘으면 과세/업무용 토지기준 강화/재산세율 다단계화/유휴지 조사/시가화조정구역 지정/부동산거래사후신고제/12월 공청회개최)

7. 27 충남 대덕연구단지에 국내 최초로 토지거래허가제 실시

9. 3 경제기획원, 부동산실무대책회의 개최(양도세 누진율제 내년중 실시/종합토지세제 1986년 7월 시행 협의)

9. 5 고용안정과 주택건설부진타개방안(소형아파트분양가 상한선 철폐/5천3백만평 공단, 농지조성/공동개발유도/건축규제완화/주택금융확대)

9. 13 옥천군 대청댐 주변지역 관광개발계획 발표후 부동산투기(22만8천5백㎡ 종합관광지 개발)

10. 22 대법원합의2부, 채권입찰제로 분양한 아파트, 아파트채권매입액 양도세과세대상 제외(취득필요경비로 인정)

11. 11 재무부 국회보고자료, 보험회사 부동산투기(투자한도 총자산 15% 이내 불구, 최고 31%)

11. 12 주택건설촉진대책(대전이남지역 주택건설촉진 위해 미분양아파트 임대전환/서울 상계·중계지구 조기 착공)

12. 9 토지개발공사, 전국 11곳 택지 275만평 개발(인천남구 인구 20만

신도시 조성)

1986년

1. 23 토지개발공사, 대전 신시가지(둔산) 개발계획 확정(1992년까지 4개동 234만평)
2. 3 대통령, 개발계획 수립시 부동산투기억제대책 동시 마련 지시
2. 12 주택건설촉진대책(2주택 면세 2년으로 연장/5년 이상 임대주택 양도세 감면/사원주택 세제감면/국민주택규모 24평 축소)
4. 19 정부, 7월부터 공장토지 기준이상 보유 중과세(4·19 대책)
5. 15 정부, 부동산투기 계속될 경우 7월초 토지거래허가제 확대실시 예정(중부고속도로 주변, 시화지구, 평택, 안성, 대전등 중부권, 수도권/투기우려지역 토지거래신고제 확대실시/표준지가 이하 신고할 경우 선매권 발동/대기업 토지소유실태 조사)(5·15 대책)
6. 17 주택경기활성화 방안 국회보고(2가구 이상 주택소유자 5년 이상 임대 양도소득세 감면)
7. 9 정부, 국내경기의 과열우려에 과소비 및 투기 강력억제 방침(대기업 비업무용 토지매입자금출처 조사강화/투기우려지역 토지거래허가제 즉각 실시/서울 내년까지 도시재개발 신규지정 유보)
9. 20 서울아시아경기대회 개막
9. 25 건설부, 아산만 국내 최대 항구 건설(항만 및 배후도시건설 토지투기대비: 공영개발/토지거래허가제/국세청 특정지역 고시/현재 토지거래신고제 실시중)
9. 29 민정당, 토지종합합산제 실시반대, 전면 보류될 전망
10. 21 내무부, 종합토지세 1988년 9월로 실시 연기(종전 1987년 실시 예정)

1987년

1. 14 서울고법 민사2부, 철거민 아파트 추첨권 투기꾼 헐값 매입 무효
10. 15 물가안정종합대책 마련(유가 평균 10.2% 인하/토지거래허가제 실시지역 확대검토/착공시점 미확정된 개발계획 발표 자제)
11. 12 경제기획원 부동산실무대책위원회, 부동산투기규제방안 확정(토지거래신고대상 대폭 확대/특정지역 30－40곳 확대/1988년 개발이익환수제 실시/1988년 양도차익 누진세 계획)

12. 16 제13대 대통령 선거

1988년

1. 12 부동산투기억제대책(특정지역 추가고시/상습대규모 토지투기자 조사)

3. 16 경제장관협의회, 부동산투기 중과세로 근원봉쇄(조세 및 금융제도 개편)

5. 6 부동산투기소득과세강화 및 서민주택공급확대방안(특정지역 천곳 추가 고시/올 하반기 공시지가 적용전까지 투기억제/재산세과표 대폭 인상/부동산평가사 통합, 일원화)

6. 4 건설부, 6차경제사회발전 5개년계획 토지부문수정안 마련, 6차계획 수정 조정위원회 상정(토지거래실명제 실시/관인계약서/등기의무화/개발부담금제 1989년 시행/과다보유세 종합세제로 개편)

7. 20 부동산종합대책(토지종합세제 1990년부터 실시/개발이익환수/관인계약서 사용/등기의무화/토지센서스/기업의 부동산투기 강력 규제/특정지역 1천개 추가지정/아파트당첨권 프리미엄 기준시가고시 확대)(7·20 대책)

7. 25 경제기획원, 종합토지세제 시행기본방향 마련(부동산보유가액산정 공시지가 적용/5단계~10단계 누진)

8. 10 부동산투기종합대책(양도세 면세요건강화/재산세 중과/토지거래허가·신고제 확대/부동산정책위원회 구성/1천5백만평 택지개발지구 지정/택지보유상한제 검토/개발이익환수제 검토/악덕 중개업자 체형)(8·10 대책)

8. 10 대통령, 토지공개념제도 확대방안 적극 검토 지시(경제동향과 정책과제보고회)

8. 12 기업 부동산보유실태 전면조사

9. 1 내무부, 토지과표 현실화 조정(사치투기성 토지 중과세/지방세제국 신설/세율체계 3원화/종합토지세 추진계획 확정)

9. 2 은행감독원, 30대그룹 여신점유비중 27% 차지(6월말 현재 전체은행여신(대출+지급보증)/5대 그룹 14.63%)

9. 3 국세청, 기업의 비업무용 부동산 세무조사 강화

9. 3 증권업계, 10대그룹 토지보유 34% 급증(69개사 대상/6월말 현재 토지보유규모는 총 1조3천2백19억원, 1년전 9천8백45억원보다 34.3%(3천3백74억원) 증가)

9. 17 제24회 서울올림픽 개막

10. 14 선진화합경제 추진대책(유가 전기료 내달 인하/토지공개념 구체적 실천방안 1989년 3월까지 마련/금융실명제와 금융자산 종합소득세제 1991년부터 전면실시/종합토지세제 1989년 실시/비업무용 부동산 보유억제/임야매매증명서 첨부 의무화)

10. 25 경제기획원 부동산정책위원회, 1993년까지 재산세 과세표준 시가의 50%~60% 이상 인상(임야매매증명서 첨부 의무화/보전임야 소규모필지분할매매규제/작년말 현재 전국 산주(山主)의 34.2% 부재산주(부재산주비율 지난 1971년 16%)/대단위개발사업에 대해 개발부담금환수제 우선 적용)

12. 7 종합토지세제안 정부부처간 이견 진통(건물부속-주거용 토지에 대해 합산, 분리 쟁점)

1989년

1. 14 서울지법 남부지원, 토지거래허가제 위헌심판 제청

1. 19 토지공개념대책반, 토지공개념 구체안 5월 확정

1. 26 국세청, 1989년도 부동산투기억제를 위한 종합세무대책 발표(부동산투기 일제조사(2월~3월중)/특정지역 5월~6월 추가고시/기준시가 내달 전면 재조정/부동산투기조사상설전담기구 대폭 확대)

2. 4 부동산투기억제대책(택지 5천7백만평 확보/택지개발예정지구 조기지정/유휴지 실태조사/양도소득세대상 고급주택의 범위확대/대형고급주택 중과세 조기 실시/강남지역 학군재조정)

2. 14 경제기획원 부동산정책위원회, 부동산투기를 근원적으로 막기 위한 다각적 대책 협의(토지공개념연구위원회 토지공개념 확대방안 제시/택지소유상한제/개발이익환수제/50평 이상 아파트거래자 자금출처조사/부동산투기행위자 처벌 대폭 강화/재산세 과표현실화(토지분: 시가의 50%, 건물분: 시가의 60% 상향 조정)/종합토지세제 합산·누진과세)

2. 14 토지공개념 연구위원회 발표자료, 지주 5%가 사유지 65% 소유, 50만평 이상 소유자 6백82명(사유지 65.2%, 5%의 소유자 소유/10개회사 법인소유토지의 11.9% 소유/서울 주택보급률 58.7%(1987년말 기준)에 토지보유율이 28.1%로 1가구가 여러 주택을 소유하고 있기 때문)

2. 14 토지공개념 연구위원회, 택지소유상한제 단계적 도입/개발이익 80% 국가 환수/임야매매증명발급제 실시 정부 건의

2. 23 토지공개념연구위원회, 토지공개념확대방안에 관한 정책토론회 개최(토지소유상한제/토지거래규제제도/개발이익환수방안/기업의 토지투기억제대책)

3. 15 서울고등법원 제1특별부, 취득당시에는 특정지역이 아니었으나 팔 때는 특정지역으로 고시된 경우 양도소득세의 부과기준은 지방세법상의 과표로 판결

3. 22 특정지역 토지매각 양도세 부과놓고 법원－국세청 법률논쟁(법원: 하위 재무부령 위임 위헌/국세청: 경제상황 고려한 적정조치/대법원 최종판결 1989. 12. 12)

4. 12 정부, 경제사회균형발전확대회의 개최, 공정 형평 및 지속발전을 위한 실천계획 확정(부동산대책부문: 종합토지세 1990년 1월 실시/1주택 양도세 확대/택지소유상한제 실시/금융실명제 1991년 도입/토지기본법 제정 추진)

4. 20 토지공개념연구위원회, 토지공개념확대도입을 위한 공청회 개최

5. 29 경제기획원 부동산대책실무위원회, 주택가수요억제 및 공급질서개선방안 확정(토지종합세제 1990년 시행/1992년 하반기 1가구 2주택 이상 보유자 재산세 중과/명의대여자 주택분양신청권, 영구임대주택입주권 박탈/아파트과세특정지역 확대/과세특정지역기준시가 수시조정/투기행위자 명단공개)

5. 30 종합토지세제 임시국회 통과, 1990년부터 전국적으로 시행(전국 토지 소유자별 합산 누진과세)

6. 22 청와대 경제수석비서관, 토지기본법 연내 제정방침(택지소유상한제 실시/개발이익환수제 도입)

6. 30 건설부, 토지공개념 관련 법률안 확정(택지소유상한에 관한 법률(6

대 도시 택지상한 200평, 초과소유부담금)/개발이익환수에 관한 법률(개발부담금)/개발이익세법(개발이익세))

7. 6 토지공개념도입 확대관계장관회의, 「택지소유상한에 관한 법률안」, 「개발이익환수에 관한 법률안」 원안대로 확정

7. 21 헌법재판소, 상속세법 제32조제2항 일부 위헌(재산을 제3자 명의로 등기했을 경우 탈세목적이 아닌데도 증여로 보고 고율의 증여세를 물리는 것은 위헌/1989년 증여세 5백80억 대부분)

8. 28 재무부, 기업의 부동산 과다보유억제대책 발표(비업무용부동산 중과세/과다보유업체 금융과 회계처리상 큰 불이익)

9. 29 증권감독원 국회제출자료, 25개 증권사 부동산보유규모 1년새 53% 증가(8월말 현재6천1백6억3천6백만원/각증권사 1987년이후 5억원 이상 부동산 총10만4천2백35평)

11. 24 서울시, 토지과표 현실화(과표 인상(6.3~81.7% 인상)/종합토지세제 실시에 따른 세율조정(상업용 토지의 경우 최고 12배 인상)/주거용 50평 세금 50% 인상)

12. 2 재무부와 은행감독원, 대기업 여신관리제도 개편방안 발표(은행빚 1천5백억원 이상인 47개 재벌기업/골프장, 스키장등 많은 땅이 소요되는 사업추가, 신규 금지)

12. 12 대법원, 매입이후 특정지역 고시된 땅 매각때 기준시가 과세 적법 판결(대법원 계류중 동일사안 6건의 소송, 고법 계류중 소송들 사실상 종결)

12. 18 국회, 토지공개념 관련법안 의결

12. 22 헌법재판소, 토지거래허가제 합헌결정(재판관 5대4/체형 벌칙조항은 국가권력 과잉행사)

12. 22 국세청, 기업토지 대규모 매입과정에서 임직원등 제3자명의 이용사실 적발(A기업, B기업/각각 200억씩 세금추징)

1990년

1. 9 정부, 종합토지세 조세저항우려로 세율인하등 완화조치 최종 결정

1. 11 경제정의실천시민연합, 종합토지세 예정대로 시행 촉구

1. 12 민정당 정책세미나, 종합토지세 국세전환 검토

2. 13 대법원, 투기 소급과세도 적법 판결(시가로 자진납부 불구 사후추적 중과 마땅)

2. 22 정부, 종합토지세 개정안 확정(주거용지등 최저세율 2천만원 이하로 확대/상업용건축물부속토지 최고세율 2%로 인하)

3. 19 영종도에 새공항건설, 관광단지 토지투기붐

3. 23 당정협의, 종합경제대책수립(금융실명제 전면보류 대신 범위 축소 또는 단계적 실시 보완/토지공개념확대실시 예정대로 시행)

4. 4 경제활성화 종합대책(금융실명제 실시유보/여신규제완화/상습부동산투기행위자에 불이익가중/투기행위정보관리센터/토지공개념 강력추진/부동산매입자금 출처조사강화)

4. 9 국세청, 부동산투기 새 수법 판결위장거래 실태파악

4. 10 정부, 투기목적 가등기 전면 실태조사

4. 11 광주지법, 제소전 화해신청 무더기 각하(토지거래허가구역내 소유권 편법이전 쐐기)

4. 13 부동산투기억제대책(업무용 부동산인정범위 축소/부동산등기의무위반 체형 검토/임야매매증명 6백평 이상/6월까지 20개 합동단속반 투입/서해안등 초과이득세 매년부과/중소도시, 녹지에도 토지거래허가 확대)(4·13 대책)

4. 14 제주도종합개발계획 발표를 계기로 제주도 토지투기(토지 13.6% 외지인 소유)

5. 8 부동산투기억제와 물가안정을 위한 특별대책(49개 재벌 비업무용 및 과다보유부동산 강제매각/제3자명의 부동산 취득기업에 대한 정밀세무조사/여신관리)(5·8 대책)

5. 8 대법원, 국세청 재산제세 조사사무처리규정 조세법률주의 위배 무효

5. 10 국세청, 투기성 부동산 양도세 중과 무효판결 반발(대법원판결 해당 사건만 적용 위헌 아닌 한 환급불가)

5. 11 감사원 1989년 23개 대기업 비업무용 부동산 취득실태 업계로비 밀려 감사중단, 조사반원 인사조처

5. 12 청와대 특명사정반 발족(고위공직자·정치인·기업인등 사회지도층 인사 뇌물수수나 부동산투기등의 비리 적발 목적/1991년 3월 29일 대검찰청 공직 및 지도층 비리특수부로 전환)

5. 12 감사원 자료, 재벌계열 23개사 소유토지 43.3% 비업무용 추정(은행 감독원 1.2%발표와 큰 차이)
5. 16 경제정의실천시민연합, 비업무용토지 감사관 구속 비난 성명 발표
5. 19 경제정의실천시민연합, 재벌 토지투기 은폐기도 규탄 및 비업무용 토지 감사관 석방촉구 시민대회
6. 7 야 3당, 비업무용토지 감사관 석방 촉구대회
6. 15 건설부, 36억평 토지거래허가구역 지정(경부고속전철 및 신공항건설계획, 수도권 공장설치 규제완화 조치등의 영향으로 토지투기 우려지역/전국토의 12%)
6. 16 건설부, 투기편법이용 제소전화해 토지거래 허가대상 적용
7. 24 대법원, 명의신탁을 증여로 의제할 수 없는 경우인 조세회피의 목적이 없었다는 점에 대하여 명의자의 입증책임
9. 3 건설부, 제주도개발특별조치법안 마련(제주도 무비자입국 확대추진/토지소유권 규제/토지투기억제위해 토지거래신고/인허가의제로 개발촉진/2001년 제주도종합개발계획 완료시까지 적용)
9. 25 서울지검 특수2부, 의사교수부부 200억 투기적발(국세청과 청와대 특명사정반 통보/세금 14억 포탈/임야 건물등 1백39건 사재기/수배, 출국금지)
9. 25 서울지검 특수2부, 병원이사장 투기적발(국세청과 청와대 특명사정반 통보/부동산 70억 소유/세금 4억 포탈/10억원 횡령/미국도피, 수배)
9. 28 서울지법 남부지원, 부동산투기 병원원장에 투기혐의없다 판결 석방(징역 1년6월, 집행유예 3년/선고전 잠시 입정 이례적 조치/기소 두달만에 선고/유전무죄/전관예우/사법불신)
9. 28 주택가격안정대책(주택상환사채 6대 도시로 확대/소형아파트 공급 확대/신도시 아파트 공급물량 확대/사치성 건물 및 대형 상업용 건물 건축제한/수도권 전입 2년 지나야 분양자격/내년 1천6백40만평 택지개발)
10. 12 올해 처음 시행되는 종합토지세 전국적으로 일제히 부과, 고지(투기진정 기대못해/기득권층 로비로 세율 낮추고 누진단계 줄여/9,732,001명 대상/상위고액납세자 10만명 전체 부과세액의 70.76% 차지/고액납세 20명만 발표)

10. 13 정부, 경부고속전철 역세권 40만평 신도시 건설(천안, 경주, 청주/노선확정전인 6월 14일 고속전철통과역 주변 토지거래허가구역으로 고시)
10. 16 대법원, 토지매매때 행정·세무서 신고액 다를 경우 높은 가격기준 과세 판결
11. 13 대법원, 부동산중개인 내세운 재벌토지 매입, 실거래가격 기준 세부과 판결
12. 5 경제정의실천시민연합, 부동산투기근절과 공평과세확립을 위한 세제개혁안 국회청원(토지관련세 강화 촉구)
12. 28 은행감독원, 49개 여신관리대상 재벌그룹 재심신청 2백75만평 구제결정(구제 의외로 적다 기업의기소침/처분시한촉박 성과 미지수/잠실부지 제외 소송 불사)

1991년

1. 15 건설부, 주택공급 원활화대책 보고(주택 2백만가구 건설계획의 차질없는 추진/택지 1천6백40만평 개발·공급/저소득층 주거안정/주택전산화 추진/가수요억제방안강구)
1. 21 서울시, 수서택지개발지구내 주택조합소유지 3만5천여평 조합에 특별분양(특혜소문)
2. 5 야당, 수서특혜과정 잇단 탈법 검찰 수사촉구(국정조사권발동 제의/검찰 미온적)
2. 5 은행감독원 국회제출자료, 여신관리대상 49개 재벌 신규취득 부동산 1천2백48만평(1990년 5월~12월말)
2. 5 한보와 26개 주택조합, 수서특혜로 3천여억원 개발이득
2. 7 서울시, 내외경제신문조합 택지공급결정 특혜(1990년 8월 16일, 여론무마용)
2. 7 부동산가격안정대책(토지거래허가제 강화/2개월 전국투기단속/주택전산화 완료/신규아파트분양자격제한 및 불법당첨자색출/1가구 2주택이상 양도세부과/임대소득 과세/대기업 비업무용부동산 처리)
2. 10 대검중앙수사부, 수서지구 택지특혜공급사건 의원 수뢰증거 확보 총력

2. 10 감사원, 수서지구 택지특혜공급사건 감사결과 발표(조합 앞세워 4백27억원의 양도차익 투기/1백28억원 탈세 로비/제3자명의 토지매입 수법/제소전화해 수법)

2. 12 서울시, 수서지구 특별공급방침 전면백지화(3만5천5백평 택지 국민주택규모 아파트 1천4백80가구 건설)

3. 30 국세청, 토지초과이득세 대상 확정(평균땅값상승률 1.5배 30.87%이상 오른 지역내 유휴토지 및 비업무용 토지소유주)

3. 30 경제정의실천시민연합, 대기업 여신관리제도 개편방안 철회 요구(여신규제해제 재벌로의 여신편중을 심화)

4. 9 경제기획원, 건설경기 과열 진정 위해 신도시아파트 착공연기

4. 26 서울 형사지법 합의21부, 200억 투기 의사교수부부 집행유예(병원장: 징역 2년6월, 집행유예 4년, 벌금 15억원/남편: 벌금 2백만원)

5. 3 정부, 건설경기 진정대책(정부사업 9월까지 중단/상업용 건물 건축허가제한/2주택이상 융자금 회수)

5. 10 서울 형사지법 단독3부, 부동산투기 병원이사장 벌금 2억원 선고

6. 1 경제기획원, 종합토지세제 개편방향(토지과다보유 상위 10% 종합토지세 중과방침/과표현실화 확대)

7. 8 국세청, 토지초과이득세 예정통지서 발송(서울 2만3천필지/대상자 2만명)

7. 11 청와대 특명사정반 적발 고위층 부동산투기꾼 모두 풀려나(전형적 전시행정)

7. 23 토지초과이득세 전국적으로 집단반발 확산(개별지가 조정요구/대구 2백여명 구청점거 농성/진정서 제출/인천 영종도 예상납세자 1,800명 토초세비상대책위원회 구성)

7. 25 토지초과이득세 운용 모순(건축동결조치(1990년 5월 15일 이후 일곱차례) 역이용 허가신청자 유예/대기업유휴지 유예/소규모지주 피해)

12. 24 대법원, 토지거래허가구역내 허가전 토지매매계약 효력없고, 나중허가나면 소급 계약효력 인정 판결

12. 27 강원도 남북화해 분위기 토지투기(속초 고성 최고 2배 상승/민통선이북지역 임야등 인기/수복지 토지복구신청 급증)

1992년

1. 22 국민복지증진과 생활환경대책(가구별 주택전산화와 택지초과소유부담금제 실시로 부동산투기 억제/민영아파트 18평 미만 40% 의무화/토지이용효율 위해 복합건물 및 고층화 유도/경부고속전철 천안~대전 착공/무허가 중개행위자 처벌 근거 마련)

3. 5 경제정의실천시민연합, 10대 개혁과제 발표(금융실명제 실시/토지세제개혁 등)

4. 2 대검중앙수사부, 경기도 연천과 파주군 일대 민통선주변 토지투기 적발(증여가장 미등기전매/부동산투기꾼, 복부인등 1백13명/7명 구속/76명 불구속입건)

4. 11 서울 고법 특별4부, 투기거래자지목 중과세 규정 국세청훈령 무효(양도소득세 부과처분 취소/객관적 기준 결여)

5. 28 종합토지세제 올해로 시행 3년(과표현실화율 공시지가대비 17% 불과/대상중 96.6% 10만원 이하 세금/지가안정 기여/비과세 및 세금감면혜택 과다)

7. 5 서울 강남경찰서, 230억 정보사 서초동부지 사기 수사 착수(1명 구속/3명 수배 및 출국금지/군사시설보호구역 해제시 막대한 시세차익 심리 이용)

8. 12 서울고법, 잠실부지 비업무용으로 분류, 취득세를 부과한 것이 잘못 판결(비업무용부동산 기준논란/법인세법 근거해 정당(정부)/같은 조건토지 이번 판결 준용(법조계))

10. 3 건설부, 토지거래허가구역 4곳 추가지정(한중수교 및 개발사업으로 부동산투기가 우려되는 전북부안군등/전국토의 46.5%)

10. 6 서울고법 특별6부, 토지초과이득세 첫 위법판결(유휴판정 기준 지적/공시지가 잘못 적용 지적/대규모 불복소송 잇따를듯/실현안된 가상소득 과세 위헌소원 제기/서울고법 348건 계류)

1993년

3. 16 규제완화(재무: 가계대출한도 폐지, 재벌 부동산신규취득제한조치 조기해제/건설: 토지거래허가시 가격심사제 폐지, 농업진흥지역등 허가대상 제외)

6. 2 건설부, 국토이용관리법 개정안 마련(국토 43% 개발 가능/토지용도 구분 5개 단순화/준도시지역등 규제 대폭완화/토지거래허가시 가격심사제 폐지)

6. 5 건설부, 토지이용규제완화로 부동산투기우려 예방조치(8월 강화된 개발부담금제도 시행시까지 용도지역변경 도시계획재정비 전면유보)

6. 8 신경제 토지제도 마련(전국토의 41.7% 개발허용/국토이용관리제도 개편/농지이용체계 개편/산지이용체계 개편/개발제한구역제도 개선/토지개발체계 정비/토지투기억제)

7. 16 당정협의, 토초세 포함 종합적인 토지세제보완방안 마련(공시지가와 유휴지 기준조정/토초세실태조사단 전국 현장실태조사/24일경 세제안 확정 예정)

7. 16 정부, 토지초과이득세 관련 합동실무대책위원회(이의신청(전체 대상 25만필지 12%(2만9천5백건)) 신속처리/토초세 시가 재조정 9월 15일까지 결정)

7. 23 민자당, 토지초과이득세 대상 30%~50% 축소 방침(투기무관 농민, 서민 제외/9월1일(토초세 자진신고기간 시작) 이전 시행령 개정 적극 추진/현재 24만명 과세대상인원 대폭 축소)

7. 25 당정, 토지초과이득세 개정 이견(민자당: 시행령 개정 과세대상 대폭 축소/정부: 현행 골격유지, 억울한 세금 구제)

7. 28 민주당, 토지초과이득세 보완대책 제시(토지초과이득세 존치/건축불가 자투리땅 유휴토지서 제외/이의신청 9월말까지 연기/지가 자의적 산정 방지)

7. 30 서울고법 특별4부, 잠실부지 비업무용으로 분류, 법인세를 부과한 것이 잘못 판결(1990년도분 법인세등 50억7천만원 취소/대법원 상고(국세청)/업무용판정땐 매각 철회(은행감독원)/진행중 소송전력(A기업))

7. 31 당정, 토지초과이득세 개선대책 발표(억울한 과세 해결/예정통지 24만명중 25%(6만여명) 대상축소 예상/조세저항 밀려 소급 개정 나쁜 선례/투기꾼 제도허점 이용 탈세소지/투기억제 후퇴)

8. 2 국세청, 토지초과이득세 24만명분 과세대상여부 재판정, 과세제외 대상자에게 안내통지문 발송준비

8. 12 대통령, 금융실명제 전격 실시 발표(금융거래 및 비밀보장에 관한 대통령 긴급재정경제명령 발동/부정봉쇄/16일 국회 열어 승인 요구)
8. 13 정부, 금융실명제 실시(모든 금융자산 2개월내 실명화해야/실명전환 5천만원까지는 출처불문/주식양도차익 현정권에선 과세안해/3천달러 이상 해외송금자명단 특별관리)
8. 13 주가대폭락(금융실명제 실시 첫날 사상최대 낙폭 32포인트/사채시장 마비상태)
8. 13 건설부, 전국 토지거래허가구역 지정(농업진흥지역 제외 3개월 한시/전국토의 39.7%에서 93.8% 확대)
8. 13 대법원, 부동산등기특별조치법상 명의신탁약정 금지가 사법적 법률행위의 효력까지 부인되는 것은 아니라고 판결
9. 22 대전지법 제2민사합의부, 위장전입 농지매매는 무효 판결(경자유전 이념을 앞세운 첫 판결/위장전입 농촌 토지투기 제동)
11. 23 대법원 특별2부, 잠실부지 행정규제로 착공지연 정당한 사유인정 취득세 중과세 부과 위법 판결(128억원 취득세부과처분 취소)

1994년

1. 17 건설부, 토지공개념제도 종합점검(토지공개념 완화/택지초과소유부담금, 개발부담금 축소/정부 법개정 내년 시행방침)
3. 23 부동산대책(내년 종합토지세 과표 20% 인상/지방세법 개정 세율조정/부동산종합전산망 내년초 운용/토지관련 규제완화 중지)
5. 20 국방부, 군사시설보호구역 5억3천만평 해제(대민관계개선조치/부동산투기 우려)
7. 29 헌법재판소, 토지초과이득세 헌법불합치결정(현행법 사실상 소멸/위헌지적내용 모두 반영(재무부)/개폐여부 당정협의 방침(민자당))
7. 30 경제정의실천시민연합, 토초세법 폐지 찬성 견해 표명(종합토지세와 양도소득세 강화 전제/종합토지세 실효세율: 단계적으로 0.5% 수준(현행 0.04%)까지 상향, 과세표준: 공시지가기준 100% 현실화)
7. 31 토초세법 개폐 당정 갈등(폐지(민자당)/개정보완(정부))
7. 31 대통령, 토지초과이득세법 골격유지 지시
8. 4 당정, 토지초과이득세 존속 방침(납부 5년 이내 팔 때 토초세 반환/

지가안정시 비과세)
8. 5 민주당, 토지초과이득세 당론 확정 유보
8. 21 재무부, 토지초과이득세법 개정안 확정(토초세 인하/세율 이원화/지가안정시 정기과세 실시 유예)
9. 13 대법원, 위장전입의 방법으로는 농지의 소유권을 취득할 수 없다고 판결

1995년

1. 6 대통령, 연두기자회견 부동산실명제 실시 방침 공개(명의신탁금지)
3. 30 부동산실명제 도입(명의신탁약정 무효화/실명전환유예 1년간/실명등기)
4. 13 미분양주택 해소대책(5월부터 18평~25.7평 미분양주택 구입자금 최고 2천5백만원 융자/주택건설업체 운전자금 5천억원 지원(대출금리 연 13%~14%, 대출기간 3년))
7. 26 민자당, 토지초과이득세 폐지 추진
9. 19 부동산투기방지대책(신도시투기 강력단속/1월~7월 3회 이상 토지거래/5,067명 국세청 통보/전국평균지가변동률 1.5배 이상이면 투기대상지역 지정 특별단속)
11. 7 주택시장 안정 및 건설산업 경쟁력 강화 대책(주택건설업체 경영난 해소/미분양주택 구입혜택/주택업체자금 지원/소형주택건설의무화 비율 완화/중장기로 주택분양가 자율화)
11. 27 건교부, 주택업체 보유토지 매입방침(10월말 현재/부도건설업체 730개/미분양아파트 15만가구/중소규모 건설업체 보유토지 186만평/재원마련: 토지개발공사 7천억원, 주택공사 5천억원)

1996년

3. 25 국세청, 토지초과이득세 정기과세 비과세 방침(과세요건 미충족)

1997년

1. 20 부동산대책(토지초과이득세 4년만에 부과/토지관련 세제강화/미니신도시 개발(서울 상암, 인천 논현/투기단속강화/택지공급확대(4백30만평)/서울 용적률 1백50% 고밀도 추진)

4. 2 경기도, 평택권 광역개발사업계획 확정(2006년까지 건설/8개 공업단지/평택 청북, 안중 150만평 주거단지 건설/인구 9만9천여명 수용예정)
6. 15 건교부, 토지공급확대방안 마련(투기방지등 토지수요억제정책에서 토지공급확대정책으로 전면 전환/토지개발 민간참여 허용/토지거래세 대폭 인하)
7. 16 동남아시아, 외환위기 비상(위기근본원인 고속성장 과정중 경제구조적인 취약성)
11. 21 정부, 국제통화기금(IMF)에 긴급 금융지원 요청
12. 2 정부, 국제통화기금(IMF)과 대기성차관 협약을 위한 양해각서 최종합의(지원금 550억달러 확정/국내시장 무방비 개방/수입선 다변화/정리해고, 근로자 파견제 도입)
12. 12 부동산 및 건설산업지원대책(토지거래신고구역 전면 해제/소형주택 의무건설비율 폐지/아파트표준건축비 4.5% 인상/토지거래허가구역 1998년1월 해제방침/공공택지 양도허용/토지채권1조 발행 기업보유 토지매입/토지거래신고필증 폐지)
12. 20 금융종합과세 무기한 유보(3당 정책위의장 합의/무기명 장기채 발행/금융감독위원회 설치 합의)
12. 20 건교부, 토지거래신고구역 전면해제(전국토 37% 해당)

1998년

1. 22 건교부, 토지거래허가구역 대폭 해제(기업 자금난 해소/토지거래 활성화/존치구역: 택지개발지구 주변, 고속철도역 주변, 관광온천지역, 산업단지 주변, 인천국제공항 건설지역/전국토의 2.5%)
2. 16 기업자금난 타개대책(국민주택규모 이하 미분양주택 양도세 경감/중소기업대출 연장/주택신용보증 25조 확충)
4. 6 행정자치부, 기업 비업무용토지 판정기준 완화(구조조정 위해 매각땐 모두 업무용으로 인정)
4. 10 부동산 가격 급락세(1997년 11월 대비 주택가격 20% 하락, 토지가격 30% 이상 하락)
4. 13 건교부, 경기 성남시 판교일대 1백90여만평 도시개발예정용지 지정

(2000년 이후 전원형 신도시 개발 예정/8만5천명 수용)

4. 16 건교부, 1998년 주요업무보고(영종도 2천만평 규모 국제투자자유도시 건설/임대주택 분양전환 허용/택지소유상한제 폐지/개발부담금 완화/기업보유토지매입/그린벨트 제도개선/부동산증권화/부동산박람회)

5. 15 중소기업 자금난 해소 및 금융경색 완화대책(금리 하향 안정유도/금융시장 개방확대/중소기업 자금지원강화/주택금융 지원확대/미분양주택분양촉진 9천억원 지원)

5. 22 건설 및 주택경기 활성화방안(99년까지 국민주택규모 이하 아파트 구입 양도세 5년간 면제/취득·양도세 25% 감면/국민주택채권 매입의무비율 50% 감면/토지거래허가·신고제 폐지)

6. 12 당정, 수도권 3개시 그린벨트 일부 해제방침(의왕, 하남, 과천시/개발권양도제 추진)

6. 22 당정, 주택경기 활성화를 위한 자금지원방안(3조6,400억원 지원/신규분양주택 입주예정자 중도금 대출자금/임대주택사업/재개발사업)

7. 14 대법원, 공공성이 있지만 범죄 피의자의 신원에 대해서 보도하는 것은 범죄 피의자가 공적인 인물이 아닌 이상에는 공공성이 없다고 판결

9. 4 재정경제부, 소득세법등 8개 관련법 개정중심 세제개편안 확정(양도소득세 10% 인하/법인 특별부가세율 5% 인하 등)

9. 7 당정, 주택경기부양책 확정(중도금 대출지원 3조원/신규주택 분양자 중도금 대출(연리 12%, 3년 거치 10년 분할상환)/미분양 6,400여가구 주택공사 매입)

9. 25 건설산업활성화 방안(중도금 추가지원/민영주택 분양가 자율화)

11. 20 건교부, 국토계획 및 토지분야 규제완화방안 마련(토지거래신고제 20년만에 완전폐지/유휴지제도 폐지/도시기반시설 갖춘 준농림지 용적률 상향)

12. 12 건설 및 부동산경기활성화 대책(민영주택 분양가 추가자율화/양도세 한시 감면범위 확대)

12. 24 헌법재판소, 개발제한구역(그린벨트)제도 보상규정 미비 위헌 헌법불합치결정(정부, 보상관련 특별법 내년 상반기 제정 검토/기존 재조정계획연기)

1999년

2. 8 국토이용관리법 개정으로 토지거래신고제 폐지
3. 15 제주도, 제주도 국제자유도시 기본구상안 대통령 보고
3. 30 건교부, 제주도 국제자유도시 개발
4. 29 헌법재판소, 택지소유상한에 관한 법률 재산권 침해 위헌 결정(무거운 부과율 과잉금지 원칙 위배)
5. 11 규제개혁위원회, 비업무용 토지 중과세 폐지(2001년 8월부터 공장면적률 축소 업무용 확대)
7. 22 건교부, 7개 권역 그린벨트 해제(양도세 중과/투기억제)

2000년

4. 25 서울시, 상암 새천년 신도시 조성계획 발표(2010년까지 서울 상암동 200만평 신도시 건설)
12. 29 건교부, 전국 6곳 신시가지 조성(천안, 대전, 목포, 부산, 대구, 전주/311만가구 건설/2003년 아파트 분양)
12. 31 건교부, 경기 화성 신도시개발 기본계획안(화성 4만가구 건설/2003년 분양/투기방지 토지거래동향 파악)

2001년

1. 4 건설·부동산경기 활성화대책(지방 신시가지 조성(6개 지방대도시)/미분양 산업단지 할인매각/국민임대주택 추가 건설/주택개량사업 지원)
5. 23 당정, 건설경기 활성화대책 확정(신축주택 양도세 면제 확대/업체 등록기준 강화)
5. 31 헌법재판소, 명의신탁 실명등기 과징금 헌법불합치 결정(30% 과징금 과잉금지원칙 위배)
6. 19 성남시, 판교 신도시 예정지 주변 건축행위 제한(1140만평 녹지 형질변경 불허/도시계획조례 개정 입법예고/8월 발효)
6. 29 당정, 판교 신도시 건설 사실상 확정(280만평 저밀도 신도시 건설)
9. 3 정부, 7대 광역도시권 그린벨트 해제방안 확정(해제지역 대부분 공영개발방식정비/토지거래구역 상당기간 유지/거래동향 수시파악/

개발부담금 및 양도소득세 중과)

9. 28 당정, 판교 신도시 개발계획 확정(2만가구 건설/2005년 분양/벤처단지 20만평)

12. 16 건교부, 화성신도시 개발계획 확정(4만가구 건설/2007년 분양/벤처단지 30만평)

2002년

1. 6 김포시, 도시기본계획 조건부 승인(김포 322만평 주거지개발/2016년까지 인구 40만명 수용)

1. 8 주택시장 안정대책(11개 도시 그린벨트해제예정지역 260만평 택지조성/수도권 10만호 주택건설/강남지역 투기우려 및 투기과열지역지정/분양권전매 세무조사강화/기준시가 상향조정/재건축 시기 분산조정)

1. 23 건교부, 2002년 업무추진계획 발표(아산 876만평 신도시(1만5000여가구 건설)/생애최초 주택구입 자금지원/수도권 제2순환 고속도로 건설)

3. 6 주택시장 안정대책(서울시 투기과열지구 지정/특별 관리/서울지역 양도소득세 기준시가 수시고시로 전환/실수요자 중심의 소형주택 공급 방안/분양권전매제한/분양권전매 추가세무조사/떳다방 단속강화/선착순 분양업체에 대한 불이익)

6. 27 건교부, 택지개발예정지구 212만평 지정(국민임대주택택지/수도권 8개 지역과 광역시 3개 지역 개발제한구역 해제예정지)

7. 12 대법원, 택지초과소유부담금 미납자 재산 압류 부당 판결

7. 31 서울지법 민사24부, 택지소유상한법 위헌결정이후 국가강제징수 부당

8. 9 정부, 주택시장 안정대책(강남지역 기준시가 인상/재건축구역지정/아파트 매입자금출처조사)(8·9 대책)

8. 27 주택시장 안정대책(8·9 대책) 후속 방안(천안~아산 신도시 일대토지거래허가구역 추가지정/분당, 일산등 5개 신도시 투기자금 출처조사/서울 개발제한구역(그린벨트) 조정지역과 인천 경제특구 예정지역 토지거래 동향 감시구역 지정)

9. 4 부동산 종합대책 발표(투기과열지구 아파트 청약제한/판교, 동탄 신

도시 조기건설/1가구1주택 양도세 비과세요건 1년 거주 3년 보유로 강화/3주택 이상 양도세 실거래가 적용 과세/주식시장 활성화/특수목적고 설립)

9. 25 건교부, 아산신도시 1단계 택지 107만평 택지개발예정지구 지정(1만2,500가구 건설/2004년 상반기 분양)

2003년

1. 15 물가안정대책(행정수도 외지인 투기 사전차단/대전등 충청지역 11개 시군 19억평 토지거래동향 감시구역 지정/5년간 250만가구 건설/수도권 2, 3개 자족형 신도시 건설)

2. 3 대전지역 부동산시장 안정대책(대전 전지역 투기지구 지정/분양권 전매제한/주택투기지역 지정)

4. 18 수도권·충청권 주택시장 안정대책(강남 재건축시장과 충청권 집값 잡는 데 초점/강남, 광명시 투기지역지정 추진/대전 서구, 유성구, 천안 투기과열지구 지정)

5. 13 주택시장 안정대책(강동, 송파 등 투기지역 확대지정/양도세 탄력세율/투기혐의자 358가구, 600명 세무조사/투기지역내 1가구 2주택 이상 소유자 특별부가금 신설 검토)

5. 21 재정경제부, 부동산시장 안정대책 발표(부동산 세제 개혁(장기대책)/투기세력 색출(단기대책))

5. 21 김포시와 파주시 신도시 발표후 아파트값 급등(김포-파주 투기지역 유력)

5. 23 주택가격 안정대책(수도권 전역과 충청권으로 투기과열지구 확대/이 지역 부동산중개업소에 국세청 조사요원 3000명 투입/주상복합 분양권 전매금지/재건축 후분양제 도입/부동산 과다보유자(5만~10만명) 개인별 종합과세 세금중과)(5·23 대책)

8. 5 재정경제부 경제자유구역위원회, 인천 송도·영종도·청라지구 경제자유구역 지정(6336만평/2020년까지 인구 49만명 계획도시 개발)

8. 14 당정, 판교신도시 주택 1만가구 추가 건설

9. 5 주택가격 안정대책(재건축, 중소형 60% 의무화/수도권 1주택 내년부터 2년 거주 비과세/재건축아파트 조합원 분양권전매 금지)(9·5

대책)

10. 4 청와대, 부동산 보유세 3배 인상 추진(부동산보유세 실효세율 현재 0.1%에서 0.3%대로 인상/과세표준 기준시가 기준으로 전환(현재 평수 기준))

10. 19 경제자유구역기획단과 전라남도, 광양권 경제자유구역내 관광단지 300만평 조성(부동산 투기 대비: 토지거래허가구역, 투기지역, 투기과열지구 지정 준비)

10. 29 주택시장 안정 종합대책(주택거래신고제 도입/20가구 이상 주상복합아파트 분양권 전매 금지/투기과열지구내 국민주택규모 이하 무주택가구주 우선공급 비율 75%로 확대/분양권 전매 금지/토지거래허가구역 확대/개발부담금 확대/서울 강북권 뉴타운 12, 13개 추가 선정/경기 광명시, 충남 아산시 고속철도 역세권 주택단지 개발/수도권 공공기관 지방이전계획/1가구 3주택자 양도세율 60% 인상/종합부동산세 조기 시행/지가급등지역 종합토지세 과표 조기 현실화/투기단속/투기지역 주택대출담보인정비율 40% 하향 조정)

12. 9 서울지법 민사합의20부, 불법 명의신탁한 실소유보호 불필요 판결(등기부상 소유권 인정)

2004년

1. 4 건교부, 천안아산역 배후신도시 1단계 택지개발계획 확정(107만평/7천780가구 건설/2007년 9월 입주)

1. 5 서울시, 그린벨트 258만평 해제(뉴타운사업과 국민임대주택 건설)

1. 13 재정경제부, 금융실명법 시행령 개정안 마련(부동산투기 모든 계좌 추적/부동산 투기꾼 금융일괄조회(미등기 전매자, 부동산을 직접 거래하는 중개업자, 다른 사람 명의로 부동산을 취득해 양도한 사람, 분양권 전매자 등)

1. 27 서울시, 문정지역 종합개발구상안 확정(37만8천여평/청계천 상가이주단지 포함한 대규모 상업단지 조성/2007년까지 조성공사 마무리)

2. 4 토지시장안정대책(토지거래허가구역내 농지, 임야 전매금지/분당, 청원등 44곳 투기지역 지정/수도권, 충청 투기혐의자 국세청 통보)(2·4 대책)

2. 4 서울시 도시개발공사, 서울 마포구 상암동 아파트 분양원가 공개(7단지 40평형/40% 이익/건축비 적정기준 넘어(시민단체)/경영자율 침해 시장왜곡(업계))

2. 8 건교부, 개발부담금제 연내 재도입 추진(개발이익 25% 환수/전국으로 확대)

3. 10 부동산시장 안정대책(토지투기지역 탄력세율 도입/토지투기지역 조기지정체제 구축/투기사전조치 대폭 강화/상업용지 전매제한/기반시설부담금/농지전용부담금/종합부동산세 내년 시행/공시지가 현실화율 85% 상향조정/수산자원보호구역 단계적 조정/주택공개념 대책(토지거래허가기준면적 강화, 재건축개발이익환수방안, 주택거래허가제)(3·10 대책)

5. 31 정부, 부동산 보유세제 개편 방안(토지부자 5만~10만명 세금 2~4배 인상/토지: 지방세(토지세)와 국세(종합부동산세)로 이원화/건물: 지방세와 국세(종합부동산세)로 이원화, 종부세는 합산과세여부 미정/2003년 기준 보유세 2조6000억원, 취득세와 등록세는 13조원(보유세의 5배))

8. 5 서울시와 전국시장군수구청장협의회, 종합부동산세 반대 공식 발표(지자체 과세자주권 침해)

9. 10 재정경제부 부동산 실무기획단, 종합부동산세 합산과세 방안 결정(보유세 부담 형평성 시비 차단/심각한 조세조항 우려)

10. 4 열린우리당 정장선 의원, 공공택지 주택용지 32% 웃돈거래 국회에서 공개(2000년~2010년 한국토지공사 개발해 분양한 공공택지 주택용지 327만평중 31.7% 104만평 전매/총분양대금 5조5701억원중 42.3%인 2조3615억원 어치 전매/화성동탄 신도시 일부 주택용지 560억원 분양받은 업체 웃돈 420억원 얹어 다른 업체에 시행·시공권 전매)

10. 14 종합토지세 주민 항의빗발

10. 21 헌법재판소, 행정수도 이전 위헌 결정(서울=수도는 관습헌법/국민투표권 침해/재판관 8대1)

10. 26 재정경제부, 종합부동산세등 부동산 보유세제 개편안 확정(종합부동산세 큰 후유증 예고/건설경기 경착륙 조짐)

11. 1 당정, 종합부동산세 도입 합의(부동산 거래세 인하/종합부동산세 부과대상: 개인－법인 5만~10만명)
11. 4 전국시장군수구청장협의회, 부동산 보유세제 개편안 반대 결의문 채택(헌법소원 제기/이중과세 위헌소지/지방분권 역행)
11. 11 당정, 부동산보유세 개편안 확정·발표(종합부동산세 9억 이상 1%/20억 이상 2%)
11. 12 전국시장군수구청장협의회, 종합부동산세 헌법재판소 권한쟁의심판청구 제기
12. 10 야당, 종합부동산세 보완 강력히 요구(연내 입법 무산 가능성)
12. 27 건교부, 택지개발예정지구 9곳 549만평 지정(2004년 공공부문 확보 공공택지 약 1800만평/1989년 3173만평 이후 최대 규모)
12. 31 건교부, 택지개발예정지구 수도권 4곳 268만평 지정

2005년

1. 17 문화관광부, 서남해안 개발사업 추진안 발표(해남·영암지역 매립지 등 9000만평/관광레저·물류단지·지식산업형 기업도시등 포함, 복합레저관광도시 건설)
2. 17 판교 신도시 투기방지 및 주택시장 안정기조 유지 종합대책(25.7평 초과아파트 채권－분양가 병행 입찰/11월 일괄분양/옥정, 별내, 삼송 3곳 판교급 신도시 개발/재건축초과이익환수제 조기시행/재건축 초고층 불허/6개 주택거래신고구역 실태조사/부동산규제지역 해제 중단)
2. 23 여야, 행정수도이전 후속대책 12부4처2청 이전 합의(청와대, 국회, 대법원 정부 부처 6부 서울잔류)
3. 23 건교부, 행정도시 예정지와 주변지역 확정 발표(충남 연기군과 공주시 5개면 33개리 2210만 평/주변지 6월부터 주택신축 허용/늦어도 10년내엔 각종 개발행위 가능/6월중 부처이전 세부계획 확정/행정기관 이전(2012년~2014년))
3. 25 재정경제부, 수도권 신도시지역 부동산 가격불안조짐 투기지역 추가 지정
3. 31 규제개혁 관계장관회의, 주택 관련 규제 개선 방안 확정(아파트 동

시분양 상반기중 폐지/13년만에 수시분양전환(판교 제외)/민간기업 택지개발 쉽게/부동산투기 우려)

5. 4 부동산정책(부동산보유세 2008년까지 2003년 두배로/1가구 2주택 실거래가로 양도세/취득세, 등록세 세율 2, 3년 주기 인하/사무실 상가 빌딩 공시지가로 과세/민영아파트 청약예금－부금 통합)(5·4 대책)

5. 6 토지시장 안정대책(토지거래 허가제 강화/투기지역 매월 지정)

7. 1 서울시내 22개 구청, 종합부동산세 이중과세 헌법재판소 권한쟁의 심판 청구(이중과세/과잉금지 원칙/지자체 과세권 침해)

8. 19 토지시장 안정대책(토지거래허가제 강화/토지수용때 채권－대토 보상 투기차단/종합부동산세 대상 확대/기반시설부담금제 조기 도입)

8. 29 서울시, 3차 뉴타운 후보지역 9곳 발표(공공성 강화/임대아파트 건립 규모 확대/2008년 착공)

8. 31 부동산 종합대책(공공택지내 원가연동제 적용/토지거래허가구역 신고포상제/전세금 대출금리 인하/생애최초주택구입자금/실거래가 등기부 기재/주택 취득·등록세율(개인간 거래) 2.5%/분양권 전매제한/토지비축/서울 송파·거여지구 200만평 미니신도시/개발제한구역 260만평 해제 국민임대주택 2만6000채 건설/1가구 2주택자 양도세 실거래가 과세(27만여 가구)/양도차익 50% 단일세율/종합부동산세 가구별 합산, 기준시가 6억원 초과 확대(16만 가구 대상)/투기상시감시조직)(8·31 대책)

9. 29 건교부, 천안 아산신도시 2단계 사업 본격 추진(탕정지구 510만평 개발/2009년 하반기4만8천가구 주택건설/토지거래허가구역, 건축 등 개발행위제한)

10. 3 한나라당 이종구 의원, 장관급 39명중 25명 투기성 부동산 보유－거래 국회에서 공개(정부공직자윤리위원회 재산공개목록 근거/현 정부 행정부처 장관급 이상 고위직 공무원 39명중 1가구 2주택 이상 보유, 실수요가 없는 부동산 보유, 미입주 매도 등의 사례)

11. 3 서울행정법원 행정1부, 한국토지공사 토지개발원가 공개 판결(경기 파주시 파주출판문화정보산업단지/정부기관 영업활동 투명강조/토지공사 사업위축 우려)

11. 23 건교부, 양주 신도시 319만평 개발(8·31 부동산종합대책 후속 조치/김포 신도시 203만평 확대/기존 양주·옥정 신도시(185만평)인접 경원선 복선전철 역세권 주변지역 134만평 추가개발/4만6000가구 2009년 하반기까지 건설)

11. 24 헌법재판소, 행정도시특별법 각하결정(관습헌법에 위배되지 않음/재산손실 보전주장 인정안돼/재판관 7대2)

12. 7 여당, 종합부동산 기준 6억 전격 표결통과(한나라당 퇴장/과세기준 기준시가 6억원 이상으로 인하/가구별 합산과세 전환/과표적용률 2009년까지 연차적으로 100%로 인상)

12. 7 강남 종합부동산세 집단 반발 조짐(토초세 보다 훨씬 조직적인 분위기/일부 헌법소원 준비/조세저항)

12. 22 평택시 539만평 복합 신도시 건설(6만4천여가구 건설)

12. 27 송파 신도시 개발계획 확정(205만평/4만6000가구 건설)

12. 29 김포 등 9곳 1천129만평 택지예정지구 지정(35만가구 주택건설물량)

2006년

1. 13 국방부, 전국 139개 지역 7146만평 군사시설보호구역 전면해제 또는 완화(해제지역 522만9000평/전체해제지역 80% 수도권/여의도 면적 73배)

1. 26 충남도청 이전추진위원회, 충남도청 이전후보지 선정(보령, 아산, 논산, 청양, 홍성, 당진 6곳 선정/토지거래허가구역 지정요청/투기행위 집중단속)

2. 9 금융통화위원회, 콜금리 4.00%로 인상 결정(0.25% 인상/1년제 정기예금 금리 4.35%/8·31 부동산종합대책 금리정책측면 지원/경기회복 강한자신/2003년 5월 이후 거의 3년만에 4%)

2. 12 충남드청 이전추진위원회, 충남도청 예정지 홍성·예산 확정(100만평 또는 300만평 규모 신도시 조성사업/2013년 입주시작)

2. 19 한나라당 이한구 의원, 노무현 정부 3년(2003년~2005년)간 전국 지가 821조7000억원 상승(60.7%), 국민소득 18.3% 상승 국회에서 공개(개별공시지가 분석결과/김대중 정부(1997년~2002년) 62조9,000억원 상승(4.9%), 국민소득 39.3% 상승/김영삼 정부(1992년~1997년)

77조3,000억원 상승(6.4%), 국민소득 90.7% 상승)

3. 5 한나라당 안택수 의원, 참여정부 2년간 토지보상액 111% 증가 국회에서 공개(건설교통부 토지수용보상비 지급현황 자료 분석/작년 18조/3년새 3배 증가)

3. 30 부동산 대책(재건축 개발부담금/재건축규제강화(강남4구 8만5,000여채 재건축 타격)/주택담보대출 강화/분양가 인하/저소득층 주거안정/강북 등 구도심 개발지원/주택거래신고제 강화)(3·30 대책)

5. 25 헌법재판소, 서울시 강남구 등 22개 구청 권한쟁의 심판청구 사건 각하(종합부동산세법 자치재정권 침해/국회 상대 권한쟁의 심판청구/청구시한 절차상 요건하자/재판관 전원일치)

6. 8 금융통화위원회, 콜금리 4.25%로 인상 결정(0.25% 인상/1년 정기예금 연 4.5%~4.6%/과잉유동성 흡수 자산가격 안정 도모/미국 금리 인상 기조 유지)

7. 12 10개 혁신도시 1,306만평 확정(453만평 축소/2012년 공공기관 지방이전)

7. 20 송파 신도시 205만평 택지개발예정지구 지정(4만6천가구 건설/2009년부터 공급)

10. 27 건교부, 신도시 추가개발계획 확정(검단지구 축소(340만평, 5만6,000가구)/파주 신도시 분당급 확대(559만평, 2만8,470가구 추가건설)

11. 3 부동산시장 안정대책(신도시 아파트 분양가 인하/다세대－다가구 건축 활성화/오피스텔 규제 완화/금융기관 담보인정비율(LTV), 총부채상환비율(DTI) 감독 강화)

11. 15 부동산시장 안정화방안(공공택지 분양가 25% 인하/6억 초과 주택 총부채상환비율 규제 확대/신도시에 12만 가구 추가공급/공공택지내 주택공급물량 2010년까지 86만채로 확대/장기모기지론 금리 인하)

12. 22 부동산대책(반값아파트 내년 시범분양(내년 9월 공공택지 시범실시/분양가 상한제 내년 9월 민간택지 전면 도입/공영개발 확대/후분양제 1년 연기)

2007년

1. 11 부동산대책(민영아파트 최대 7년간 전매금지/민간택지 분양원가 공

개(수도권과 전국투기과열지구 적용)/채권매입 상한액 80% 인하/주상복합 채권입찰제 적용/청약가점제 9월 실시(다주택자 청약 봉쇄))

1. 31 주택시장 안정과 주거복지 향상을 위한 공공부문 역할 강화 방안(장기임대주택 260만 채 2017년까지 추가공급(임대주택펀드 설립)/국무총리실 산하 택지확보태스크포스 구성/아파트 담보대출 규제 강화(트기지역 DTI 40%~60% 차등적용))(1·31대책)

2. 13 대법원, 인천삼산지구 분양원가 정보 공개 판결 확정(명확한 이유 없는 한 공개)

2. 14 한나라당 정희수 의원, 재경부 고위직 74%(82명) 버블세븐 지역 거주 국회에서 공개(재경부(110명)와 건교부(147명) 4급 이상 공무원 257명 거주지 조사/건교부 4급 이상 49%(73명)/2005년 3월 조사한 결과(40.5%)와 비슷)

4. 12 건교부, 지방 주택건설경기 활성화 방안(아파트 분양원가 공개 지방 제외)

6. 1 대법원, 고양시 풍동 주공아파트 분양가 산출 근거 공개 판결

6. 8 서울행정법원 행정4부, 종합부동산세 정당 첫 판결(위헌법률심판제청신청 기각/토지와 주택 공공성 강조)

8. 10 세계증시급락, 미국 서브프라임 모기지 부실 위기 세계금융시장 연쇄충격(코스피지수 80.19 포인트 하락)

8. 15 서울행정법원 행정5부, 종합부동산세 정당(1주택 종부세는 재산권 침해 우려/세심한 입법규율 필요/위헌법률심판제청신청 기각)

8. 31 건교부, 지방 주택건설경기 활성화 방안(지방 투기과열지구 조속히 해제)

10. 10 한국토지공사, 부풀린 원가 차액 첫 반환(구리 토평지구 토지조성대금 높게 책정 인정/차액 150억 지역개발협력금 형태로 보상/타지역 원가공개요구 영향)

12. 14 건교부, 경기도 동탄 2신도시 2,180만㎡ 택지개발예정지구 지정(10만5,000가구 건설/26만2,000명 수용)

12. 21 정부 경제자유구역위원회, 경제자유구역 3곳 추가 지정(황해경제자유구역, 대구－경북 경제자유구역, 새만금－군산 경제자유구역/부동산투기 사전차단 위해 토지거래허가구역 지정/필요시 투기과열

지구 및 주택거래신고구역 지정 추가대책 강구)

2008년

1. 25 주택투기지역－투기과열지구 모두 해제(수도권지역 제외/주택투기지역 6곳/토지투기지역 2곳/투기과열지구 3곳/수도권 72개 지역 투기지역)

3. 18 서울시, 역세권 주변 재개발시 용적률 추가 혜택(장기전세주택 활용/투기조장 우려)

3. 7 한국은행 금융통화위원회, 정책금리 콜금리에서 기준금리로 변경

3. 24 국토해양부, 경제살리기와 서민의 주거안정을 위한 방안 업무보고(신도시 50만호 분양/도시용지 9.2% 확대(추가면적 서울 5배)/공공주택 분양가 15%～25%외에 10% 인하/국토종합계획 수정)

4. 17 서울행정법원 행정5부, 부부－가구원들 조세 부담가중 종합부동산세 위헌법률심판제청신청 수용

5. 6 대법원3부, 대한주택공사 임대아파트 분양원가 공개 판결

8. 7 당정, 미분양아파트 대책 당정책위원회 건의사항(수도권 전매제한 최장 5년으로 단축/1주택 10년 이상 보유자 양도세 전액면제 추진/1주택자 양도세 비과세 요건 완화/대출규제 완화 추진/국민연금 임대주택 투자방안)

8. 21 당정, 부동산시장 활성화 대책(재건축 규제완화/전매제한 기간단축/신도시 추가지정/지방 2주택 양도세 중과 면제)(8·21 대책)

9. 21 국방부, 전국 38곳 2억1,290여만m²(서울 면적 35%) 군사시설보호구역 해제(전국 20개 지역 2억4,120여만m²(서울 면적 40%) 완화)

9. 22 당정, 종합부동산세 개편방안 확정(종부세 기준 내년부터 9억으로 축소(과세대상 38만 가구서 15만 가구로 축소)/세율 0.5%～1% 인하/60세 이상 1주택자 10%～30% 세액공제/과표 현행 공시가격에서 공정시장가액으로 전환)

9. 30 그린벨트 조정 및 관리계획(308.5km² 해제(수도권 143km²)/산업단지등 지역현안사업 추진/주택공급 확대/환경훼손 및 지가상승 우려/해제예정지 토지거래허가제 강화)

10. 21 투기지역 단계적 해제(주택투기지역(72개), 토지투기지역(88개)/총

부채상환비율(DTI) 40%, 주택담보인정비율(LTV) 40%, 완화/토지개발채권발행으로 민간건설사 자체조성 택지 3조원 매입)

10. 21 가계 주거부담 완화 및 건설부문 유동성 지원·구조조정방안(2주택 양도세 비과세 기간연장/가계주택담보대출 금리부담 완화/건설기업자금 9조원 지원/공정 50% 지방 미분양아파트 2조원 매입)

10. 23 한나라당 이한구 의원, 노무현 정부 5년간 지역별 땅값 상승현황 국회에서 공개(2002년~2007년 지가 상승 1681조원(국민소득 증가액 7배)/충남 평당 163% 올라 최고/전국 지가평균 104.4% 상승)

10. 30 국토이용 효율화방안(수도권 공장 신·증설 전면허용/공장총량제 적용 공장 연면적 500㎡ 이상 확대/자연보전권역 관광지조성사업 규모제한해제, 공장 신·증설 허용)

11. 3 경제난국 극복 종합대책(부동산 및 건설경기 활성화방안/재건축, 임대주택 의무비율 폐지/소형평형 비율 축소/토지투기지역 폐지/주택투기지역 해제(서울 강남, 서초, 송파구 제외/수도권 전매제한기간 완화(기존 분양분에까지 소급 적용)/양도소득세 감면(지방주택 구입 기간상관없이 비과세)/지방 미분양주택 취득시 세제혜택)(11·3 대책)

11. 13 헌법재판소, 종합부동산세 세대별 합산 부과 위헌, 거주목적 1주택 장기보유자의 종부세 부과 헌법 불합치 결정

12. 11 한국은행, 기준금리 3.00%로 1.00%포인트 인하(한국은행 한꺼번에 1.00%포인트 내린 것 처음/기준금리 3.00%도 역대 최저치인 3.25%(2004년 11월) 0.25%포인트나 낮은 것)

12. 13 국회, 세제개편안 통과(2주택자 양도세 일반세율로 완화/주택 5년 보유땐 종부세 20% 감면/종부세 세율 0.5%~2%로 인하)

12. 15 제3차 국가균형발전위원회 회의(향후 5년간 100조원 투입/4대강 살리기사업 추진/지방이전 기업 법인·소득세 감면기간 10년으로 연장/동·서·남해안과 접경지역, 내륙축 중심 초광역개발권단위 개발)

12. 22 국토부, 2009년 업무보고(공공주택 전매제한 1~5년으로 단축/보금자리주택 13만 가구 공급/부동산 리츠·펀드투자 손실 보전/도심 소형·임대주택 1,500가구 공급/혁신도시 인근 토지거래허가구역 해제)

12. 25 국토부, 강원도 고성군 49.08㎢ 개발촉진지구 지정 및 개발계획 확

정(2017년까지 1조6,012억원 투입)

2009년

1. 7 도심 역세권 주택공급 확대(재정비촉진지구(일명 뉴타운) 유형 신설/지구지정 요건 완화/용도지역 상향, 용적률 완화 등 인센티브 부여/2018년까지 1인~2인용 주택 12만가구 건설)

1. 23 전국 토지거래허가구역중 1만225㎢ 해제(해제 면적 서울 크기(605㎢) 16.9배/전국토의 8.9%로 대폭 축소)

2. 1 정비사업의 임대주택 및 주택 규모별 건설 비율 개정(재건축 소형 의무비율 폐지)

2. 6 공정시장가액제도 시행(토지·건축물·주택에 대한 재산세의 과세표준을 시가표준액의 100분의 40부터 100분의 90까지(지방세법 제187조))

2. 12 미분양 해소를 위한 세법 개정안(미분양아파트 및 새로 분양하는 아파트 올해 안 취득할 경우 5년간 양도소득세 면제 또는 50% 감면/주택청약종합저축 신설/민간택지 분양가상한제 폐지와 분양원가공개 폐지)

2. 12 주택시장 안정화를 위해 미분양 주택 취득·등록세 감면 1년 연장(2010년 6월까지 1년간)

2. 16 정부 주택법 개정안 발의(의원입법/민간주택 전매제한 해제(강남 3구 제외)/민간주택분양가상한제 폐지)

8. 27 서민 주거안정대책(수도권 새 택지 5, 6곳 연내 지정/용적률 완화/수도권 보금자리주택 공급 확대(주변시세 절반 분양)/근로자생애최초주택청약제도 도입/그린벨트 조기 해제/5년간 매년 2조원씩 10조원 추가 지원/전매제한 7~10년 강화)

8. 30 금융당국, 수도권 전역으로 총부채상환비율(DTI) 규제 확대방안 적극 검토(주택대출 증가 주택가격 상승억제/담보인정비율(LTV) 강화 동시시행)

9. 17 울산 가천, 충주 안림2, 김천 송천 등 3개 지구 총 203만㎡ 택지개발예정지구 지정(1만3,757가구 건설/1만638가구(80%) 전용면적 85㎡ 이하 중소형 주택 건설)

9. 17 오산 세교3지구 택지개발예정지구 지정 및 개발계획 확정(5.1㎢/2만3000가구 건설)

10. 19 국방부, 군사시설보호구역 6곳 404만m² 해제 또는 완화(춘천 소양로 등 6개 지역/협의없이 건물 신·증축 가능)

2010년

3. 18 지방주택활성화 지원방안(9만3000가구에 달하는 지방 미분양주택의 양도세 감면 시한 2011년 4월까지 연장/지방 미분양주택 취득 리츠·펀드 법인세와 종부세 감면/민간택지건설 주상복합 분양가상한제 폐지)

4. 15 도심내 소형주택공급 활성화 대책(1인~2인 가구 증가 대응 도시형 생활주택과 준주택 공급 확대/도시형 생활주택 300가구까지 확대/오피스텔 욕실 설치기준 폐지/도시형 생활주택 사업승인대상 20가구 이상에서 30가구 이상으로 완화)

4. 21 지역발전 활성화 대책(7차 지역발전위원회 전체회의/10개 혁신도시 이전 157개 공공기관 2012년까지 완공/남해안 일대 2020년까지 집중개발)

4. 21 서울시, 용산국제업무지구 도시개발구역 지정, 개발계획 고시

4. 23 주택 미분양 해소 및 거래 활성화 방안(56차 비상경제대책회의/5조 투입 미분양아파트 2만채 매입/새 아파트 입주예정자 DTI규제 완화)(4·23 대책)

5. 12 국방부와 공군, 전국 10개 비행장 주변 고도제한 완화(성남비행장(서울공항)등 전국 10개 비행장 주변 일괄 완화)

6. 29 국회, 세종시 수정법안 부결(국회의원 275명중 105명 찬성, 164명 반대, 6명 기권)

8. 29 실수요 주택거래 정상화와 서민·중산층 주거안정 지원 방안(주택가격안정과 거래활성화 두가지 목표/무주택자, 1주택자 총부채상환비율(DTI)규제 한시적 폐지(2011년 3월까지)/9억 이하 대상(강남3구 제외)/양도세 중과완화 2년 연장((2011년 12월까지)/취득·등록세 50% 감면(원래 2년) 1년 연장((2011년 12월까지)/서민층 생애최초주택구입자최대 2억원 5.2% 저리융자/전세자금 지원 5600만원까

지 확대)(8·29 대책)

8. 31 자가거주율 60% 수준(나머지 40% 차가거주/공공임대주택 비율 전체 주택 4%(약 60만채)/640만 가구 다주택보유자 주택에 거주)

2011년

4. 21 대법원, 임대주택사업자 적정가격 초과이득 분양계약자들에게 반환 판결(임대분양전환가격 오류/한국토지주택공사 초과이익 반환 확정)

5. 23 전국 주택보급률 101.2%(2009년 기준/수도권 95.4%/서울 93.1%), 자가보유율(2005년 기준 55.6%)

5. 24 전국 토지거래허가구역 2153.55km² 해제(전체 4496km²의 48%/현 정부 출범 이후 86.3% 해제)

10. 16 국토부, 수도권 신도시 330만m² 이상 개발잠정중단(기존 추진사업 규모 재조정/인구-수요 감소로 효용성 잃어/도심재개발·재건축 활성화/고밀도개발 통해 수요 충당)

12. 7 정부, 서민주거안정 및 건설경기 활성화 대책(투기과열지구 해제(9년8개월)/주택 매매 취득세 50% 감면/분양가 상한제 폐지/다주택자 양도세 중과 폐지/재건축 초과이익부담금 2년간 부과중지/청약제도 개선/장기 미사용 용지 활용/토지거래허가구역 해제/후분양 공급택지 선분양 허용/뉴타운 기반시설 지원확대/다주택자 양도세 중과 7년 만에 폐지/생애 첫 주택자금 대출금리 0.5% 인하/수도권 보금자리 중소형 민영주택에 청약가점제 확대 도입/민영주택 재당첨 제한 적용배제 연장/청약 3순위 인터넷 신청가능/저소득가구 전세자금 지원확대/청약통장 등 불법거래 처벌 강화/최저가 낙찰제 건설경기 침체 고려 2014년 이후로 연기)(12·7 대책)

2012년

1. 12 국토부, 대규모 신도시 추가 지정중단(2015년까지/사실상 신도시 포기 선언)

1. 30 전국 토지거래허가구역 1,244km² 해제(3년간 지가변동률 연평균 1% 내외 안정/신도시 주변지역 제외/총 93% 해제, 제도 유명무실)

1. 30 서울시, 서울시 뉴타운 정비사업 신정책 구상 발표(뉴타운 출구전략(신규 뉴타운 지정 금지, 기존 뉴타운 해제조건 완화, 해제시 매

몰비용 일부 재정지원, 세입자 상인보호)/1,300곳 중 610곳 원점 재검토/610곳 실태조사)

5. 10 주택거래 정상화 방안(도시형생활주택한 주택기금지원 확대/주택건설보증 제한/총면적 20만㎡ 이상 건축물 환경영향평가/시장 혼란)(5·10 대책)

7. 17 수도권 공공주택 전매제한 대폭 완화(85㎡ 이하 3년서 1년으로/보금자리 2년~8년으로 단축/5·10 후속대책)

9. 11 정부, 분양가상한제 사실상 폐지(주택전매 허용)

9. 24 국토부, 민영주택 재당첨 제한 폐지(보금자리 제외)

9. 24 국회 기획재정위원회, 9억원 이하 미분양 주택 양도세 5년간 전액 감면 법안 통과(전국 아파트 699만902채 중 9억원 이하 98%(683만1,130채))

9. 25 정부, 동해안권 경제자유구역 예비지정 확정(해당 용지와 인접지역 투기 방지와 토지 가격급등 막기 위해 토지거래허가구역 13.8km² 지정)

9. 26 국회 행정안전위원회, 지방세특례제한법 개정안 통과(연말까지 12억 이하 주택 구입 시 취득세 50% 감면)

2013년

3. 3 서울시, 개발제한구역 2만7,527m²(약 8,327평) 해제(경계선 관통대지, 소규모 단절토지/재산권행사 불이익 토지)

4. 1 주택시장 정상화 종합대책(공급 조절, 수요 확대/양도세(9억원 이하) 5년 면제/고층아파트 리모델링 수직증축 허용/주택공급 축소(보금자리주택 지구지정 중단)/다주택자 주택청약 허용/생애최초주택(6억원 이하) 지원(취득세 전액 면제, 주택가격 70%(주택담보인정비율(LTV) 70% 상향) 주택담보대출)/주택바우처/하우스푸어 주택지분 일부 넘기고 대출상환가능)

8. 28 전월세 대책(모기지유형별로 주택가격 40~70% 대출(2억 한도)/수익공유형/손익공유형/다주택자 양도세 중과폐지/취득세 영구폐지)

찾아보기

법과 성서와 역사 연구소 연구 시리즈 제3권: 정우형 저, 한국토지투기사 간행의 글

사랑하는 나의 첫 제자, 정우형(鄭愚衡) 교수가 "법과 성서와 역사 연구소"의 연구시리즈 제3권으로 "한국토지투기사"를 집필하여 출판하게 되어 기쁘기 그지없고 정 교수의 노고를 致賀하며 무한 감사를 드린다. 오랜 시간의 자료조사와 연구 후에 드디어 한국사회의 자본주의 경제의 병리현상의 하나인 토지투기를 그 원인을 분석하고 그간의 토지투기의 역사를 법적인 측면에서 고찰하고 분석하여 엮은 우리 토지법사에 기록될 수 있는 저서라 생각한다. 토지투기는 정상적인 토지경제활동의 현상이 아니다. 토지에 발생하는 불로소득인 개발이익을 토지소유자들이 사유화하기 위한 利己的인 행위가 바로 토지투기이다. 개발이익은 토지소유자의 노력에 의하지 아니한 사회발전에 따라서 발생한 土地增價로서 당해 토지에 발생하였을 뿐이다. 그러므로 개발이익은 토지소유자의 노력이나 투자에 의한 토지가치의 增價가 아니다. 그것은 사회발전에 의한 증가로서 당해 토지에 발생하여 있을 뿐이다. 개발이익은 토지소유자의 것이 아니라 사회구성원 전원의 것이다. 그러나 근대의 자유롭고 절대적인 토지사소유권의 소유권 개념과 그것의 입법에 의하여 개발이익을 토지소유자가 독점적으로 사유화하고 있게 되어 있다. 그와 같이 토지에 발생하는 불로소득인 개발이익의 사유화와 극도의 취득을 위한 활동이 바로 토지투기이며, 개발이익의 사유화와 극도화를 위하여 우리 사회에서는 기회만 되면 토지를 보다 많이 소유하겠다는 일반인들의 의식이 확산되어 왔다. 불로소득인 개발이익의 사유화를 위한 토지투기는 정상적인 토지경제활동이 아닌 사회병리 현상이라 진단된다.

정 교수의 한국토지투기사는 이러한 한국 자본주의 경제의 병리현상인 토지투기의 원인과 그 전개과정, 개발이익을 보다 더 많이 사유하기 위하여 활용되었던 비정상적이고 변칙적인 토지거래방법과 그러한 변칙적인 토지거래를 규제하기 위한 규제 등을 중심으로 하여 우리나라가 경제개발계획을 시행하기 시작한 때로부터 오늘에 이르기까지의 토지투기와 그 대책을 소상히 다루었다. 근원적으로 정 교수는 이러한 한국의 현대의 토지투기역사를 집필하여 출판함으로써 한국사회를 향하여 다시는 이러한 이기적이고 변칙적인 경제활동인 토지투기를 하지 말자고 호소하고 있다. 토지투기를 反面敎師로 하여 우리의 토지경제활동이 정상적으로 왕성하게 일어나고, 토지로부터 발생하는 개발이익은 사회로 환수하여 사회구성원 모두가 평등하게 향유할 수 있도록 할 것을 제안하고 있으며, 토지투기가 근원적으로 일어날 수 없도록 하는 토지사상과 토지관련 법률의 제정과 공정하고도 강력한 시행을 호소하고 있다. 그리하여 한국토지투기사에서 토지투기가 행하여지는 사회적 바탕이 되어 있는 기회주의를 극복하고, 하늘이 인간에게 값없이 준 토지를 우리 사회구성원 모두가 평등하게 향유할 수 있도록 하자는 정 교수의 평소의 소신을 피력하고 있다. 이러한 정 교수의 호소는 그가 오랫동안 토지법과 토지정책을 연구하면서 갖게 된 그의 토지사상이며 토지철학에 기한 한국사회를 향한 외침이라 생각한다.

정우형 교수는 토지정책과 토지법을 연구하는 국책연구기관인 국토연구원에서 토지법과 토지정책을 연구하였으며, 한국감정원의 부동산연구소로 자리를 옮겨서도 계속하여 토지법과 토지정책을 연구하였으며, 토지투기에 관하여 그 현상에 실제로 맞부딪치고, 그 문제점을 실감하였으며, 토지투기의 방법으로 이용된 비정상적이고 변칙적인 법이론, 법률, 판례, 법의식 등의 법적 흠결을 몸소 체험하였다. 그리고 대학교수로 자리를 옮겨서도 줄기차게 토지법과 물권법을 연구하여 왔다. 정 교수에게 필자는 한국의 토지투기사를 쓸 필요와 가치가 있다는 점을 누누이 강조하여 왔다. 정 교수는 오랜 기간의 고뇌 끝에 드디어 한국토지투기사를 자신이 집필하겠다는 결심을 하고 또 오랜 기간 동안 자료를 모으고 이를 분석하고 이론과 평소의 토지사상에 기초하여 이 한국토지투기사를 집필하였다. 정 교수가 참으로 수고를 많이 하였다. 이렇게 저자의 고뇌의 저작을 "법과 성서와 역사 연구소"의 연구 시리즈 제3권으로 출판하게 되어 한없이 기쁘다. 다시 더 한 번 정 교수의 노고에 감사하고 치하를 드린다.

법과 성서와 역사 연구소는 앞으로도 꾸준히 한국에서의 사상으로 발전시켜 나갈 수 있는 내용의 연구시리즈를 엮어 나갈 생각으로 있다. 양이 많지 않게 엮어서 보다 쉽게 부담없이 접할 수 있는 연구시리즈로 이어나갈 계획이다.

2018. 3. 3.

법과 성서와 역사 연구소 소장

김상용(金相容)

대한민국학술원 회원, 연세대학교 명예교수

[저자 약력]

정 우 형 (鄭愚衡)

한양대학교 법과대학 법학과 졸업(법학사)
한양대학교 대학원 법학과 졸업(법학석사 및 법학박사)
국토연구원에서 토지법 및 토지정책 연구
프랑스 Laboratoire Théorie des Mutations Urbaines(department of CNRS)에서 토지 및 도시정책 연구
한국부동산연구원에서 토지법 및 토지정책 연구
명지대학교, 서울시립대학교, 한양대학교, 서울디지털대학교, 연세대학교 강사
지방공무원, 주택관리사 및 공인중개사 시험위원
국민법제관, 지방도시계획위원회 위원, 지적재조사위원회 위원
현 명지전문대학 지적학과 교수

주요 저서

부동산등기법(전정 3판), 법우사, 2017
강의노트 부동산공법의 이해, 법원사, 2016
법정책학이란 무엇인가 –이론과 실제–, 삼영사, 2015(공저)
부동산공법의 이해(전정 3판), 법원사, 2013
도시계획 및 환경관리법, 법원사, 2013
Land Development and Management Laws in Korea, KRIHS GDPC, 2013(공저)
토지법, 법원사, 2004(증보)
부동산학 개론, 법우사, 2004(공저)
독일법률용어 사전, 길안사, 1993(편저)
기타 연구보고서 및 논문 다수

한국토지투기사

초판인쇄 2018년 4월 5일
초판발행 2018년 4월 10일

지은이 정우형
펴낸이 박노일

총괄기획 김중용 · 최준규
편 집 심성보 · 김인숙

펴낸곳 pnc publishing and culture 피엔씨미디어

경기도 고양시 일산동구 강송로 153 310-1501
등록 제396-2012-000203호

전 화 070)7550-3758 팩 스 02)718-8554
홈페이지 www.pncmedia.co.kr 이메일 pnc@pncmedia.co.kr
ISBN 979-11-5730-560-5 93360

정 가 23,000원